Tim Schreder & Jennifer Sieglar

Ich versteh die Welt nicht mehr

Tim Schreder & Jennifer Sieglar

ICH VERSTEH DIE WELT NICHT MEHR

Die wichtigsten Nachrichten
verständlich erklärt

PIPER

Mehr über unsere Autoren und Bücher:
www.piper.de

FSC
www.fsc.org
MIX
Papier aus verantwortungsvollen Quellen
FSC® C083411

Originalausgabe
ISBN 978-3-492-06097-4
September 2017

Satz: Satz für Satz, Wangen im Allgäu
Gesetzt aus der Apollo
Druck und Bindung: CPI books GmbH, Leck
Printed in Germany

INHALT

VORWORT

Kein Nachrichtenthema ist so kompliziert, dass man es nicht einfach, verständlich und unterhaltsam erklären kann. Das wissen wir, weil wir seit Jahren nichts anderes tun. Wir beide moderieren Nachrichtensendungen und reisen als Reporter um die Welt, um über Themen aus allen möglichen Ländern zu berichten. Das machen viele Journalisten. Was bei uns besonders ist: Wir arbeiten für eine Kindernachrichtensendung und versuchen Tag für Tag, die komplizierte Welt der Nachrichten für jemanden verständlich zu machen, der kaum Vorwissen mitbringt.

Bei einer Nachrichtensendung für ein erwachseneres Publikum, das vom jugendlichen Nachrichtenneuling bis hin zum pensionierten Geschichtsprofessor reicht, ist es extrem schwierig zu entscheiden, welches Vorwissen man voraussetzen kann. Erklärt man zu viel, langweilt man den einen, erklärt man zu wenig, überfordert man den anderen. Die meisten Nachrichtenredaktionen entscheiden sich dazu, viel Wissen vorauszusetzen – vor allem, weil in der tagesaktuellen Berichterstattung häufig die Zeit fehlt, um Hintergründe ausführlich zu erklären. Bei 15 Minuten Sendezeit und dem Anspruch, alles Wichtige zu zeigen, was an einem Tag auf der Welt passiert, wäre das schlichtweg unmöglich.

So kann es dazu kommen, dass viele Menschen jeden Tag Nachrichten im Fernsehen gucken, im Radio hören oder in der Zeitung lesen und am Ende nur die Hälfte verstehen. Noch schlimmer ist es, wenn sie irgendwann aus Frust gar keine Nachrichten mehr schauen.

Deshalb freuen wir uns besonders, wenn wir Familien treffen, die unsere Sendung schauen. Wir werden dann häufig auch von den Eltern für unsere Berichterstattung gelobt und hören etwas wie: »Ich bin so froh, dass meine Kinder Ihre Sendung gucken – da verstehe dann auch ich endlich mal die Nachrichten!« So entstand die Idee für dieses Buch. *Ich versteh die Welt nicht mehr* soll dafür sorgen, dass Sie beim nächsten Mal, wenn Sie Nachrichten schauen, mehr verstehen. Wir wollen genau die Hintergründe und Zusammenhänge erklären, für die in der tagesaktuellen Berichterstattung meist kein Platz ist. Dieses Buch richtet sich also an jeden, der neugierig ist und die Welt der Nachrichten ein bisschen besser verstehen will – egal, ob jung oder alt. Wir haben versucht, die Themen so aufzuarbeiten, dass das Lesen dabei auch Spaß macht.

Die größte Herausforderung für uns war, dass jedes Thema für sich genommen schon genug Stoff bietet, um darüber ganze Bücher zu schreiben. Deshalb ist unser Anspruch keineswegs, jedes Thema vollständig abzubilden und jeden einzelnen Aspekt daran zu beleuchten.

Vielmehr ist es unser Ziel, die Hintergründe und Zusammenhänge zu erklären, die zum Verständnis der aktuellen Situation notwendig sind. Wenn das nächste Mal die Rede ist von der Eurokrise, dem Krieg in Syrien oder dem Brexit, werden Sie hoffentlich nicht nur besser wissen, worum es geht, sondern auch verstehen, wie es dazu gekommen ist.

Ebenso wie die einzelnen Kapitel keinen Anspruch auf Vollständigkeit erheben, tut es auch das Buch als Ganzes nicht. Natürlich gibt es noch viel mehr Nachrichtenthemen als die, die wir hier behandelt haben. Aber das Buch konnte ja nicht so dick werden, dass es nicht mehr in den Rucksack oder die Strandtasche passt. Wir haben versucht, die Themen auszuwählen, die in den vergangenen Jahren am relevantesten waren und von denen wir glauben, dass sie auch in Zukunft das Nachrichtengeschehen bestimmen werden. Alles, was nach Redaktionsschluss im Mai 2017 passiert ist, hat es nicht mehr in dieses Buch geschafft. Das macht aber nichts, denn wenn unser Plan aufgeht, sind Sie nach der Lektüre so gut gewappnet, dass Sie die allerneuesten Wendungen auch so verstehen.

Beim Schreiben war es uns wichtig, dass alle 24 Kapitel auch für sich allein funktionieren. So kann jeder Leser mit den Themen beginnen, die für ihn oder sie am spannendsten sind. Bei der Anordnung der Texte sind wir geografisch vorgegangen und haben räumlich – und somit meist auch inhaltlich – verknüpfte Themen zusammengestellt.

Zu guter Letzt möchten wir uns bei vielen Journalisten, Freunden und unseren Redaktionen bedanken, die uns bei der Umsetzung dieses Projekts unterstützt haben und ohne die wir dieses Buch nicht hätten schreiben können. All diese wundervollen Menschen sind ganz am Ende des Buches ausführlich genannt.

Bevor Sie nun beginnen zu lesen, möchten wir Ihnen etwas mit auf den Weg geben, was uns auch beim Schreiben dieses Buches immer wieder aufgefallen ist: Kein Nachrichtenthema ist in sich geschlossen und kann für sich allein betrachtet werden – oder andersherum: Alles hängt mit allem zusammen!

Jennifer Sieglar & Tim Schreder

NORDKOREA

Nordkorea ist eines der umstrittensten Länder der Welt und nahezu vollständig vom Rest der Welt abgeschnitten. Regiert wird das Land von dem Diktator Kim Jong-un, der weltweit immer wieder mit Raketen- und Atomtests für Provokation sorgt. Entstanden ist Nordkorea, als das ehemalige Korea nach dem Zweiten Weltkrieg in Nord und Süd aufgeteilt wurde.

Nordkorea – das ist das Land mit den skurrilen Herrschern, die seit Jahrzehnten für Aufregung sorgen. Da war Kim Il-sung von 1948 bis 1994, dann kam sein Sohn Kim Jong-il bis 2011, und seitdem ist dessen Sohn Kim Jong-un an der Macht. Kim Jong-il war der immer gleich und etwas grimmig guckende Mann, für den man deshalb die Internetseite »Kim Jong-il looking at things« eingerichtet hat, auf der man sehen kann, wie Kim Jong-il von Wassermelonen bis hin zu Fabriken alles gleich teilnahmslos begutachtet. Dabei trägt er meist eine dicke, schwarze Heino-Sonnenbrille. Sein auf ihn folgender Sohn Kim Jong-un ist dagegen schon fast witzig. Mit der eigenartigen Frisur, die aussieht wie eine Kombination aus Undercut, Elvis-Locke und Topfschnitt, guckt er auf der Internetseite »Kim Jong-un looking at things« gerne kräftig lachend auf die Dinge. 2012 löste Kim Jong-un weltweit Gelächter aus, als er bekannt gab, seine Archäologen hätten ein Einhornnest entdeckt. Doch Nordkorea sorgt nicht nur mit Skurrilität für Aufsehen, es ist auch das Land, das Atomraketen testet, deren Reichweite so groß ist, dass sie die USA erreichen könnten. Seit Jahrzehnten mahnen Menschenrechtsorganisationen, dass die Diktatoren in Nordkorea massiv Menschenrechte verletzten. Und was sagt Nordkorea selbst zu all dem? Nicht viel. Nordkorea sieht sich als letzte sozialistische Festung, die es vor dem Gift des Kapitalismus zu verteidigen gilt. Wie kein anderes Land auf der Welt schottet es sich deshalb ab. Bringen wir etwas Licht ins Dunkel.

Um zu verstehen, was heute in Nordkorea vor sich geht, sollten wir einen kurzen Ausflug in die Entstehungsgeschichte des Landes unternehmen und zunächst ein paar Fakten klären. Also von vorne: Offiziell heißt Nordkorea »Demokratische Volksrepublik Korea«, obwohl das Land diktatorisch regiert wird. In Nordkorea leben etwa 24 Millionen Menschen und es gilt als das derzeit restriktivste politische System der Welt. Um es mit den einfachen Worten der *Bild-Zeitung* zu sagen: Nordkorea ist ein politischer

»Steinzeit-Staat«, entfernt vergleichbar mit der ehemaligen DDR. Dass Nordkorea zu einer derart isolierten Festung wurde, liegt in der Entstehungsgeschichte des Landes begründet. Werfen wir also einen Blick zurück in die Vergangenheit. Im Jahr 1910 geriet Korea unter japanische Herrschaft. Japan annektierte das Land und nannte es »Chosen«. So blieb Korea 35 Jahre lang eine Art Kolonie. Dann verlor Japan im Zweiten Weltkrieg und musste schließlich kapitulieren. Was das nun wieder mit Korea zu tun hat? Die Sowjetunion und die USA, Siegermächte des Zweiten Weltkriegs, besetzten nach der Kapitulation nicht nur Japan, sondern auch die Kolonie Korea. Eine Weile wurde überlegt, was man mit Korea machen sollte. Schließlich entschieden die USA und die Sowjetunion, das Land entlang des 38. Breitengrades aufzuteilen. Der Norden unterstand nun der Sowjetunion, der Süden den Vereinigten Staaten von Amerika. 1948 wurden in Nord- und Südkorea unabhängige Staaten errichtet, welche jeweils die Interessen ihrer Schutzmächte vertreten sollten. Durch die Spannungen zwischen den USA und der Sowjetunion verschärften sich auch die Spannungen zwischen Nord- und Südkorea. Beide Staaten strebten die Kontrolle über das gesamte Land an. Man könnte es – mal wieder – eine recht schwierige Ausgangslage nennen.

1950 wollte Nordkorea seinen Anspruch auf das gesamte Land mit Gewalt durchsetzen und überfiel den Süden. Anschließend herrschte in Korea drei Jahre lang ein brutaler Krieg, in dessen Verlauf fast eine Million Soldaten und etwa drei Millionen Zivilisten getötet wurden. Erst im Juli 1953 einigte man sich auf eine Waffenruhe und das Land wurde erneut entlang des 38. Breitengrades geteilt. Seitdem stehen sich dort zwei verfeindete Nationen gegenüber. Immer wieder kommt es zu Konfrontationen und Provokationen zwischen Nord- und Südkorea und beide Länder investieren viel Geld in ihr Militär, um sich zu verteidigen. Einige Male kam es zu bewaffneten Zwischenfällen an der Grenze, welche Korea nah an einen neuen Krieg brachten. Bis heute wird Südkorea von den USA unterstützt. Auf der anderen Seite hat sich das Verhältnis zwischen der Sowjetunion, später Russland, und Nordkorea verschlechtert. Im Gegensatz zum sozialistischen und autokratischen Nordkorea ist Südkorea heute kapitalistisch, demokratisch und westlich orientiert – es verkörpert all das, was Nordkorea fürchtet. So stehen sich am 38. Breitengrad nicht mehr nur verfeindete Nationen gegenüber, sondern zwei Systeme wie sie unterschiedlicher nicht sein könnten.

Mit der Waffenruhe von 1953 begann die politische Entwicklung hin zu dem Nordkorea, das wir heute kennen. Damals war Kim Il-sung an der Macht, und der nutzte die 1950er Jahre, um seine Führungsposition im Land auszubauen. Politische Gegner wurden systematisch geschwächt und Feinde in sogenannten »Säuberungen« bekämpft oder hingerichtet. Gleichzeitig isolierte sich Nordkorea immer mehr und führte die Chuch'e-Ideologie ein, an deren Erklärung selbst internationale Experten scheitern. Sie sind sich mittlerweile recht einig, dass Chuch'e im Großen und Ganzen ziemlich großer Unsinn ist, um die Autarkie als erklärtes Staatsziel zu rechtfertigen. Um die Stabilität im Land zu wahren und um seine Machtposition auszubauen, arbeitete Kim Il-sung an einem Kult um seine

Person. So wurde er von nordkoreanischen Medien nur noch »Großer Führer« genannt – eine Bezeichnung, die in der kommunistischen Bewegung bis dato nur Lenin und Stalin vorbehalten war. Kim Il-sung weitete den Personenkult wie in einer Monarchie auf seine Familie aus, vor allem auch auf seinen Sohn und Nachfolger Kim Jong-il. Es ist nicht übertrieben, wenn man sagt, dass Kim Il-sung und seine Nachfolger in Nordkorea wie Gottheiten einer Religion verehrt werden. Nach Kim Il-sungs Tod am 8. Juli 1994 wurde eine dreijährige Staatstrauer angeordnet und der Verstorbene zum ewigen Präsidenten erklärt – das Amt soll nie wieder nachbesetzt werden –, und bis heute wird Kim Il-sung in Nordkorea als eine Art vergöttlichte Vaterfigur des Landes verehrt. Das Herrscheramt übernahm sein Sohn Kim Jong-il, und als der starb, übernahm wiederum dessen Sohn Kim Jong-un. Nordkoreas politisches System gleicht demnach einer Art absolutistischer Monarchie. Gleichzeitig ist Nordkorea ein hochmilitarisierter Staat, der riesige Mengen Geld in den Ausbau seiner Streitkräfte steckt – schließlich muss man sich nach eigener Auffassung gegen Südkorea, die USA, Japan und den Rest der kapitalistischen Welt verteidigen.

Wie sieht das Leben der Menschen in Nordkorea aus? Nun, Bildung gibt es für alle und das umsonst! Aber das Ganze hat auch einen Haken. Kinder müssen sich einer Art Gehirnwäsche unterziehen, die sie zu treuen Untergebenen des Führers erzieht und sie auf den Kampf gegen den Rest der Welt vorbereitet. Einem jeden Bürger stehen Nahrungsmittel von den Behörden zu. Allerdings ist Nordkorea durch die Politik der Isolation wirtschaftlich am Boden und auf Hilfe angewiesen. Die knappen Lebensmittel müssen gut verteilt werden, was mal besser und mal schlechter klappt. Immer wieder sind durch Hungersnöte viele Menschen gestorben. Außerdem steht jedem Koreaner eine staatliche Wohnung zu – der Haken: Die Regierung bestimmt wo. Wurde eine Wohnung erst mal zugeteilt, muss man dort sein Leben lang bleiben. Darüber hinaus versucht der Staat, alles einzuschränken, was man irgendwie einschränken kann. Nordkoreaner dürfen das Land nicht verlassen, Medien sind vollständig vom Staat kontrolliert, unangemeldete Demonstrationen und Versammlungen sind natürlich verboten. In Nordkorea ist es nahezu unmöglich, an Informationen aus dem Ausland zu kommen – auf der Rangliste der Pressefreiheit der Reporter ohne Grenzen landete Nordkorea bisher meistens auf dem letzten Platz. Auf dem Papier gibt es die Religionsfreiheit zwar, in der Praxis aber nicht. Auch das nordkoreanische Internet ist vom Rest der Welt weitestgehend abgeschnitten. Innerhalb des Landes kann man nur von der Regierung ausgewählte Websites aufrufen. Wer gegen diese Regeln verstößt, wird hart bestraft, womöglich sogar öffentlich hingerichtet. Außerdem berichten Menschenrechtsorganisationen von Konzentrations-, Arbeits- und Umerziehungslagern, in denen politische Gegner oder Menschen mit anderer Meinung festgehalten werden. Es kursieren Gerüchte, dass Viren und Waffen an Gefangenen getestet werden.

Der Staat teilt die Menschen in Nordkorea in drei Gruppen ein: Diejenigen, die zur Führungsriege zählen, diejenigen, die der Führung freundlich gesinnt sind, und diejenigen, die als Skeptiker oder Gegner der Führung gelten.

Wer die vergangenen Abschnitte gelesen hat, kann sich selbst denken, dass man es als Mitglied der letzten Gruppe in Nordkorea mit Sicherheit nicht leicht hat.

Nun könnte man zu dem Schluss gelangen, dass die Nordkoreaner todunglücklich sein müssen. Sieht man sich allerdings Fotos oder Videos aus dem Land an, wundert man sich umso mehr. Die Nordkoreaner wirken meistens glücklich, verehren ihre Führer und wenn ein Machthaber stirbt, wird tagelang geweint, als wäre die eigene Mutter gestorben. Das liegt zum Teil sicherlich an den Einschränkungen und Umständen, unter denen diese Bilder entstehen, und sicherlich auch daran, dass die Menschen in Nordkorea eingeschüchtert sind und sich davor fürchten, das System zu kritisieren. Nur wenige Menschen trauen sich, aus Nordkorea zu flüchten. Doch es zeigt vor allem, wie gut Propaganda, Isolation und Gehirnwäsche funktionieren, so gut, dass Menschen daran glauben, in einem großartigen Land mit verehrungswürdigen, gottgleichen Führern zu leben. Vieles über das Land bleibt allerdings Spekulation. So hieß es zum Beispiel eine Zeit lang, die Menschen in Nordkorea müssten alle die gleiche Frisur tragen, bis sich herausstellte, dass das schlicht Quatsch ist.

Auf der Weltbühne sorgt Nordkorea vor allem für Aufsehen, weil es verbotenerweise Atomwaffen baut, testet und damit aller Welt offen droht. Beispiel gefällig? Kim Jong-un ließ einen nuklearen Angriff auf die südkoreanische Hauptstadt Seoul simulieren und verkündete in einem Video zu den Tests stolz: »Nichts und niemand würde überleben!«

Ganz offen droht Kim Jong-un mit einer »nuklearen Katastrophe«, sollte es zu einem Krieg mit Südkorea kommen. Nordkorea ist eine Atommacht und besitzt wahrscheinlich mehrere einsatzbereite Kernwaffen und entsprechende Trägersysteme, um diese auch abzuschießen. Damit nicht genug: Nach eigenen Angaben entwickelt Nordkorea im Moment ein Trägersystem, das in der Lage sein soll, Atombomben bis an die Westküste der USA zu schießen. Was zunächst klingt wie purer Wahnsinn, nehmen Experten zunehmend ernst. Gerade erst in den vergangenen Monaten testete Nordkorea immer wieder verbotenerweise Raketen und drohte US-Präsident Donald Trump. Der stationierte zeitweise einen Flugzeugträge nahe Nordkorea, um Kim Jong-un einzuschüchtern – doch den interessierte das wenig. Donald Trump warnte im Anschluss vor einer ernsthaften Bedrohung durch Nordkorea.

Verhandlungen über das Atomwaffenprogramm schließt Nordkorea kategorisch aus. Wenig überraschend hagelt es dafür aus aller Welt Kritik. Nach jedem neuen Test verwarnen die Vereinten Nationen Nordkorea, aber das interessiert Kim Jong-un herzlich wenig. Der macht einfach weiter, was er will, provoziert und behauptet, auf Atomwaffen angewiesen zu sein, um sich gegen die USA und Südkorea zu verteidigen. Die USA wollen das nicht auf sich sitzen lassen und Nordkorea zeigen, wer am längeren Hebel sitzt. Deshalb führen sie immer wieder gemeinsam mit Südkorea Militärübungen in der Region durch und rüsten Südkorea auf, um das Land vor einem möglichen Angriff Nordkoreas zu schützen. Im Jahr 2016 ließen die USA einen Bomber über Nordkorea fliegen, um Kim Jong-un einzuschüchtern. Nach einer weiteren Eskalation im Jahr 2017 schickten die USA kurzerhand einen Flugzeugträger in die Region, um Nordkorea zu drohen. Und selbst China, Nordkoreas letzter strategischer Partner, hat mittlerweile die wirtschaftlichen Verbindungen zu dem Land auf ein Minimum heruntergefahren. Doch auch das hat zu nichts geführt. Nach eigenen Angaben testet Nordkorea im Moment eine Wasserstoffbombe.

Warum niemand das kleine Nordkorea und seine irren Führer stoppt? Nun, die bisherigen Versuche haben gezeigt, dass sich Nordkorea mit diplomatischen Mitteln nicht stoppen lässt. Das Land ignoriert alle Warnungen, und wirtschaftliche Sanktionen, die das Land unter Druck setzen und zum Einlenken bringen sollten, liefen ins Leere. Bliebe zuletzt nur noch die Möglichkeit, die Führung in Nordkorea gewaltsam zu stürzen. Doch so einfach ist das nicht. Zum einen sind da Nordkoreas Atomwaffen, die im Falle eines Kriegs eine unberechenbare Gefahr wären. Man stelle sich nur mal die Konsequenzen vor, wenn man Kim Jong-un in die Enge drängen würde und er aus Verzweiflung tatsächlich eine Atomrakete auf Seoul abschösse. Zum anderen befindet sich Nordkorea in einer geopolitisch schwierigen Lage. Die Nachbarländer Nordkoreas sind nicht gerade beste Freunde. In der gesamten Region gibt es Feindschaften, eine Menge Waffen und wenig Vertrauen. Ein Krieg in Korea könnte deshalb schnell eskalieren, sich ausweiten und zu Kämpfen zwischen den Nachbarländern führen. Und vergessen wir nicht China und die USA, zwei Länder, die nicht gerade die allerbesten

Freunde sind. Während die USA Südkorea weiter unterstützen und dort mehrere Militärbasen betreiben, fährt China seine Unterstützung für Nordkorea zurück. Trotzdem ist das Land bis heute eine Art Puffer zwischen Südkorea und den USA auf der einen und China auf der anderen Seite. Würde Nordkorea fallen, käme es wohl zu einer Wiedervereinigung Gesamtkoreas, und möglicherweise würden die USA dann auch im Norden Militärbasen bauen. Dadurch stünden die USA direkt vor Chinas Haustür – nicht gerade eine chinesische Wunschvorstellung und wohl ein Grund, warum China Nordkorea so lange unterstützt hat und das auch heute noch eingeschränkt tut. Weil am Ende niemand ein Interesse an einem Krieg in der Region hat, weniger noch an einem Konflikt zwischen China und den USA, bleibt alles so, wie es ist. Und genau dieses Vakuum nutzt Kim Jong-un aus und spielt weiter mit dem Feuer, bis es irgendwann brennt oder sich die internationale Gemeinschaft doch darüber einig wird, wie man ihm die Streichhölzer wegnehmen kann.

DIE TALIBAN

Die Taliban sind eine islamistische Kämpfertruppe, die seit mehr als zwanzig Jahren in Afghanistan aktiv ist und das Land einige Jahre lang kontrolliert hat. Nachdem die Taliban die Al-Qaida-Terroristen bei den Anschlägen des 11. September 2001 unterstützt hatten, wurden sie von den USA und anderen Ländern militärisch gestürzt. Trotzdem sind die Taliban bis heute noch nicht endgültig besiegt und in den vergangenen Jahren sogar wieder auf dem Vormarsch.

Seit mehr als zwanzig Jahren spielen die Taliban in den Nachrichten eine große Rolle. Es gibt wohl kaum jemanden, der noch nie etwas von den Männern mit Turban und Bart gehört hat, die meistens entweder einen Raketenwerfer auf der Schulter oder ein Maschinengewehr in der

Hand halten. Über viele Jahre hinweg stellten sie eine gefürchtete Kämpfergruppe. Was wollten die Taliban, und gibt es sie heute überhaupt noch?

Ab Mitte der Neunzigerjahre lief es für die Taliban rund. Etwa fünf Jahre lang herrschten sie in großen Teilen Afghanistans. Für die Bevölkerung des Landes war das keine schöne Zeit und gerade Frauen hatten unter den Taliban keine Rechte. Sie durften nicht mehr arbeiten oder zur Schule gehen und mussten sich komplett verschleiern. Musik, Sport und Fernsehen waren verboten. Wer sich nicht an die strengen Regeln hielt, lief Gefahr, getötet zu werden. Wegen ihrer Brutalität sind die Taliban auf der ganzen Welt gefürchtet. Die Gruppe unterstützte auch die Al-Qaida-Terroristen, die am 11. September 2001 Flugzeuge ins World Trade Center lenkten. Das war auch der Grund, warum die USA und andere Länder in Afghanistan einmarschierten, um die Herrschaft der Taliban zu brechen. Das gelang auch. Über viele Jahre hinweg schien es, als seien die Taliban verschwunden. In den vergangenen Jahren rückte der sogenannte Islamische Staat in den Fokus der Öffentlichkeit, die Taliban schienen besiegt. Doch der Schein trügt: Es gibt noch immer Taliban und seit 2015 sind sie wieder auf dem Vormarsch. Von den Anfängen, dem scheinbaren Ende und dem erneuten Aufstieg der Taliban handelt dieses Kapitel.

Um zu verstehen, wie die Taliban entstehen konnten, muss man die Ausgangssituation in Afghanistan kennen. Bis Anfang der Neunzigerjahre gab es in dem Land eine von Moskau unterstützte Regierung. Doch zeitgleich mit dem

Ende der Sowjetunion Anfang der Neunzigerjahre, brach auch diese Regierung zusammen. Die Truppen der Sowjetunion zogen sich aus Afghanistan zurück und überließen das Land seinem Schicksal.

In Afghanistan gelang es nicht, eine neue Regierung zu etablieren, geschweige denn einen funktionierenden Staat aufzubauen. Über Jahre versank das Land in einem brutalen Bürgerkrieg. Verschiedene Gruppen bekämpften einander und versuchten, mit Gewalt die Macht in dem Land an sich zu reißen. Ständig änderten sich die Machtverhältnisse. Wer eine Waffe hatte, konnte seinen Nachbarn erschießen und sich dessen Frau und Brot nehmen und musste dafür keine Konsequenzen fürchten. Ein normales, geregeltes und zivilisiertes Leben war völlig unmöglich. Es galt nur noch das Recht des Stärkeren.

In diesem Klima der Gewalt und des völligen Chaos gründeten sich die Taliban. Laut ungesicherten Quellen soll das wie folgt abgelaufen sein: In dem Ort Kandahar entführt und vergewaltigt ein Kommandeur zwei Mädchen, was in Afghanistan damals keine Seltenheit war. Doch der ortsansässige Mullah, ein religiöser Gelehrter, will den Kommandeur nicht ungestraft davonkommen lassen und trommelt eine Truppe von jungen Männern zusammen. Sie nehmen den Vergewaltiger fest und erhängen ihn. Die Bevölkerung feiert diese Aktion als Heldentat! Endlich sorgt jemand für Ordnung.

Laut Legende war das die Geburtsstunde der Taliban. Nach und nach schlossen sich immer mehr Kämpfer und Religiöse der kleinen Miliz an, um in Afghanistan für Recht und Ordnung zu sorgen. Ob das nun der Wahrheit entspricht oder nicht, die Geschichte erklärt, warum die Taliban in den kommenden Jahren so schnell so groß werden konnten, sorgten sie in diesen so unsicheren Zeiten doch für Stabilität. Sie gaben den Menschen das Gefühl, auf sie achtzugeben. Viele hofften, dass mithilfe der Taliban alles besser würde – viel schlimmer hätte es ja auch kaum werden können. Die Taliban wurden in der Bevölkerung schnell akzeptiert und fanden schnell weitere Anhänger. Was die Gründungslegende der Taliban auch zeigt: Von Beginn an setzten die Taliban Gewalt ein, um ihre Ziele zu erreichen. Schließlich machten sie dem Vergewaltiger nicht den Prozess oder sperrten ihn ein, sondern erhängten ihn einfach. Die Taliban wurden so zu einer schnell wachsenden bewaffneten Gruppe in Afghanistan, die vor Gewalt nicht zurückschreckte.

Große Teile der afghanischen Bevölkerung unterstützten die Taliban zunächst. Und auch im Ausland bewertete man die neue Miliz erst einmal positiv. So begrüßten beispielsweise die USA, dass in Afghanistan endlich für Recht und Ordnung gesorgt wurde. Auch der pakistanische Militärgeheimdienst begrüßte und unterstützte sogar die Taliban. Aus anderen arabischen Staaten erhielten die Taliban finanzielle Zuwendungen. Offenbar ahnte niemand, dass die Taliban Jahre später zu einer großen Gefahr für den Frieden in der Welt werden würden. Mit dieser Unterstützung im Rücken stiegen die Taliban schnell zu einer starken Fraktion in Afghanistan auf und nahmen immer mehr Gebiete ein. 1996 gelang es ihnen, die Macht in Afghanistan an sich zu reißen: Am 27. September 1996 marschierten sie in der Hauptstadt Kabul ein und gründeten das Islamische Emirat Afghanistan. Von nun an gehöre das Land ihnen, verkündeten sie. Im Staat der Taliban sollte nur noch das Gesetz der Scharia gelten, das aus einer extrem archaischen Form des Islam abgeleitet wurde. Erst jetzt wurde der Weltgemeinschaft und vielen Menschen in Afghanistan klar, dass es sich bei den Taliban nicht um Freiheitskämpfer, sondern um religiöse, radikale Krieger handelte, die einen islamischen Staat gründen wollten – die allermeisten Länder der Welt erkannten das Islamische Emirat Afghanistan deshalb nicht an.

Kaum an der Macht, zeigten die Taliban ihr wahres Gesicht und gestalteten das Land nach ihren fanatischen und religiösen Vorstellungen um. Sie untersagten alles, was den Menschen Freude machte. Plötzlich war es verboten, Musik zu hören, Fotos zu schießen, Drachen steigen zu lassen. Männer hatten einen Bart zu tragen und Frauen mussten sich komplett verschleiern. Eigentlich durften Frauen unter den Taliban sowieso gar nichts mehr. Ohne einen Mann war es ihnen nicht erlaubt, das Haus zu verlassen, sie durften nicht mehr zur Schule, zur Arbeit oder zum Arzt gehen. Wer sich den Gesetzen der Taliban widersetzte, wurde brutal bestraft. Wer etwas stahl, dem wurde die Hand abgehackt. Wenn ein Dieb vor seiner Festnahme flüchtete, wurden ihm die Beine abgeschnitten. Wer die Ehe brach, wurde zu Tode gesteinigt. Die Taliban führten Afghanistan nach einem extrem brutalen und strengen Regiment. Gleichzeitig schafften sie es aber nicht mal, die gesamte Bevölkerung mit genügend Nahrung zu versorgen. Ein Großteil der Menschen in Afghanistan hungerte damals. Jahrelang litt die afghanische Bevölkerung unter der brutalen Herrschaft der Taliban. Die internationale Staatengemeinschaft griff trotzdem nicht ein. Doch das sollte sich bald ändern.

Dass sich das änderte, hat etwas hiermit zu tun: Die Taliban unterstützten die Terrorgruppe Al-Qaida und deren Anführer Osama bin Laden. Es ist das Jahr 1996 – bin Laden war damals bereits ein international gesuchter und gefürchteter Terrorist und verbarg sich im Sudan. Als sein Versteck 1996 aufzufliegen drohte, flüchtete er nach Afghanistan und wollte sich dort ein neues Versteck suchen. Dort freundete sich Osama bin Laden mit dem damaligen Anführer der Taliban Mullah Omar an. Omar und bin Laden gingen eine Art Zweckgemeinschaft ein. Bin Laden unterstützte die Taliban finanziell, damit sie sich neue Ausbildungslager und Waffen leisten konnten. Als Gegenleistung boten die Taliban ihm ein gut geschütztes Versteck im Gebirge von Afghanistan. Es war der Anfang einer langjährigen Freundschaft zwischen den Taliban und Osama bin Laden und seinen Al-Qaida-Terroristen.

Bisher hatte die internationale Staatengemeinschaft dem Treiben der Taliban in Afghanistan zugesehen. Das sollte sich im Jahr 2001 schlagartig ändern. Nach den Terroranschlägen vom 11. September war schnell klar, dass Osama bin Laden mit seiner Terrorgruppe Al-Qaida dahintersteckte. Osama bin Laden hatte die Anschläge von seinem Versteck in Afghanistan aus organisiert und geplant und zum Zeitpunkt der Anschläge hielt er sich dort noch immer auf. Die USA forderten Afghanistan und die Taliban deshalb dazu auf, Osama bin Laden auszuliefern, doch

Mullah Omar weigerte sich. Für die USA war klar, dass die Taliban und die Terroristen von Al-Qaida unter einer Decke steckten, und sie machten deshalb kurzen Prozess. Sie entschieden, in Afghanistan einzumarschieren, die Taliban zu bekämpfen und nach Osama bin Laden zu suchen. Nur wenige Wochen später machten die USA ihre Ankündigung dann wahr. Gemeinsam mit der militärischen Unterstützung anderer Länder marschierten sie in Afghanistan ein und stürzten das Taliban-Regime. Doch die USA konnten Osama bin Laden und viele wichtige Anführer der Taliban nicht ausfindig machen. Die hatten sich längst in die nur schwer zugänglichen Bergregionen von Afghanistan zurückgezogen.

Über Jahre bekämpften Truppen aus den USA und aus vielen anderen Ländern die Taliban in Afghanistan, auch Deutschland beteiligte sich an dem Krieg. Gemeinsam versuchten sie, eine neue Regierung zu installieren, um den Staat zu stabilisieren. So gelang es 2001 zwar, die Taliban zu entmachten, doch ein neues, wirklich stabiles Staatssystem, welches für Frieden im Land sorgen kann, zu etablieren, ist bis heute noch nicht vollständig gelungen. Außerdem konnten viele Taliban-Kämpfer untertauchen und weiterhin aus ihren Verstecken heraus agieren. Die Gebirgsregionen in Afghanistan waren perfekt dafür geeignet, weil es fast unmöglich war, die Taliban dort effektiv zu bekämpfen. In ihren Verstecken schmiedeten die Taliban Pläne, wie sie sich gegen die ausländischen Truppen wehren könnten. Über viele Jahre hinweg verübten sie brutale Anschläge auf ausländische Soldaten und die afghanische Bevölkerung. Sie zündeten Autobomben und andere Sprengsätze oder setzten Selbstmordattentäter ein – solange möglichst viele Zivilisten starben, war ihnen jedes Mittel recht. Durch den Terror schufen die Taliban in Afghanistan ein Klima der Angst. Theoretisch konnte es überall und jederzeit zu einem Anschlag kommen, in jedem Auto konnte eine Bombe versteckt sein. Die afghanische Bevölkerung lebte jahrelang in Angst und Schrecken. Für die ausländischen Militäreinheiten war es ein sehr gefährlicher Einsatz. Im gesamten Zeitraum von 2001 bis zum Abzug 2014 wurden mehr als 4000 Soldaten und mehr als 20 000 Zivilisten getötet. Nach Angaben der Bundeswehr sind im Afghanistaneinsatz achtunddreißig deutsche Soldaten ums Leben gekommen. Im Jahr 2011 spürten die USA Osama bin Ladens Versteck in Pakistan auf, nahe an der Grenze zu Afghanistan. Ein US-Spezialkommando stürmte sein Anwesen in der Nacht vom 1. auf den 2. Mai 2011 und tötete ihn. In der ganzen westlichen Welt feierte man den Tod von Osama bin Laden als einen entscheidenden Schritt im Kampf gegen den Terrorismus.

Im Jahr 2014 endete der militärische Einsatz in Afghanistan und die meisten Länder zogen ihre Truppen ab. Jetzt sollte das afghanische Militär weitgehend selbstständig für Sicherheit und Stabilität im Land sorgen. Man hätte also den Eindruck gewinnen können, dass die Taliban und auch Al-Qaida endgültig besiegt waren. Weil auch die Medien in den vergangenen Jahren vor allem über den Terror durch den IS berichteten, festigte sich dieser Eindruck. Aber so war es nicht!

Seit dem Abzug der ausländischen Truppen im Jahr 2014 reorganisierten sich die Taliban. Viele der Kämpfer hatten sich erfolgreich im Gebirge versteckt und die Füße stillgehalten. Als die ausländischen Soldaten abgezogen waren, trauten sie sich wieder aus der Deckung. Seit Beginn des Afghanistaneinsatzes 2001 war eine lange Zeit vergangen und eine neue, jüngere Generation von Taliban-Kämpfern war herangewachsen. Manchmal bezeichnet man sie heute als Neo-Taliban. Seit einigen Jahren versuchen sie, Afghanistan Stück für Stück zurückzuerobern und das Land in einen erneuten Krieg zu verstricken. Noch heute arbeiten die Taliban mit Terroristen von Al-Qaida zusammen und verüben regelmäßig Selbstmordattentate, um möglichst viele afghanische Soldaten und Zivilisten zu töten. So stürmten einige dieser neuen Taliban am 21. April 2017 eine Militärbasis und töteten 140 afghanische Soldaten. Das Ziel dieser jungen Taliban unterscheidet sich nicht von dem der ersten Generation: Sie wollen die Macht in Afghanistan an sich reißen und das Land ihren strengen islamistischen Regeln unterwerfen.

Sicher ist Ihnen schon aufgefallen, dass die Taliban ähnliche Ziele wie der sogenannte Islamische Staat verfolgen (siehe dazu auch das nächste Kapitel). Beide Gruppen wollen mit äußerster Brutalität einen Staat errichten, in dem nur noch islamisches Recht in extrem strenger Auslegung gilt. Beide Gruppen verstehen sich als Gotteskrieger und beide Gruppen sind in Afghanistan aktiv. Der IS kämpft vor allem im Irak und in Syrien, doch auch in Afghanistan. Trotz ähnlicher Ziele machen die beiden Gruppen keine gemeinsame Sache. Im Gegenteil: Die Taliban und der IS sind verfeindet und bekämpfen sich gegenseitig mit extremer Brutalität. Beide Gruppen beanspruchen für sich, die einzig wahren Gotteskrieger zu sein, und unterstellen der jeweils anderen, ungläubige Freunde der USA zu sein – wohl so ziemlich das Schlimmste, was man einer islamistischen Terrorgruppe vorwerfen kann. Der IS hat mehrfach Videos veröffentlicht, in denen Taliban-Kämpfer hingerichtet werden. Die Taliban fürchten den IS – einige der Kämpfer sind deshalb aus Afghanistan geflohen, andere zum IS übergelaufen.

In Afghanistan kämpfen heute also drei Parteien gegeneinander: die Taliban, der IS und die afghanischen Sicherheitskräfte. Wie dieser Kampf ausgehen wird, ist noch völlig unklar. Eines dagegen ist sicher: Afghanistan droht durch das Erstarken der Taliban und die Anwesenheit des IS erneut in einen Bürgerkrieg zu rutschen – die Stabilität des afghanischen Staates wackelt. Deshalb wird in Deutschland auch immer wieder heftig darüber diskutiert, ob Flüchtlinge aus Afghanistan in ihre Heimat zurückgeschickt werden dürfen oder nicht.

DER »ISLAMISCHE STAAT«

Der sogenannte Islamische Staat ist die momentan meistgefürchtete Terrorgruppe der Welt. Der IS kontrolliert Gebiete in den Ländern Irak und Syrien und verübt immer wieder Terroranschläge in anderen Ländern. Ziel des IS ist es, ein möglichst großes Kalifat, einen Gottesstaat mit seinen extrem strengen islamischen Regeln, zu errichten.

Keine Terrorgruppe hat in den vergangenen Jahren weltweit für so viel Schrecken gesorgt wie der IS. In den Nachrichten war zunächst die Rede von ISIS, was für »Islamischer Staat in Irak und Syrien« stand. Heute werden Sie in den Nachrichten meistens nur noch vom »IS«, dem sogenannten Islamischen Staat, hören. »Sogenannt« sagen die Nachrichtenmacher übrigens, um dem IS nicht die Anerkennung zu geben, wirklich ein islamischer Staat zu sein. Denn mit dem friedlichen Islam der meisten Muslime auf dieser Welt hat der IS wenig zu tun. Im Gegenteil: Der IS ist eine extrem brutale Gruppe von Terroristen, die Macht an sich reißen wollen. Am 29. Juni 2014 kontrolliert der IS so viele Gebiete im Irak und in Syrien, dass er dort ein Kalifat ausruft. Nach den Vorstellungen des IS ist das ein Gottesstaat, in dem seine extrem strengen islamischen Regeln gelten. Doch damit nicht genug. Der IS will diesen Staat eines Tages auch noch auf die Länder Libanon, Israel, Palästina und Jordanien ausweiten. Wenn es nach einigen Mitgliedern der Terrorgruppe geht, ist der Kampf erst dann vorbei, wenn auf dem Weißen Haus in Washington die schwarze Flagge des IS weht.

In den vom IS kontrollierten Gebieten gelten die Regeln des islamischen Rechts, der Scharia, allerdings in einer extrem strengen Form. Konkret bedeutet das zum Beispiel, dass Alkohol und Musik verboten sind, dass es öffentliche Enthauptungen gibt, dass Dieben die Hände abgehackt werden und dass Frauen sich unter der Androhung der Todesstrafe komplett verschleiern müssen. Ja richtig, das kommt uns von den Taliban sehr bekannt vor. Auf der ganzen Welt sorgt der IS mit brutalen Terroranschlägen für Angst und Schrecken. Die Enthauptung des Journalisten James Foley, die Anschläge im Bataclan-Theater in Paris und auf den Berliner Weihnachtsmarkt, das Attentat beim Ariana-Grande-Konzert in Manchester – all das geht auf das Konto des IS. Trotz dieser aus unserer Sicht grausamen und abschreckenden Taten reisen vor allem junge Männer aus der ganzen Welt freiwillig nach Syrien, um sich dem IS anzuschließen. Aber was genau steckt hinter dem IS? Und wie konnte er so schnell so groß werden?

Nachdem Sie die nächsten Seiten gelesen haben, werden Sie es wissen.

Man kann den IS mit einem Unkraut vergleichen. Zunächst gab es eine Wurzel, aus der Unkraut wucherte. Dann kam ein Gärtner und stutzte das Unkraut, doch die Wurzel blieb im Boden zurück. So trieb das Unkraut später erneut aus. Beginnen wir mit dem Ursprung des IS, mit der Wurzel.

2003 saß ein Kleinkrimineller namens Abu Musab al-Zarqawi in Jordanien im Gefängnis. Während seiner Zeit hinter Gittern entwickelte er ein extrem radikales Verständnis des Islam. Zarqawi war äußerst gewaltbereit und brutal. Es heißt, er habe sich im Gefängnis mit einer Rasierklinge Tattoos aus der Haut schneiden lassen, weil er sie nicht mehr mit seinem Glauben vereinen konnte. Nach der Haft ließ er sich in dschihadistischen Trainingslagern zum Terroristen ausbilden und entschied sich schließlich, für den Islam zu kämpfen und in den heiligen Krieg, den Dschihad, zu ziehen. Er reiste nach Afghanistan, um dort Osama bin Laden, den Anführer der Terrorgruppe Al-Qaida, zu treffen. Al-Qaida war damals die gefürchtetste islamistische Terrorgruppe der Welt und deshalb wollte Zarqawi für sie kämpfen. Doch er erlebte eine herbe Enttäuschung. Bin Laden hielt ihn nicht für wichtig genug, um sich persönlich mit ihm zu treffen, und lehnte ihn auch als Kämpfer ab. Denn ob Sie es glauben oder nicht: Um sich für Al-Qaida in die Luft zu sprengen, musste man relativ strenge Aufnahmekriterien erfüllen. Mit einer Vergangenheit als Kleinkrimineller, wenig Kampferfahrung und kaum Wissen über den Islam hatte man schlechte Karten.

Doch Abu Musab al-Zarqawi dachte nicht daran, aufzugeben. Er war fest entschlossen, in den Dschihad zu ziehen und es bin Laden zu beweisen, und entschloss sich dazu, eine eigene Truppe von Kämpfern aufzubauen.

Schon damals wusste der US-amerikanische Geheimdienst CIA von der Gefahr, die von Zarqawi ausging. Angeblich gab es sogar die Absicht, ihn in einem Ausbildungslager im Nordirak zu töten. Die fertigen Pläne dafür sollen im Weißen Haus auf dem Tisch des damaligen US-Präsidenten George W. Bush gelegen haben. Doch die Regierung entschied sich dagegen. Wäre die Entscheidung anders ausgefallen, würde es den IS heute womöglich nicht geben.

Die US-Regierung hatte etwas anderes mit Zarqawi vor. Nach den Anschlägen vom 11. September 2001 plante George W. Bush einen Krieg gegen Al-Qaida im Irak. Doch ohne die Angabe eines triftigen Grundes konnten die Amerikaner nicht in das Land einmarschieren. Der Präsident suchte nach einem Beweis, dass Saddam Hussein, der damalige irakische Staatspräsident, Al-Qaida unterstützte. Doch die US-amerikanischen Geheimdienste fanden keinerlei Hinweise darauf, dass eine direkte Verbindung zwischen Al-Qaida auf der einen und der irakischen Regierung unter Saddam Hussein auf der anderen Seite bestand. Und auch sonst gab es keine stichhaltigen Gründe, den Irak anzugreifen. An dieser Stelle kam Abu Musab al-Zarqawi wieder ins Spiel. Die US-amerikanischen Geheimdienste fanden eine Verbindung von Saddam Hussein zu Abu Musab al-Zarqawi und von diesem zu Al-Qaida und zu Osama bin Laden. Am 3. Februar 2003 rechtfertigte der damalige US-Außenminister Colin Powell den Angriff auf den Irak vor den Vereinten Nationen unter Angabe genau dieser Verbindung. In seiner Rede erwähnte er Abu Musab al-Zarqawi ganze 21 Mal. Er sagte: »Der Irak gibt einem gefährlichen Terrornetzwerk unter der Führung von Abu Musab al-Zarqawi Unterschlupf – Zarqawi ist ein Partner von Osama bin Laden.«

Die Folgen waren verheerend: Quasi von einem auf den anderen Tag wurde Abu Musab al-Zarqawi zu einem weltweit bekannten und gefürchteten Terroristen. In der Szene der Dschihadisten wurde er plötzlich ein Held. Heute weiß man, dass viele der Beweise, die Powell in seiner Rede vortrug, nicht der Wahrheit entsprachen. Der Außenminister bezeichnet seine Rede von damals heute selbst als großen Fehler.

Im März 2003 griffen die USA den Irak an. Nach weniger als zwei Monaten erklärte George W. Bush den Krieg für siegreich beendet. Kurz darauf lösten die USA das komplette irakische Militär auf. Die Botschaft war klar: Saddam Husseins sunnitische Armee, die den schiitischen Teil der Bevölkerung unterdrückt hatte, sollte in dem Land nichts mehr zu sagen haben. Die Spaltung zwischen Schiiten und Sunniten wird übrigens gleich noch mal wichtig.

Für die USA war die Auflösung und Entmachtung des Militärs ein Erfolg. Eines aber hatten sie nicht bedacht: Von einem auf den anderen Tag wurden 250 000 gut ausgebildete sunnitische Soldaten im Irak arbeitslos. Es dauerte nicht lange, bis die ehemaligen irakischen Soldaten in langen Schlangen vor den US-Vertretungen standen und von ihnen Geld und einen neuen Job forderten. Aus den langen Schlangen wurden schon bald große Demonstrationen. Jede Woche gingen die irakischen Militärs nun auf die Straße, um gegen die Siegermacht USA zu demonstrieren. Und schon bald kam es zu Ausschreitungen und Schießereien, bei denen mehrere Menschen starben. Die Situation drohte außer Kontrolle zu geraten.

Es war diese explosive Lage, die heute als Geburtsstunde des IS gilt. Abu Musab al-Zarqawi war damals auf der Suche nach Kämpfern, die sich seiner Miliz anschließen wollten, und nun sah er seine große Chance gekommen. Er rekrutierte einige der arbeitslosen und frustrierten sunnitischen Ex-Militärs und zettelte einen Aufstand gegen die US-Truppen und den schiitischen Teil der Bevölkerung an. Zarqawi redete den sunnitischen Ex-Militärs ein, dass die USA und die Schiiten sie entmachten und unterdrücken wollten. Er wollte einen Bürgerkrieg anzetteln, der das Land in Chaos stürzt, um dann selbst mit seiner Miliz die Macht zu übernehmen. Er hatte Erfolg: Im August 2003 herrschte Chaos in der irakischen Hauptstadt Bagdad. Es kam zu mehreren Anschlägen auf Schiiten und US-Truppen. Eine der Bomben explodierte vor dem Sitz der Vereinten Nationen (UN). Sofort verließen alle Mitarbeiter der UN und vieler Hilfsorganisationen das Land. Kurz darauf wurden US-Soldaten durch eine Autobombe getötet. Die Stimmung im Irak kippte.

Abu Musab al-Zarqawis Plan ging auf. Mit seiner Miliz wollte er den Irak in einen Bürgerkrieg stürzen, um die Kontrolle im Staat zu übernehmen. Immer weiter plante er neue Anschläge auf US-Soldaten und Schiiten. Jetzt nahm ihn auch bin Laden ernst. Zarqawi berichtete dem Anführer von Al-Qaida in einem Brief von seinen Plänen: »Der entscheidende Moment naht. Wir dringen immer mehr in ein Sicherheitsvakuum vor. Wenn wir die schlafenden Sunniten aufwecken, können wir das Land in einen heiligen Krieg verwickeln!« Genau diesen Plan verfolgte Zarqawi mit aller Kraft und bekämpfte mit seiner sunnitischen Miliz die Schiiten im Irak. Die Schiiten antworteten ihrerseits auch immer öfter mit Gewalt. Der Staat rutschte unaufhaltsam in einen brutalen und blutigen Bürgerkrieg. Folterkammern wurden errichtet, Enthauptungsvideos kursierten und fast täglich wurden Selbstmordattentate verübt. Es kam sogar zu einem Bombenanschlag auf die goldene Kuppel der Moschee in Samarra, einen der heiligsten Orte der Schiiten. Im Irak starben so viele Menschen, dass Zarqawi irgendwann nur noch »der Schlächter« genannt wurde. 2004 zeigte sich auch Osama bin Laden von Zarqawis Kampf beeindruckt und erklärte Zarqawis Miliz zu einem Teil von Al-Qaida. Von nun an nannten sich Zarqawis Männer »Al-Qaida im Irak«, blieben aber trotzdem weitgehend eigenständig. Jetzt zog Zarqawis Miliz Dschihadisten aus aller Welt an. In Scharen reisten sie in den Irak, um sich Zarqawi anzuschließen. Auch immer mehr irakische Zivilisten, die wütend auf die US-Truppen waren, schlossen sich Zarqawi an. Der nutzte das Chaos im Irak nun, um mit seiner Miliz selbst Macht zu übernehmen. Mitten im Bürgerkrieg trat Abu Musab al-Zarqawi vor eine Kamera und verkündete, er wolle im Irak einen Staat nach islamischen Regeln errichten. Dieser Staat werde in einen heiligen Krieg ziehen und die gesamte Welt erobern. Der sogenannte Islamische Staat hat in irakischem Boden Wurzeln geschlagen.

Zarqawi weitete seine Macht stetig aus und erlangte mehr und mehr Kontrolle über Gebiete im Irak. Und genau wie der IS heute, versuchte auch schon Zarqawi, die Welt in Angst und Schrecken zu versetzen. Er sendete dem amerikanischen Volk eine Videobotschaft. In dem kurzen Film liest Zarqawi zunächst eine Botschaft vor: »Aus diesem Krieg werden wir euch nichts schicken außer Leichen!« Dann legt er den Zettel beiseite, zückt eine Machete und schneidet dem Amerikaner Nicholas Berg, Mitarbeiter einer Hilfsorganisation, eigenhändig den Kopf ab. Das Video sorgte weltweit für Entsetzen. Das Unkraut wächst und gedeiht.

Im Jahr 2006 gelang es dem US-Militär, Zarqawis Versteck zu bombardieren und ihn zu töten. Damit war der Kopf der Terrorgruppe ausgelöscht. Danach verfolgte das US-Militär Zarqawis Anhänger. Ohne ihren Anführer zerfiel die Miliz nach und nach. Ein bis dato völlig Unbekannter übernahm die Nachfolge von Zarqawi. Dann kam es auch noch zum Streit mit Al-Qaida und man wollte sich von der Terrorgruppe abgrenzen. Deshalb benannte sich die Miliz in ISI, »Islamischer Staat im Irak«, um. Doch der neue Name konnte nichts daran ändern, dass die Gruppe immer mehr in die Defensive geriet und ihren Einfluss verlor. Zur gleichen Zeit handelten die USA Waffenruhen und Friedensabkommen mit sunnitischen Stämmen aus, die vorher für Zarqawi gekämpft hatten. Ohne ihren ehemaligen Anführer gelang es der ISI-Miliz nicht mehr, den Irak zu destabilisieren. Die Amerikaner übernahmen wieder die Kontrolle und Zarqawis verbliebene Anhänger tauchten unter. Das Unkraut war zurückgestutzt, doch wie sich später zeigen würde, war der »Islamische Staat« noch lange nicht besiegt. Zarqawis Idee eines Kalifats lebte in den Köpfen seiner Anhänger weiter. Die gingen in den Untergrund und warteten auf den richtigen Moment, um erneut nach der Macht zu greifen. Die Wurzel ruhte versteckt in der Erde.

Die Vorgeschichte des IS rund um Zarqawi und die US-Invasion im Irak ist deshalb so wichtig, weil man nur so nachvollziehen kann, wie der »Islamische Staat« entstanden ist. Viele Experten sind sich einig, dass der IS eine Spätfolge des Irakkriegs ist. Ohne ihn hätte es den IS womöglich nie gegeben. Und Zarqawi hat den Grundstein für all das gelegt, was Menschen heute mit dem IS verbinden: Videos von Enthauptungen, extreme Brutalität, das gezielte Verbreiten von Angst und Schrecken über das Internet, die Idee eines globalen Kalifats. Aber wie konnte der »Islamische Staat« in den vergangenen Jahren wieder aufsteigen? Wie konnte die Wurzel wieder austreiben?

2009 wurde Barack Obama neuer Präsident der Vereinigten Staaten von Amerika. Sechs Jahre liegt der Beginn des Irakkriegs zu diesem Zeitpunkt zurück. Seit drei Jahren war Abu Musab al-Zarqawi tot. Die USA hatten die Situation im Irak weitestgehend unter Kontrolle gebracht und Obama hatte im Wahlkampf versprochen, die US-Truppen aus dem Irak abzuziehen. Diesen Plan setzte er so schnell wie möglich in die Tat um. Kurz nach seiner Wahl erklärte er vor Tausenden Marines, wie er den Krieg im Irak beenden wolle: »Die Situation im Irak ist gut. Wir haben die

Terroristen schwer getroffen. Ich will alle US-Truppen bis Ende 2011 aus dem Irak abziehen!«

Und so kam es. Anfang 2011 gelang es den USA, Osama bin Laden zu töten. Der Kampf gegen die Terroristen im Irak schien endgültig beendet. Noch im gleichen Jahr verließen die US-Truppen den Irak. Das Land war wieder auf sich allein gestellt.

Doch kaum waren die Amerikaner abgezogen, konnten sich die früheren Anhänger von Abu Musab al-Zarqawi wieder freier im Irak bewegen. Sie hatten auch einen neuen Anführer: Abu Bakr al-Baghdadi. Er versammelte seine Anhänger im Nordwesten des Iraks und schmiedete mit ihnen gemeinsam neue Pläne, wie sie einen islamischen Staat nach ihren Vorstellungen errichten könnten. Nachdem die Amerikaner im Irak jahrelang Strukturen aufgebaut hatten, eignete sich der Irak hierfür nicht mehr. Baghdadi suchte deshalb nach einem anderen Staat, den er, ähnlich wie Zarqawi damals den Irak, für seine Zwecke nutzen konnte. Baghdadi fand diesen Staat im Nachbarland Syrien. Dort gab es damals heftige und gewaltsame Demonstrationen gegen den brutalen Machthaber Baschar al-Assad, worüber Sie im nächsten Kapitel mehr erfahren. In manchen Regionen herrschten bürgerkriegsähnliche Zustände – ideale Voraussetzungen für Baghdadis Pläne. Wie Zarqawi Jahre zuvor im Irak kurbelte Baghdadi nun die Gewaltspirale in Syrien an. Er schickte Agenten nach Syrien, die sich unter die Demonstranten mischten und die Gewalt anheizten. Mitten in der syrischen Hauptstadt Damaskus zündeten Baghdadis Männer Autobomben und töteten viele Menschen. Schon bald brach in Syrien ein brutaler, blutiger Bürgerkrieg aus und immer mehr Menschen schlossen sich Baghdadis Truppe an. Doch nicht nur aus Syrien, auch aus dem Irak und dem Rest der Welt kamen Menschen freiwillig nach Syrien, um für die Dschihadisten zu kämpfen. 2013 benannte Baghdadi seine Miliz dann in »ISIS – Islamischer Staat in Irak und Syrien« um und eroberte vor allem in Syriens Norden große Gebiete. Im Januar 2014 übernahm ISIS die Kontrolle über die syrische Stadt Rakka und erklärte sie zu seiner Hauptstadt. Im Juni 2014 eroberte ISIS dann die Stadt Mossul und verkündete offiziell die Gründung eines islamischen Staates, das sogenannte Kalifat. ISIS nannte sich selbst von nun an nur noch »IS – Islamischer Staat«. In dieser Zeit schien der Vormarsch des IS unaufhaltsam. In den folgenden Monaten eroberte der IS immer mehr Gebiete in Syrien und im Norden des Iraks. Das Unkraut »Islamischer Staat« wuchs so schnell wie nie. Baghdadi hatte es geschafft, das Chaos in Syrien zu nutzen, um sich das Kalifat im Irak und in Syrien zu erkämpfen. Zu Hochzeiten kontrollierte der IS große Teile dieser Länder, befehligte Zehntausende Kämpfer und war wie ein Staat organisiert. Der IS finanzierte sich in dieser Zeit durch den Verkauf von erbeutetem Erdöl, durch Raubzüge, Lösegelder für westliche Geiseln und Spender aus Saudi-Arabien und Katar, von denen kaum jemand weiß, wer sie genau sind.

Die Strategien Baghdadis und Zarqawis gleichen einander: Im August 2014 veröffentlichte der IS ein Video, in welchem der amerikanische Journalist James Foley in einem orangefarbenen Sträflingsanzug in der Wüste auf dem Boden kniet und enthauptet wird. Die Bilder gingen um die ganze Welt. Jetzt fürchteten sich auch im Westen viele Menschen vor dem IS. Wie keine andere Terrorgruppe jemals zuvor nutzt der IS das Internet und soziale Netzwerke. Es gibt IS-Videos, in denen Kindersoldaten Häftlinge erschießen, Videos, in denen Geiseln bei lebendigem Leib in Käfigen verbrannt werden, Videos, in denen Menschen von Traktoren zerrissen werden, und das ist noch längst nicht alles. Die meisten dieser Propagandavideos sind hochprofessionell produziert und erinnern optisch an Videospiele und Blockbuster. Die Idee dahinter ist simpel: Einerseits möchte der IS weltweit Angst und Schrecken verbreiten. Seine Taten sollen nicht nur für die Menschen in Syrien und im Irak, sondern auch für Menschen auf der ganzen Welt sichtbar sein. Andererseits will der IS Kämpfer aus aller Welt anlocken, die ihre Gewaltfantasien bei der Terrorgruppe ausleben können. Und das gelingt dem IS auch. Aus aller Welt, auch aus Deutschland, reisen vor allem junge Männer nach Syrien, um sich dem IS anzuschließen.

Doch der IS führt seinen heiligen Krieg nicht nur in Syrien und im Irak. Ziel und Strategie der Terrorgruppe ist es, die gesamte Welt in einen heiligen Krieg der Religionen zu verwickeln. Deshalb plant der IS systematisch Terroranschläge auf der ganzen Welt, um Hass zu säen, und auch, um ausländische Regierungen zu militärischen Schritten zu provozieren und sie in den Kampf zu verwickeln. Die Liste der Terroranschläge des IS ist lang. Die aus europäischer Sicht wohl bekanntesten Anschläge sind die Terroranschläge in Paris im Jahr 2015 mit über 100 Toten, der Lkw-Anschlag in Nizza im Jahr 2016 und im selben Jahr auf dem Berliner Weihnachtsmarkt, außerdem das Massaker in der Istanbuler Diskothek Reina im Jahr 2017. Am 22. Mai 2017 zündete ein IS-Sympathisant bei einem Konzert der Popsängerin Ariana Grande eine Bombe und riss 22 Menschen mit in den Tod. Es wird immer mehr zur Strategie des IS, junge Männer auf der ganzen Welt dazu zu ermutigen, Anschläge an ihren Wohnorten zu verüben, statt nach Syrien zu kommen.

Der IS wurde in den vergangenen Jahren zunehmend zu einer ernsthaften Bedrohung für den Weltfrieden. Deshalb suchte die internationale Staatengemeinschaft nach einer Lösung, um den Vormarsch des IS zu stoppen. Seit August 2014 fliegt eine internationale Koalition unter Führung der USA Luftangriffe auf Stellungen des IS. Auch Russland und die Türkei schwächen den IS mit gezielten Bombardierungen. Auf dem Boden wird der IS von der irakischen Armee, den Truppen von Baschar al-Assad in Syrien, von der freien syrischen Armee und von den Kurden bekämpft. Der IS muss in letzter Zeit empfindliche Niederlagen sowohl im Irak als auch in Syrien einstecken und verliert große Teile der von ihm kontrollierten Gebiete. Es sieht so aus, als ob der IS nicht mehr lange als territorialer Staat Bestand haben wird. Gut möglich, dass die Anhänger des IS, ähnlich wie nach dem Tod von Zarqawi, schon bald wieder untertauchen und auf eine neue Chance warten werden. Die spannende Frage wird sein, ob man es wieder nur schafft, das Unkraut zu stutzen, oder ob es gelingt, die Wurzeln auszugraben.

KRIEG IN SYRIEN

Seit 2011 herrscht in Syrien ein brutaler Krieg zwischen dem Regime von Präsident Baschar al-Assad auf der einen und der Terrorgruppe Islamischer Staat sowie weiteren bewaffneten Gruppen auf der anderen Seite. Mindestens 400 000 Menschen sind in diesem Krieg getötet worden und mehr als zwölf Millionen Syrer mussten aus ihrer Heimat flüchten. Eine Lösung des Konflikts ist nicht absehbar, auch weil er zu einem Stellvertreterkrieg zwischen Russland und den USA geworden ist.

»Stellen Sie sich vor, Sie sitzen im Keller, zitternd. Es stinkt nach Urin, nach Erbrochenem derer, die sich aus Angst übergeben haben. Oder dass Sie mit den Händen nach Ihren schreienden Kindern graben, die Sie nicht mehr sehen können unter Staub und unter Trümmern. Und Sie fürchten sich davor, dass eine Bombe, wie sie gestern das Haus des Nachbarn zerstört hat, heute den Keller trifft, in dem Sie ausharren. Das sind Menschen wie Sie und ich. Aber die sitzen nicht wie Sie hier gerade um einen Tisch in New York. Die sind ohne ihr Zutun in verzweifeltes Leid gestürzt worden.«

So hat Stephen O'Brien den Alltag der Menschen in Aleppo vor dem Sicherheitsrat der Vereinten Nationen beschrieben. Er ist Nothilfekoordinator der Vereinten Nationen und ist es deshalb gewohnt, Leid, Elend und Gewalt zu sehen und zu ertragen. Es gehört zu seinem Beruf. Dass ausgerechnet so ein harter Hund wie er die Zustände in Syrien so dramatisch und emotional schildert, zeigt wohl, wie schlimm die Lage in Syrien wirklich ist. Über den Krieg in Syrien sagt er: »Dies wird die Schande unserer Generation sein!«

Seit 2011 tobt in Syrien ein brutal geführter Krieg zwischen Präsident Baschar al-Assad und vielen verschiedenen bewaffneten Gruppen. Mehr als 400000 Menschen sind bisher getötet, mindestens genauso viele schwer verletzt oder verstümmelt worden. Weil das Leben in Syrien unerträglich geworden ist, sind mehr als zwölf Millionen Syrer geflohen. Wie hat das alles angefangen? Wer kämpft gegen wen? Und wieso findet die internationale Staatengemeinschaft keine Lösung? Auf den folgenden Seiten begeben wir uns auf die Suche nach Antworten.

Um den Krieg in Syrien zu verstehen, werfen wir einen Blick auf das Land vor dem Krieg. Syrien war weder ein armes noch ein schlecht entwickeltes und auch kein unmodernes oder abgeschottetes Land. Unter immer mehr

Europäern galt es sogar als Insider-Tipp. So erinnert sich beispielsweise ein Nutzer auf einer Touristikwebsite an ein exklusives Gorillaz-Konzert im Jahr 2010 in der Zitadelle von Damaskus. Die Oasenstadt Palmyra lockte als UNESCO-Weltkulturerbe jedes Jahr Tausende Besucher an. Präsident Baschar al-Assad hatte viel getan, um die Wirtschaft des Landes auf Vordermann zu bringen, und in den Städten entwickelte sich zunehmend so etwas wie eine echte Mittelschicht. Viele junge Syrer besuchten gute Universitäten, sprachen geschliffenes Englisch und träumten von einer besseren Zukunft in der Heimat. Sie waren stolz darauf, Syrer zu sein.

Doch die Fassade hatte Risse und sah man genauer hin, herrschten massive Spannungen. Den Menschen in den Städten ging es zwar immer besser. Dafür ging es vielen Menschen auf dem Land aber immer schlechter. Eine große Dürre machte den Bauern noch mehr zu schaffen, nahm ihnen ihre Lebensgrundlage und zwang viele dazu, in ärmere Vorstädte zu ziehen. Die Schere zwischen Arm und Reich ging immer weiter auseinander. Doch das wohl offensichtlichste Problem in Syrien war und ist die Familie Assad. Seit mehreren Generationen haben die Assads die Macht inne und besetzen entscheidende Regierungsposten mit Regimefreunden. Wer einen guten Kontakt zur Familie Assad unterhielt, war in Syrien nahezu unverwundbar, kam leichter an Bauland, hatte bessere Chancen auf eine Karriere und erhielt vor Gericht meistens recht. Es gibt sogar ein eigenes Wort namens »wasta«, um besonders gute Verbindungen zum Regime zu beschreiben.

Um seine Macht zu verteidigen und zu festigen, baute

das Assad-Regime Syrien in einen brutalen Überwachungsstaat um. Assads Truppen waren schon vor dem Krieg gefürchtet und überall erzählte man sich Geschichten davon, wie sie politische Gegner folterten und töteten. Ein weiterer, oft vergessener Konflikt war, dass Baschar al-Assad und sein Regime einer absoluten Minderheit angehören, den Aleviten, einer vor allem in der Türkei beheimateten islamischen Glaubensrichtung. Vielen Menschen in Syrien war das ein Dorn im Auge. Sie fühlten sich von einer Minderheit regiert und taten sich oft schwer damit, Assad und sein Regime als Vertreter ihrer Interessen zu akzeptieren. Natürlich gab es noch viele andere Konflikte in Syrien, doch die hier genannten schufen wohl am meisten den Nährboden für den aktuellen Bürgerkrieg.

Es ist 2011, die Zeit des Arabischen Frühlings. In vielen Staaten im Nahen und Mittleren Osten und in Nordafrika gehen junge Menschen auf die Straße, um gegen das herrschende Regime zu demonstrieren. Sie haben die Nase voll von Unterdrückung, Diktatur, Clans und Banden. Sie wünschen sich demokratische Strukturen. Die meisten Proteste verlaufen anfangs noch friedlich und werden mithilfe von Social-Media-Kanälen im Internet organisiert. Doch mit der Zeit wird die Stimmung bei den Protesten immer hitziger. Die Regierung will die Aufstände nicht mehr tolerieren und versucht sie zu unterdrücken. Die Stimmung ist explosiv – dann kommt plötzlich ein kleiner Funke dazu: Im März schnappen syrische Jugendliche in der Stadt Daraa Parolen des Arabischen Frühlings im Fernsehen auf und schreiben sie auf Hauswände in ihrem Viertel. Das Assad-Regime reagiert mit Gewalt. Dass es sich bei den »Tätern« um Jugendliche handelt, kümmert die Machthaber nicht. Sie lassen sie festnehmen, einsperren und foltern. Die Eltern sind schockiert und die Geschichte verbreitet sich wie ein Lauffeuer. Es dauert nicht lange, bis Eltern, Freunde und Unterstützer auf die Straße gehen. Sie fordern die Freilassung der Kinder, eine Entschuldigung und ein Ende der Gewalt. Doch das Assad-Regime reagiert wie gewohnt. Die offizielle Antwort lautet: »Macht halt neue Kinder!« Statt einer Entschuldigung schicken die Verantwortlichen Soldaten und Panzer. Es kommt zu Ausschreitungen zwischen Demonstranten und Assad-Soldaten. Und so war eine Wandschmiererei wohl der Funke, der das Feuer in Syrien entzündet hat.

Immer häufiger kommt es in der Folge zu Demonstrationen. Die Zahl der Menschen, die für ihre Rechte auf die Straße gehen, wächst an, und die Auseinandersetzungen zwischen Soldaten und Demonstranten werden brutaler. Bilder von Massenprotesten in Hama und Homs, auf denen wütende Syrer »Assad, hau ab!« rufen, gehen um die Welt. Das Regime befürchtet, dass der Arabische Frühling auch in Syrien Einzug hält, und versucht immer heftiger, die Demonstrationen mit Gewalt niederzuschlagen. Doch die Menschen geben nicht auf, ganz im Gegenteil, sie bewaffnen sich.

Zunehmend können sie sich dabei auch auf die Unterstützung der Soldaten verlassen, die keine Lust mehr haben, im Namen Assads auf ihre Landsleute zu schießen. So formieren sich die ersten bewaffneten, paramilitärischen Truppen in Syrien, die versuchen, die Macht mit Gewalt an sich zu reißen und Assad zu stürzen. Und nach und nach greifen auch andere Staaten in den Konflikt ein. Westliche Regierungen fordern den Rücktritt Assads, doch der weigert sich.

Ende 2011 versuchen Diplomaten, zwischen Assad und seinen Gegnern zu vermitteln. Sie verhandeln über eine Waffenruhe, um die ausufernde Gewalt zu stoppen. Doch die Gespräche scheitern und Syrien rutscht in einen landesweiten Bürgerkrieg.

Aber wer kämpft in Syrien heute eigentlich gegen wen?

Auf der einen Seite steht das Regime unter Präsident Baschar al-Assad, auf der anderen vor allem radikalislamische Rebellengruppen und Dschihadisten, die sich unter die Demonstranten von 2011 gemischt haben. Diese nutzen die Unruhe im Land für ihre Zwecke. Ihr Ziel ist es, Assad zu stürzen, die Macht an sich zu reißen und einen islamischen Staat zu gründen. Mit dieser Absicht kam auch die Terrorgruppe IS, der sogenannte Islamische Staat, nach Syrien. In vielen Regionen Syriens hat der IS es tatsächlich geschafft, eine Art eigenen Staat aufzubauen. Neben dem IS beteiligen sich noch andere radikalislamische Gruppen an den Kämpfen. Einige der ehemals friedlichen Demonstranten haben sich radikalisiert und kämpfen an der Seite der Islamisten. Und während die meisten Demonstranten das Land verlassen haben, als es noch möglich war, sind andere geblieben und haben gemäßigte Kämpfergruppen gebildet, die ebenfalls nach der Macht greifen. Und es kämpft noch eine Gruppe in diesem Krieg, die sich die »Volksverteidigungseinheiten« nennt, kurz YPG. Von diesen Streitkräften hört man selten in den Nachrichten – trotzdem spielen sie im Syrienkrieg eine wichtige Rolle. Die YPG versuchen seit Mitte 2012, im Norden von Syrien die Kontrolle zu übernehmen. Sie bekämpfen sowohl Assad als auch die Islamisten. Die YPG sind Ableger der PKK, der linken türkisch-kurdischen »Arbeiterpartei Kurdistans«. Es wird vermutet, dass sie auf syrischem Gebiet für einen eigenen Staat kämpfen. Mehr zur PKK und der Situation der Kurden in der Türkei erfahren Sie im folgenden Kapitel.

All diese Gruppen kontrollieren unterschiedliche Gebiete in Syrien, sodass sich durch das gesamte Land hart umkämpfte Fronten ziehen. Ab und an gelingt es einer der Gruppen, Gebiete zu erobern und ihren Einfluss zu vergrößern. Durchsetzen konnte sich bislang allerdings keine der Gruppen, und so ist ein Ende der brutalen Kämpfe bis heute nicht in Sicht. Abschließend noch eine eindrückliche Zahl, die verdeutlicht, wie zerrissen und umkämpft die Situation in Syrien ist: Experten gehen davon aus, dass es heute wohl mehrere Hundert verschiedene kämpfende Milizen in Syrien gibt, die ihre eigenen Interessen verfolgen.

Menschenrechtsorganisationen wie Human Rights Watch werfen Assad und dem IS schwere Kriegsverbrechen vor. Assad hat Fassbomben auf Zivilisten abgeworfen, ganze Dörfer wurden auf seinen Befehl hin ausgelöscht, Menschen in Gefängnissen zu Tode gefoltert und gezielt Bomben auf Krankenhäuser abgeworfen. Es gab Anschläge mit Giftgas in Syrien, bei denen Zivilisten, Kinder und sogar Babys brutal getötet wurden. Der »Islamische Staat« hat Menschen vor laufenden Kameras hingerichtet, Frauen vergewaltigt und kleine Kinder zu Soldaten ausgebildet.

Durch den andauernden Krieg sind große Teile Syriens fast vollständig zerstört. Die Wirtschaft ist zusammengebrochen, ebenso wie die Infrastruktur. Ein funktionierender syrischer Staat existiert nicht mehr. Das Land liegt am Boden und versinkt völlig im Chaos. Ein großer Teil der Bevölkerung ist mittlerweile aus dem Land geflohen.

Am Ende bleibt die Frage, die Stephen O'Brien an den Sicherheitsrat der Vereinten Nationen gerichtet hat: »Wieso findet die internationale Staatengemeinschaft keine Lösung für diesen Krieg?«

Wenn es darauf eine eindeutige Antwort gibt, ist sie wohl sehr komplex. Die USA, Russland, der Iran, der Irak, die Türkei und die Golfstaaten – all diese Länder verfolgen eigene Interessen in Syrien und nehmen Einfluss auf den Verlauf des Kriegs. Beschränken wir uns an dieser Stelle auf die Interessen der USA und Russlands und auf den daraus resultierenden Konflikt.

Russland unter Wladimir Putin gilt als großer Unterstützer von Präsident Baschar al-Assad. Putin und Assad haben lange zusammengearbeitet und die beiden Länder sind sowohl wirtschaftlich als auch militärisch eng miteinander verbündet. Russland konnte so stets beeinflussen, was in Syrien passierte, und sicherte sich darüber hinaus auch Einfluss auf die gesamte Region. Diesen Einfluss möchte Russland behalten. Gäbe es eine neue Regierung in Syrien, könnte diese eher proamerikanisch sein – dadurch würde Russland womöglich seinen Einfluss in der Region verlieren. Deshalb lehnt Wladimir Putin einen Rücktritt Assads ab. Obwohl dieser womöglich das Ausbrechen des Bürgerkriegs hätte verhindern können. Russland versorgt das Assad-Regime mit Waffen und verhindert, dass andere Gruppen die Macht in Syrien vollständig an sich reißen können. Heute kämpft Russland an der Seite von Assads Armee und fliegt Luftangriffe gegen den IS und andere Gegner des Regimes. Aber auch Russland gelingt es bisher noch nicht, Gruppen wie den IS endgültig zu besiegen und die alten Machtverhältnisse im Land wiederherzustellen. Die USA hingegen fordern seit dem Ausbruch des Bürgerkriegs Assads Rücktritt. Beobachter unterstellen den USA, in Syrien einen Präsidenten installieren zu wollen, der westliche Interessen verfolgt und den USA damit größeren Einfluss in der Region ermöglicht. Die USA unterstützen gemäßigte Gruppen, die gegen Assad und den IS kämpfen, mit Waffen. Eine heikle Angelegenheit, denn es ist kein Geheimnis, dass es immer schwieriger wird, sicherzustellen, dass die amerikanischen Waffen nicht doch in die Hände von Terroristen gelangen. Gemäßigte Rebellen von Terroristen zu unterscheiden, wird immer schwieriger.

Assad und Russland auf der einen, die USA und gemäßigte Rebellengruppen auf der anderen Seite: Der Krieg in Syrien ist auch ein Stellvertreterkrieg, ein Kräftemessen zweier Supermächte. Auch die Einflussnahme anderer Staaten nimmt zu und eine Lösung des Konflikts ist noch immer nicht in Sicht. In den vergangenen Monaten sah es allerdings so aus, als sei es zumindest gelungen, den IS in Syrien weitestgehend zu vertreiben und seine Macht zu brechen. Die große Frage wird nur sein: Wer soll in Zukunft regieren? Erobert Assad die Macht im Land zurück? Gerade auch durch die vielen Kriegsverbrechen, die Assad vorgeworfen werden, ist das für die USA keine Option – für Russland dagegen ist es das Wunschszenario. Im Grunde scheint nur eines sicher zu sein: Es wird keine leichte Aufgabe werden, Syrien, ein Land, in dem heute Hunderte verfeindete Milizen kämpfen, jemals wieder zu befrieden und zu einen.

DER KURDENKONFLIKT IN DER TÜRKEI

Die Volksgruppe der Kurden wird seit Jahrzehnten in der Türkei unterdrückt. Um die Rechte der Kurden durchzusetzen, gründete Abdullah Öcalan die kurdische Arbeiterpartei PKK. Diese liefert sich seit Jahrzehnten einen blutigen Bürgerkrieg mit der türkischen Regierung.

Stellen Sie sich vor, Sie gehören dem Volk der Kurden an. Sie sind eine Volksgruppe von mehreren Millionen Menschen ohne eigenen Staat. Stattdessen werden Sie in dem Land, in dem Sie leben, unterdrückt und dürfen Ihre eigene Sprache nicht sprechen. So ergeht es nach eigener Aussage den Kurden in der Türkei.

Viele Türken sehen das anders. Sie hatten jahrzehntelang Angst, bei einem Terroranschlag der verbotenen kurdischen Arbeiterpartei PKK ums Leben zu kommen. Denn die PKK wollte einen eigenen Kurdenstaat errichten und versuchte über Jahrzehnte, diese Forderung mit Gewalt durchzusetzen.

Wer sind überhaupt die Kurden?

Die Kurden lebten früher als umherziehende Stämme in den Bergen des türkisch-irakisch-iranischen Grenzgebietes. Das Gebiet, in dem die Kurden heute leben, ist fast so groß wie Deutschland. Sie üben keine einheitliche Religion aus – mehrheitlich handelt es sich um Sunniten, aber auch um Schiiten, Jesiden und assyrische Christen. Sie sprechen keine gemeinsame Sprache, vielmehr existieren mehrere kurdische Dialekte nebeneinander. Trotzdem fühlen sie sich einander durch ihre Kultur verbunden. Früher lebten die Kurden in Stämmen, die Großfamilien ähneln und sich durch Heirat mit anderen Stämmen verbanden. Sie haben eigene Tänze, typische Kleidung und feiern ein gemeinsames Neujahrsfest. Wie viele Menschen weltweit zu dieser Volksgruppe zählen, ist nicht ganz klar. Nach Schätzungen variieren die Zahlen zwischen 20 und 40 Millionen. Die Kurden bezeichnen sich selbst als das größte Volk, das keinen eigenen Staat hat.

Nach dem Ersten Weltkrieg forderten die Kurden einen eigenen Staat, und kurz sah es so aus, als würden sie ihn auch bekommen. Aber in dem Gebiet, in dem die Kurden noch heute leben, war man auf Erdöl gestoßen. Der wertvolle Stoff machte das Land für die Siegermächte interessant, und so wurde das Kurdengebiet aufgeteilt. Die Grenzen der neu geschaffenen Staaten verliefen quer durch die kurdischen Siedlungsgebiete und trennten Großfamilien und unterbanden wirtschaftliche Beziehungen. Stellen Sie sich das mal vor: Sie waren bis eben noch einfach ein Kurde und plötzlich sind Sie Türke und Ihr direkter Nachbar Syrer. Die Kurden lebten plötzlich verstreut im Iran, im Irak, in Syrien, in Armenien, im Libanon und in der Türkei. Die Kurden bekamen damals also nicht nur keinen eigenen Staat, es kam noch schlimmer für sie und das hatte auch große Auswirkungen auf die restliche türkische Bevölkerung. Was genau passiert ist, erfahren Sie in diesem Kapitel.

Die meisten Kurden fanden sich bei der Neugestaltung der Ländergrenzen in der Türkei wieder. Die Kurden bilden ein Sechstel der türkischen Bevölkerung. Die sogenannte »Kurdenfrage« ist seit Jahrzehnten Streitpunkt in der Türkei. Schon seit die Grenzen 1923 neu gezogen wurden, fühlten sich die Kurden unterdrückt, denn die türkische Regierung verbot ihnen die Ausübung ihrer Kultur. Es war ihnen verboten, ihre traditionelle Kleidung zu tragen. Wer in der Öffentlichkeit Kurdisch sprach, konnte bestraft werden. Die türkische Regierung verbot sogar einen Buchstaben, den es nur im Kurdischen gibt. Außerdem durften sie sich politisch nicht engagieren. Viele Kurden wollten das nicht akzeptieren. Es bildeten sich Widerstandsgruppen, die sich gegen die Unterdrückung wehrten. Ein Aufstand von mehreren kurdischen Stämmen wurde organisiert, aber ohne schwere Waffen hatten die kurdischen Kämpfer gegen die türkische Armee keine Chance. Diese startete Luftangriffe und eine große Bodenoffensive. Damit so ein Aufstand nicht wieder passierte, reagierte die türkische Regierung mit extremer Härte. Tausende Kurden wurden im Zuge dieser Offensive ohne Gerichtsverfahren getötet und ganze Stämme zwangsumgesiedelt. Viele der übrigen Kurden flüchteten in den Irak. Kleinere Kämpfergruppen, die nicht von der türkischen Armee verhaftet oder getötet worden waren, organisierten später kleinere Aufstände, aber auch diese scheiterten.

Erst ab Mitte der Siebzigerjahre schloss sich eine größere Gruppe Kurden in der Türkei zusammen, um gemeinsame Ziele zu verfolgen. Sie setzten sich für mehr Freiheiten und einen unabhängigen Kurdenstaat ein. 1978 wurde die PKK, die Arbeiterpartei Kurdistans, von Abdullah Öcalan gegründet, der von seinen Anhängern Apo genannt wird. Apo ist Kurdisch und heißt »Onkel«. Die Partei ist seitdem untrennbar mit ihrem Führer verbunden. Denn für viele Kurden ist Öcalan ein Vorbild und eine Leitfigur, die verehrt wird. Öcalan knüpfte an die alte Forderung nach einem Kurdenstaat an. Er wollte diesen aber nicht nur für die Kurden in der Türkei durchsetzen, sondern für alle Kurden. Der neue Staat sollte also auch die kurdischen Gebiete im Irak, Iran und in Syrien umfassen. Die PKK wollte ihre Ziele wenn nötig auch mit Gewalt durchsetzen.

In den ersten Jahren nach der Gründung organisierte sich die PKK und suchte Mitstreiter. Da sie von Anfang an vom türkischen Staat beobachtet wurde, zog sich die Führung der Partei schon früh in die syrischen Berge zurück. Dort schulte sie Kämpfer, bis Öcalan die PKK 1984 dann tatsächlich zum bewaffneten Einsatz gegen den türkischen Staat aufrief. Kleine Kämpfergruppen verübten immer wieder Anschläge. Zuerst waren die Ziele noch militärische, staatliche und infrastrukturelle Einrichtungen, später richtete die PKK den Terror auch gegen unschuldige Zivilisten. Immer wieder beging sie Bombenattentate und bewaffnete Überfälle. Die türkische Armee schlug mit voller Härte zurück. Sie brannte ganze kurdische Dörfer nieder, weil sie die Bewohner verdächtigte, mit der PKK zu sympathisieren. In den kurdischen Siedlungsgebieten im Südosten und Osten der Türkei herrschten zeitweise bürgerkriegsähnliche Zustände. Schätzungen zufolge sind dem Konflikt bis heute 40 000 Menschen zum Opfer gefallen. Dieser breitete sich auch in den Nachbarstaaten aus. Im Iran, im Irak und in Syrien bildeten sich Untergruppierungen der PKK und die Grenzgebiete dieser Staaten waren Rückzugszonen für deren Kämpfer und verfolgte Kurden.

Die Fronten verhärteten sich, da die nicht-kurdischen Türken den Terror der PKK verurteilten. Die Kurden hingegen fühlten sich unter Generalverdacht gestellt, da immer wieder Kurden wegen des bloßen Verdachts, etwas mit der PKK zu tun zu haben, verhaftet wurden. Durch diese Willkür erreichte die türkische Regierung aber nur das Gegenteil. Statt die PKK zu schwächen, bekam diese immer mehr Zulauf.

Selbst die Kurden, die dem Führerkult um Öcalan nichts abgewinnen konnten, solidarisierten sich mit dem Freiheitskampf. Je härter die türkische Armee gegen die PKK-Kämpfer und kurdische Organisationen vorging, desto mehr Menschen schlossen sich dem bewaffneten Kampf an. Und nicht nur Männer traten der PKK bei, etwa 30 Prozent der Kämpfer waren Frauen.

Anfang der Neunzigerjahre brachte die PKK den Terror auch nach Deutschland. Es gab Brandanschläge auf Polizeidienststellen, türkische Reisebüros, Banken und diplomatische Vertretungen. 1996 blockierten Zehntausende Kurden aus Protest Autobahnen in Deutschland. Sie wollten Solidarität für ihre Landsleute in der Türkei signalisieren. Dabei kam es auch zu Gewalt gegen deutsche Polizisten. In Deutschland wurde die PKK schon 1993 verboten. Seither beobachtet sie der Verfassungsschutz. Seit 2004 steht sie auf der EU-Liste terroristischer Organisationen. Deutsche Ermittler sehen zudem bis heute Verbindungen zur organisierten Kriminalität, vor allem soll die PKK Drogenhandel im großen Stil betreiben, um mit dem Gewinn Waffen und Immobilien zu kaufen. Der Organisation wird außerdem Schutzgelderpressung vorgeworfen, und einige Kurden werden angeblich zur Zahlung von Spenden und Mitgliedsbeiträgen gezwungen.

1999 gelang es den Türken, Abdullah Öcalan in Kenia zu verhaften, nachdem er wochenlang durch mehrere Länder geflüchtet war. Kein europäisches Land hatte ihm Asyl bieten wollen. Türkische Zeitungen titelten damals, der »Baby-Killer«, »Satan«, die »Bestie« sei außer Gefecht. Seither sitzt Öcalan auf der türkischen Gefangeneninsel Imrali ein, dem türkischen »Alcatraz«. Dort war er zehn Jahre der einzige Häftling und hat in den vergangenen Jahren angeblich 2300 Bücher und Zeitschriften gelesen. Erst seit kurzem soll er einen Fernseher haben. Mittlerweile gibt es einige weitere Gefangene auf Imrali und Öcalan darf Besuch empfangen. Eigentlich war der Gründer der PKK zum Tode verurteilt worden, doch nachdem die EU Druck gegen diese Entscheidung ausgeübt hatte, wurde das Todesurteil nicht vollzogen. Als die türkische Regierung 2002 die Todesstrafe abschaffte, wurde auch Öcalans Urteil in eine lebenslange Haftstrafe umgewandelt.

Auch aus dem Gefängnis führt Öcalan die PKK und hält über seine Anwälte die Fäden weiter in der Hand. Schon kurz nach seiner Festnahme unterbreitete er der Türkei ein Friedensangebot: Der PKK-Chef rief seine Kämpfer dazu auf, sich aus der Türkei zurückzuziehen und vom bewaffneten auf den politischen Kampf umzuschwenken. Die neue offizielle Führung der PKK verkündete daraufhin das Ende des bewaffneten Konflikts. Viele ihrer Kämpfer zogen sich in den Nordirak zurück. Trotz der angebotenen Waffenruhe gab es aber weiterhin Anschläge und Übergriffe auf beiden Seiten. Einige der PKK-Kämpfer wollten nicht mit dem bewaffneten Kampf aufhören und auch die türkische Regierung zeigt weiter Härte im Umgang mit der PKK.

Seit 2002 ist die AKP in der Türkei an der Macht und anfangs sah es aus, als wäre die Partei den Kurden freundlich gesinnt. Sie verabschiedete die bislang weitreichendsten kurdenpolitischen Reformen. Die Partei ließ private kurdische Fernseh- und Rundfunksender zu und richtete das Wahlfach Kurdisch an staatlichen Schulen ein. Die Vergabe von kurdischen Namen war wieder erlaubt und die kurdische Sprache war in Wahlkampagnen zugelassen. Im Herbst 2012 nahm die Regierung erstmals offizielle Friedensgespräche mit der PKK auf. Dafür wurden Regierungspolitiker zu Abdullah Öcalan ins Gefängnis geschickt. Die Kurden forderten weitere Rechte. Sie wünschten sich kurdische Schulen, eine Anerkennung der kurdischen Identität in der türkischen Verfassung und eine eigenständige Verwaltung in den Kurdengebieten.

Im Februar 2015 schien ein Frieden zwischen dem türkischen Staat und den Kurden dann endlich greifbar. Nach langen Verhandlungen zwischen der türkischen Regierung und der PKK verfassten Vertreter beider Parteien einen Zehn-Punkte-Plan zur Lösung des Konflikts. Doch dann gerieten die Verhandlungen ins Stocken und sind mittlerweile ganz zum Erliegen gekommen. Die AKP begründet dies damit, dass einige PKK-Kämpfer weiterhin Anschläge verübten. Kritiker der AKP sehen das anders. Sie vermuten machtpolitische Gründe hinter der Verzögerung. Die AKP habe sich gegenüber den Kurden nur so offen gezeigt, um ihre Stimmen bei den Wahlen zu bekommen. Denn die AKP fürchtete eine neue Partei, die sich in der Türkei gegründet hatte. Die HDP setzt sich für die Rechte von unterdrückten Minderheiten in der Türkei ein, also auch für die der Kurden. Die HDP bekam auch direkt gut zehn Prozent der Stimmen. Auch deshalb verfehlte die AKP bei den Parlamentswahlen 2015 die absolute parlamentarische Mehrheit. Ab diesem Zeitpunkt verfolgte die AKP einen Strategiewechsel in der Kurdenpolitik. Seit Ende Juli 2015 bombardiert die türkische Armee Stellungen der PKK im Nordirak und beschießt kurdische Städte und Provinzen im Osten und Südosten der Türkei. Im Jahr 2017 kam es zu großen Razzien in Kurdengebieten, im Zuge derer Hunderte Kurden festgenommen wurden, weil sie angeblich Verbindungen zur PKK unterhielten. Außerdem wurde der deutsch-türkische Journalist Deniz Yücel verhaftet, weil er angeblich ein Agent der PKK sei. Er ist Türkei-Korrespondent der deutschen Zeitung *Die Welt* und wurde im Februar 2017 in Untersuchungshaft genommen. Die Bundesregierung kritisierte das Vorgehen der Türkei und forderte die Freilassung des Journalisten.

Und auch aus den Reihen der Kurden gibt es Gewalt. Während gemäßigte Kurden eine politische Lösung suchen und mit der türkischen Regierung verhandeln, verüben einige kurdische Kämpfer weiterhin Attentate. Auch in diesem Konflikt ist ein Ende nicht in Sicht.

ERDOĞAN UND DIE TÜRKEI

Recep Tayyip Erdoğan ist der machtversessene Staatspräsident der Türkei, der im Laufe seiner Amtszeit schon Tausende politische Gegner hat einsperren lassen. Trotzdem genießt er großen Rückhalt in der Bevölkerung, die ihn als einen der ihren verehrt und ihm dankbar ist, dass er der Türkei wirtschaftlichen Aufschwung gebracht hat. 2017 hat Erdoğan die Bevölkerung über eine Verfassungsänderung abstimmen lassen, die ihm noch mehr Macht einräumt.

Wer ist Recep Tayyip Erdoğan, der Staatspräsident der Türkei? Nun, fast wäre er mal Profi-Fußballer geworden, seine Mannschaftskollegen sollen ihn »Imam Beckenbauer« genannt haben. Dabei hatte sein Vater ihm das Fußballspielen eigentlich verboten, wegen der unislamischen kurzen Hosen. Die Mehrheit der Türken liebt aber Fußball, kein Wunder also, dass Erdoğan immer wieder betont, dass er im Herzen Fußballer ist. Das bringt Sympathiepunkte. Wie auch die Geschichte, dass er einen Mann vor dem Selbstmord bewahrte. Der wollte sich in Istanbul von einer Brücke stürzen, als Erdoğan zufällig mit seiner Limousine vorbeifuhr und den Fahrer anhalten ließ. Zufällig war auch eine Fernsehkamera vor Ort. Dem Präsidenten gelang sofort, was der Polizei vorher misslungen war. Er stieg noch nicht mal aus dem Auto aus, behielt sein Handy am Ohr, aber der Mann stieg über die Brüstung zurück auf die Brücke, um mit ihm zu reden. Erdoğan hat auch ein Uni-Diplom. Das trägt allerdings ein Datum, an dem es die Fakultät noch gar nicht gab, aber na ja.

Er zeigt sich gern beim Billard mit Wählern, lachend inmitten einer großen Kindergruppe oder auf einem wilden Pferd reitend. »Er ist einer von uns, deshalb lieben wir ihn!«, sagen seine Anhänger.

Wenn man diese wenigen Sätze gelesen hat, hat man doch schon einen recht guten Einblick in das Phänomen Erdoğan bekommen. Phänomen, weil viele Türken ihren Präsidenten tief verehren. Im Ausland gilt er hingegen als machtversessen und seine Art zu regieren als undemokratisch.

In der Rangliste der Pressefreiheit von Reporter ohne Grenzen liegt die Türkei auf Rang 155 von 180. Auf der Liste der »Feinde der Pressefreiheit« stehen 35 Staats- und Regierungschefs, Extremisten- und Verbrecherorganisationen. Seit 2016 ist auch Erdoğans Name darunter.

Recep Tayyip Erdoğan wurde am 26. Februar 1954 geboren. Er stammt aus sehr einfachen Verhältnissen aus einem Armenviertel Istanbuls. Von seinen Eltern – der Vater war Seemann – wurde er fromm erzogen, Bildung spielte keine große Rolle. Weil er in jungen Jahren alle möglichen Koranverse zitieren konnte, gab man ihm den Spitznamen »Koran-Nachtigall«. Unter diesen Voraussetzungen – wenig begütert, eher ungebildet und fromm – führte er ein Leben wie die meisten Menschen in der damaligen Türkei. Politiker stammten zu der Zeit, als Erdoğan ein junger Mann war, eher aus der westlich orientierten, gebildeten Elite des Landes, die den Islam aus der Politik heraushält. Erdoğan wollte sich aber trotz seiner Herkunft politisch engagieren und trat in die Wohlfahrtspartei ein, die sich für eine politische Orientierung am Islam einsetzte. Dort begeisterte er die Massen mit seinen starken Reden und stieg schnell auf. Er war zwar nicht sehr wortgewandt, traf aber die Sprache des Volkes. Viele Türken hatten das Gefühl, Erdoğan sei einer von ihnen. Er versprühte Charisma und das verfehlte nicht seine Wirkung auf die Zuschauer. Überraschend gewann er 1994 die Oberbürgermeisterwahl von Istanbul und setzte seine vom Islam geprägten Wahlversprechen sofort um: Bordelle wurden geschlossen und der Alkoholausschank eingeschränkt. Das brachte ihm die Sympathie der frommen Türken ein. Er modernisierte die Straßen und verbesserte die Wasserversorgung in den Armenvierteln Istanbuls und damit die Situation der Armen. Bei den Wählern kam das gut an.

Im Ausland hingegen wurde die Wohlfahrtspartei kritisch beäugt, weil sie islamische Werte vertrat und sich nicht modern und damit westlich zeigte. In den Augen Europas war sie eher rückwärtsgewandt, indem sie sich auf alte Traditionen berief. Auch das türkische Militär war der Partei gegenüber kritisch eingestellt. Aus deutscher Sicht klingt das absurd, denn bei uns hat das Militär keine eigene Machtstellung, sondern ist der Regierung unterstellt. In der Türkei ist das traditionell anders. Auch daher galt die Türkei im Westen lange nicht als Demokratie. Das türkische Militär sieht sich schon seit der Staatsgründung durch Mustafa Kemal Atatürk als Verfechter des Kemalismus. Der sieht eine Öffnung zum Westen hin vor und eine Trennung von Staat und Religion. Nach der Vorstellung des Kemalismus darf zwar jeder Türke Muslim sein, aber dies sollte keine Auswirkungen auf den Staat haben. Deshalb waren in der Türkei bis zum Jahr 2012 Kopftücher für Studentinnen an Universitäten und Anwältinnen vor Gericht verboten. Erst Erdoğans Partei AKP hob das Kopftuchverbot auf.

Die Trennung von Staat und Religion ist in der türkischen Verfassung verankert und diese Verfassung und den Kemalismus verteidigt das Militär. Die wenigen Untersuchungen über das politische Denken des türkischen Militärs deuten laut der Bundeszentrale für Politische Bildung darauf hin, dass die türkischen Offiziere sich als die wahren Vertreter nationaler Interessen sehen. Sie billigen die demokratisch gewählte Regierung zwar, sind aber der Meinung, dass sie militärisch eingreifen dürfen, wenn die Prinzipien des Kemalismus gefährdet sind. Daher kam es in der Geschichte der Türkei immer wieder zu Putschversuchen, in denen das Militär versucht hat, die Regierung zu stürzen.

So geschehen 1997, als das Militär Erdoğans Ziehvater,

den islamistischen Premierminister Necmettin Erbakan, zum Rücktritt zwang. Das Militär suchte damals auch Erdoğan auf und machte ihm klar, dass er sich ruhig zu verhalten habe, um einem ähnlichen Schicksal zu entgehen. Zuerst hielt Erdoğan tatsächlich die Füße still, doch noch im selben Jahr unterlief ihm ein folgenreicher Fehler. Bei einer Rede zitierte er das Gedicht eines türkischen Nationalisten. Es beschreibt recht eindeutig Erdoğans Verständnis von Politik: »Die Demokratie ist nur ein Zug, auf den wir aufspringen. Die Moscheen sind unsere Kasernen, die Gläubigen unsere Soldaten.« Er wurde wegen religiöser Volksverhetzung zu zehn Monaten Gefängnis und einem lebenslangen Politikverbot verurteilt. Seine politische Karriere schien zu Ende. Bevor er hinter Gitter wanderte, hielt er erneut eine Rede, in der er sich über die politisch gelenkte Justiz beschwerte. 50 000 seiner Anhänger gingen daraufhin in Istanbul für ihn auf die Straße. Es kam alles anders als von Erdoğans politischen Gegnern geplant. Nach nur vier Monaten wurde Erdoğan vorzeitig aus dem Gefängnis entlassen. Seine Gegner hatten genau das Gegenteil erreicht: Sie wollten ihn zerstören, stattdessen hatten sie einen Mythos erschaffen. Erdoğan erschien den Menschen als ein Macher, der alles schaffte, gegen alle Widerstände. Mittlerweile war er im ganzen Land bekannt.

2001 gründete Erdoğan seine eigene Partei, die Partei für Gerechtigkeit und Entwicklung, kurz AKP. Mit dieser Partei wollte er Ministerpräsident werden. Und tatsächlich konnte die AKP bei der Parlamentswahl 2002, ein Jahr nach ihrer Gründung, die Mehrheit der Stimmen gewinnen. Seitdem ist ihr Erfolg ungebrochen: Die Partei hat alle folgenden Parlaments- und Kommunalwahlen gewonnen.

2003 wurde Erdoğans Traum wahr: Die Verfassung wurde extra für ihn geändert, um sein Politikverbot aufzuheben. Endlich konnte er Ministerpräsident werden. Diesen Posten würde Erdoğan nun bis aufs Blut verteidigen. Die AKP machte ihre Sache in den Augen vieler Beobachter anfangs sehr gut. Erdoğan startete Bauprojekte im ganzen Land, Millionen Menschen hatten mehr Geld in der Tasche, sie erhielten Zugang zu Bildung und eine Krankenversicherung. Die Wirtschaftskraft verdreifachte sich. Vielen Menschen ging es deutlich besser – der Grundstein für Erdoğans anhaltenden Erfolg.

Und auch außenpolitisch bezog er Stellung. In seinen ersten beiden Amtsjahren unternahm Erdoğan 75 Auslandsreisen. Und er war ein gerne gesehener Staatsgast, denn es schien, als wollte sich die Türkei der EU annähern. Erdoğan setzte politische, juristische und wirtschaftliche Reformen durch und verbesserte die Lage der kurdischen Minderheit in der Türkei und schaffte die Todesstrafe ab. 2004 würdigte ihn der damalige deutsche Bundeskanzler Gerhard Schröder als »Europäer des Jahres« für »herausragende staatsmännische Leistungen«. 2005 wurde der Türkei offiziell der Status eines EU-Beitrittskandidaten zugesprochen. Diese Offenheit in Richtung Europa würde sich aber noch ändern. Denn Erdoğan wurde immer machthungriger und wollte sich von der EU nicht in seine Innenpolitik hineinreden lassen. Er ließ Tausende neue Moscheen bauen, er förderte die Einrichtung islamischer Gymnasien, er sagte Abtreibung und Alkohol den Kampf an. Die Medien, die auch heute weitgehend vom Staat kontrolliert werden, zeigten nun ein überwiegend religiöses Programm. Die Zahl der Korankurse an den Moscheen verdoppelte sich. Die Botschaft kam an. Der Islam war nun das Leitbild, nicht mehr der weltoffene Kemalismus. Die Türkei sollte Vorbild der islamischen Welt werden.

2007 wollte das Militär nicht länger dabei zusehen, wie Erdoğan den Islam in die Politik trug. Er war immer noch Ministerpräsident und traf Vorbereitungen, seinen Freund Abdullah Gül zum Präsidenten zu machen, zum zweitwichtigsten Mann im Staat. Gül galt als islamischer Hardliner und wollte zum Beispiel das Kopftuchverbot aufheben. Das Militär versuchte, die Wahl durch das Verfassungsgericht zu stoppen. Dabei hatte es große Teile der Bevölkerung hinter sich. Es kam zu Massendemonstrationen, an denen auch viele Frauen teilnahmen. Erdoğans AKP sah sich gezwungen, Neuwahlen durchzuführen, was sie aber nur noch stärker machte, denn die AKP bekam mehr Stimmen als bei der vorigen Wahl. Kurze Zeit später wurde Abdullah Gül zum Staatspräsidenten gewählt. Die Islamisierung der Türkei war jetzt auch nach außen hin sichtbar. Mit Abdullah Güls Frau hatte die Türkei zum ersten Mal eine First Lady, die ein Kopftuch trug. Nach der Wahl trat Erdoğan selbstbewusster und aggressiver auf. Er ließ politische Gegner verhaften, deren Prozesse sich teils über Jahre hinzogen. Laut der Heinrich-Böll-Stiftung wurden dabei Beweise zu Ungunsten der Angeklagten gefälscht.

In der Folge ließ Erdoğan immer häufiger den harten Hund raushängen. So zum Beispiel 2009 auf dem Weltwirtschaftsforum in Davos. Mit den Worten: »Für mich ist Davos vorüber, ich komme nie wieder hierher zurück«, stürmte er von der Bühne. Dort hatte er mit dem israelischen Präsidenten Schimon Peres und UN-Generalsekretär Ban Ki-moon unter anderem über den Nahostkonflikt diskutiert. Im Laufe des Gesprächs hatte Erdoğan Peres beschimpft und sich dann beschwert, dass der Moderator ihm bei der Diskussion nicht genug Redezeit gegeben habe. In vielen Teilen der islamischen Welt wurde er dafür gefeiert. Die Aktion war Balsam für die türkische Seele. Denn die Türkei war noch nie ein Global Player gewesen und endlich zeigte mal ein türkischer Präsident der Welt, wo der Hammer hängt.

Damit Sie Erdoğans Verhalten noch besser nachvollziehen können, stellen wir Ihnen an dieser Stelle noch einen anderen Mann vor. Sein Name ist Fethullah Gülen und er war ein Verbündeter Erdoğans. Gülen war damals ein Imam, ein Vorbeter in einer Moschee, der in seinen Predigten die Frömmigkeit mit der Offenheit gegenüber dem Westen verband. Er war also ein Vertreter eines Mittelwegs zwischen der frommen Bewegung um Erdoğan und dem westlich orientierten Kemalismus des Militärs. In den Achtzigerjahren gründete Gülen in der Türkei erste Schulen. Gleichzeitig baute er ein Presseimperium mit Radio- und Fernsehsendern und Zeitungen auf. Auch in Deutschland und vielen anderen Ländern der Welt gibt es Gülen-nahe Kitas, Schulen und andere Bildungseinrichtungen. Als Erdoğan an die Macht kam, verbündete er sich mit Gülen, denn viele von Gülens Anhängern besetzten hohe Positionen im Staats- und Beamtenapparat. Mithilfe von Staatsanwälten, die Gülen nahestanden, gelang es Erdoğan, politische Gegner loszuwerden. Die AKP ging also bei ihrer Machtübernahme ein Zweckbündnis mit der Gülen-Bewegung ein. Je größer die Macht der Partei aber wurde, umso größer wurde auch der Hunger nach Macht. Gülen-Anhänger und Mitglieder der AKP stritten sich um wichtige Posten und 2013 sagte Erdoğan der »Parallelstruktur« den Kampf an. Er entließ Gülen-Anhänger aus wichtigen Posten und kündigte an, Nachhilfezentren der Gülen-Bewegung schließen zu lassen. Die waren eine Haupteinnahmequelle von Gülen, also schlug der zurück: Gegen führende Mitglieder der Regierung wurden Korruptionsvorwürfe laut, drei Minister traten daraufhin zurück. Ende 2013 wurden der türkischen Presse außerdem Mitschnitte geheimer Telefonate von Erdoğan und seinem zweiten Sohn zugespielt. Darin trägt Erdoğan seinem Sohn auf, 30 Millionen Euro, die im Safe lägen, aus dem Haus zu schaffen. In einer geheimen US-Botschaftsdepesche hieß es damals, dass Erdoğan Millionen besäße, die unter anderem auf acht Bankkonten in der Schweiz lagerten. Aber woher kam das viele Geld? Vom Präsidentengehalt garantiert nicht. Ein anderer Verdacht lag nahe. Laut des internationalen Korruptionsindex hatte sich die Lage in der Türkei eklatant verschlechtert. Demnach zahlten Wirtschaftsleute Abgaben an die AKP und an private schwarze Kassen, wofür der Staat ihnen Aufträge zuschanzte. Erdoğan bestritt das alles. Der Telefonmitschnitt sei eine Fälschung und hinter den Veröffentlichungen stecke Fethullah Gülen. Erdoğan ließ daraufhin Tausende Staatsanwälte und Polizisten versetzen und Hunderte entlassen, die laut ihm zur Gülen-Bewegung gehörten, um dic Ermittlungen gegen sich selbst und seine Minister zu erschweren. Journalisten, die in dem Fall recherchierten, wurden entlassen, die Verfahren wegen der Korruptionsvorwürfe eingestellt. Kritiker glauben, dass Erdoğan auch deshalb an der Macht klebt, weil er verhindern will, dass die Verfahren wiederaufgenommen werden.

Im Sommer 2016 machte Erdoğan gerade mit seiner Familie Urlaub im türkischen Marmaris, als am späten Freitagabend Panzer in Istanbul auffuhren und Brücken und Straßen blockierten. Soldaten schossen in die Luft, Explosionen waren zu hören. Das Militär putschte, versuchte, Präsident Erdoğan zu stürzen, und brachte den internationalen Flughafen Atatürk in seine Gewalt. Das Kriegsrecht und eine Ausgangssperre wurden verhängt. Erdoğan meldete sich per Videotelefonat auf dem Handy einer Moderatorin von CNN Türk. Die hielt das Handy mit Erdoğans erbostem Gesicht in die Kamera. Erdoğan forderte die Bevölkerung auf, sich gegen den Putsch zu stellen. Er sprach von einem »Aufstand einer Minderheit in der Armee« und kündigte »sehr starke Gegenmaßnahmen« an. Die Bevölkerung leistete dem Aufruf des Präsidenten Folge. Es gingen Bilder von demonstrierenden Erdoğan-Anhängern durch die Medien, die sich Panzern in den Weg stellten. Insgesamt starben bei dem Putschversuch mindestens 247 Menschen. Am Samstagmorgen war der ganze Spuk wieder vorbei. Der Putschversuch sei »wie ein Geschenk Gottes«, sagte Erdoğan später. Er gebe der Regierung Gelegenheit, »die Streitkräfte zu säubern«. Erdoğan ließ Zehntausende Soldaten und Staatsbedienstete entlassen, sie sollten der Gülen-Bewegung angehören, die würde sowieso hinter dem Putschversuch stecken. Viele Türken glaubten Erdoğan. Der Putschversuch, der eigentlich zum Ziel hatte, ihn zu stoppen, hatte das Gegenteil bewirkt. Es gab zwar Gerüchte, Erdoğan selbst stecke hinter dem Putschversuch, oder zumindest habe er von ihm gewusst und ihn nicht verhindert. Beweise gibt es dafür aber nicht.

Was könnte Erdoğan nun noch planen, um noch mächtiger zu werden? Er möchte nichts Geringeres, als die türkische Verfassung ändern, um in der Türkei ein Präsidialsystem einzuführen. Damit fiele der Posten des Ministerpräsidenten weg, den dann der Präsidenten innehätte. Der dürfte gleichzeitig dann auch Parteivorsitzender sein. Erdoğan würde dann alle Macht im Staat vereinen. Das Präsidialsystem würde Erdoğan außerdem die Möglichkeit einräumen, das Parlament jederzeit aufzulösen, ohne dass dessen Zustimmung nötig wäre. Außerdem erlaubte es dem Präsidenten, mit Dekreten zu regieren, also mit Beschlüssen, die auch ohne Zustimmung des Parlaments in Kraft treten. 2017 ließ Erdoğan das Volk darüber abstimmen. Im Vorfeld kritisierten Deutschland und andere europäische Länder die Abstimmung; sie befürchteten, dass die Türkei mit einem noch mächtigeren Erdoğan in eine Diktatur abdriften würde. Als Erdoğan Wahlkampfauftritte türkischer Politiker in Deutschland plante, die für seine Verfassungsreform werben sollten, gab es große Kritik. Sowohl von deutschen Politikern als auch von der Bevölkerung. Viele dieser geplanten Wahlkampfauftritte wurden deshalb abgesagt. Allerdings offiziell nicht aus politischen Gründen. Stattdessen wurden andere Gründe genannt, zum Beispiel, dass die Sicherheit der Veranstaltung nicht gewährleistet werden könnte. Die Absagen führten zu einem Aufschrei bei vielen Erdoğan-Anhängern. Auch Erdoğan selbst war stinksauer und verglich Bundeskanzlerin Merkel mit Hitler. Es sei ein Unding, dass türkische Politiker in Deutschland nicht frei ihre Meinung sagen dürften.

Am 16. April 2017 stimmte eine knappe Mehrheit von 51,4 Prozent für die Einführung eines Präsidialsystems in der Türkei. Große Teile der Bevölkerung stehen also hinter Erdoğan. Von den Auslandstürken stimmten prozentual sogar noch mehr für ihn als in der Türkei. Der Sieg beim Verfassungsreferendum fiel zum Beispiel bei den Deutschtürken deutlicher aus. Deutsche Medien deuteten das als Zeichen fehlgeschlagener Integration. Das Ergebnis zeigt vielleicht eher, dass sich die Wähler nichts vorschreiben lassen wollten und dass Verbote von Wahlkampfauftritten nichts bringen. Im Gegenteil haben sie vielleicht sogar eine Trotzreaktion hervorgerufen.

Nachdem Erdoğans Ein-Mann-Herrschaft beschlossene Sache war, kündigte er an, die Todesstrafe wieder einführen zu wollen. In der EU werden seitdem Forderungen laut, die Beitrittsgespräche der EU mit der Türkei abzubrechen. Die Bundesregierung lehnt das aber ab. 2019 wird das Präsidialsystem in der Türkei eingeführt werden. Wenn alles so läuft, wie er möchte, wird Recep Tayyip Erdoğan am 29. Oktober 2023 den 100. Geburtstag der Türkei feiern – als Präsident, Ministerpräsident und AKP-Chef in Personalunion.

DER KONFLIKT ZWISCHEN SUNNITEN UND SCHIITEN

Seit Jahrhunderten ist die Glaubensgemeinschaft der Muslime in Sunniten und Schiiten gespalten, zwischen denen es immer wieder zu Kriegen und gewaltsamen Auseinandersetzungen kommt. Auslöser des Konflikts war ein Streit über die legitime Nachfolge des Propheten Mohammed. Die Sunniten wollten dessen Nachfolger frei wählen, während die Schiiten nur ein direktes Familienmitglied Mohammeds als Nachfolger akzeptieren wollten.

Dieses Kapitel fällt ein wenig aus der Reihe. Denn der Konflikt zwischen Schiiten und Sunniten ist kein abgestecktes Nachrichtenthema wie die meisten anderen Themen in diesem Buch. Aber der Streit zwischen Schiiten und Sunniten ist trotzdem immer wieder Thema der Berichterstattung, weil er in vielen Konflikten eine zentrale Rolle spielt oder sogar deren Auslöser ist. Der Krieg in Syrien, der Islamische Staat, die Huthi-Rebellen, der Streit zwischen Iran und Saudi-Arabien – all diese Konflikte haben etwas mit dem Streit zwischen Sunniten und Schiiten zu tun. Deshalb haben wir uns entschieden, ihn in diesem Buch in einem eigenen Kapitel zu thematisieren.

Eine Information zum Verständnis vorweg: Jeder Muslim, den Sie treffen, ist meistens entweder Sunnit oder Schiit – genauso wie jeder Christ, den Sie treffen, meist entweder katholisch oder protestantisch ist. In eher seltenen Fällen werden Sie auf einen Salafisten oder Wahhabiten treffen. Genauso wie Sie eher selten auf einen Anhänger der neuapostolischen Kirche treffen werden. Schiiten und Sunniten, das sind zwei unterschiedliche Glaubensrichtungen im Islam. Grundsätzlich haben beide viel gemeinsam. Beide gehören der Religion des Islam an, glauben an den Koran und an den heiligen Propheten Mohammed als Gesandten Gottes auf Erden. Auch die religiösen Bräuche und Gebete gleichen einander.

Der Konflikt zwischen Schiiten und Sunniten begann im Jahr 632, als der Prophet Mohammed starb. Er ist für die Muslime in etwa so wichtig wie Jesus für die Christen. Nach Mohammeds Tod stritt die muslimische Gemeinschaft über seinen legitimen Nachfolger. Vielleicht fragen Sie sich jetzt, wieso Mohammed überhaupt einen Nachfolger brauchte – Jesus hatte schließlich auch keinen. Nun, anders als Jesus war Mohammed nicht nur Führer einer religiösen Bewegung, sondern auch Machthaber über die Region, in der die Menschen den Islam praktizierten. Mohammed hatte aber nicht geregelt, wer nach seinem Tod die politische und religiöse Führung der Muslime übernehmen soll, und so zerstritt sich die muslimische Gemeinschaft über diese Frage. Die große Mehrheit der Muslime wollte den Nachfolger von Mohammed durch die Gemeinschaft der Gläubigen frei wählen lassen. Diese Mehrheit bezeichnet man als Sunniten. Einige wenige Gläubige verlangten damals aber, dass der Nachfolger Mohammeds aus seiner Familie stammen müsse, und legten sich auf dessen Vetter Ali fest. Diese Minderheit wurde damals »Schiat Ali« – Partei Alis – genannt, woraus sich später die Bezeichnung Schiiten entwickelte. Der Streit zwischen Schiiten und Sunniten mündete im Jahr 680 in der Schlacht bei Kerbela. In dieser Schlacht töteten die Sunniten viele der Schiiten und benannten einen Mann namens Abu Bakr zum Kalifen, zum Nachfolger des Propheten Mohammed. Weil er nicht aus Mohammeds Familie stammte, wurde er von den Schiiten nicht akzeptiert. Die Religionsgemeinschaft war endgültig geteilt. Durch die Niederlage in der Schlacht bei Kerbela wurde das Gefühl der Verfolgung und Unterdrückung fester Bestandteil der Identität der Schiiten. Wer sich dagegen wehrt, wird als Held gefeiert. So ist es ein religiöser Brauch der Schiiten, die Grabmäler von Märtyrern zu ehren, die damals im Kampf gegen die Unterdrücker gefallen sind.

Im Laufe der Zeit entstanden weitere religiöse Strömungen der beiden Glaubensrichtungen. So ist beispielsweise der

Wahhabismus, die Staatsreligion in Saudi-Arabien, eine Unterströmung der Sunniten. Daneben haben sich aus der Gruppe der Sunniten auch Salafisten und daraus letztlich die radikale Terrorgruppe »Islamischer Staat« gebildet. Zahlenmäßig sind die Sunniten weltweit eindeutig in der Überzahl. Etwa achtzig bis neunzig Prozent aller Muslime sind Sunniten. In Deutschland sind knapp 75 Prozent der Muslime sunnitisch. Schiiten sind also eindeutig in der Minderheit. Trotzdem gibt es Länder wie zum Beispiel den Iran und den Irak, in denen Schiiten in der Mehrheit sind.

Wenden wir uns der Frage zu, warum es auch heute noch regelmäßig zu heftigen Kriegen und Kämpfen zwischen den beiden Glaubensrichtungen kommt, während die allermeisten Katholiken und Protestanten heute friedlich miteinander leben können.

Ein Grund ist die Vermischung von Staat und Religion in vielen muslimischen Ländern, die ja bereits bei dem Propheten Mohammed begonnen hatte. Oft gibt es eine sunnitische oder schiitische Regierung, welche die jeweils andere Gruppe im Land unterdrückt, benachteiligt oder sogar bekämpft. Im Irak zum Beispiel wollten sich die Sunniten nicht von Schiiten regieren lassen und organisierten deshalb einen bewaffneten Widerstand. Die Schiiten antworteten darauf ebenfalls mit Gewalt. Der sogenannte Islamische Staat hat dann die Enttäuschung vieler Sunniten im Irak und in Syrien ausgenutzt, hat sie zum Kampf gegen die Schiiten im Land angestachelt und so den Bürgerkrieg befeuert. Auch zwischen Saudi-Arabien als Schutzmacht der Sunniten und dem Iran als Beschützer der Schiiten kommt es immer wieder zu heftigen Auseinandersetzungen und gezielten Provokationen. So ließ Saudi-Arabien Anfang 2016 den schiitischen Geistlichen und Prediger Nimr al-Nimr nach einem umstrittenen Prozess hinrichten. Anschließend kam es im schiitischen Iran zu heftigen Protesten und die Demonstranten bewarfen die saudische Botschaft mit Molotowcocktails. Schiiten und Sunniten stecken seit Jahrhunderten in einer Gewaltspirale fest, die kein Ende findet. Mittlerweile sind ganze Länder und Regionen in dieser Spirale gefangen.

In vielen Konflikten geht es aber nur scheinbar um einen religiösen Streit zwischen Schiiten und Sunniten, denn eigentlich sind oft machtpolitische Fragen Grund für die Unruhen. Wir erinnern uns: Aus religiöser Sicht gibt es zwischen Schiiten und Sunniten viel mehr Gemeinsamkeiten als Unterschiede. Und der ursprüngliche Streit über die Nachfolge Mohammeds spielt im Leben vieler Muslime heute keine entscheidende Rolle mehr. Es geht Ländern wie Saudi-Arabien und dem Iran wie auch der Terrorgruppe IS, wohl weniger um die Erreichung religiöser Ziele als vielmehr um machtpolitische Interessen und die Vorherrschaft in der Region. Der Hass zwischen Sunniten und Schiiten ist ein nützliches Vehikel, um Kämpfe zu befeuern, weiteren Hass zu säen oder Kriege anzuzetteln. Oft geht es nur noch darum, mit seiner eigenen Gruppe die Macht an sich zu reißen und die jeweils andere Gruppe zu unterdrücken oder sie sogar ganz zu vernichten.

DER NAHOSTKONFLIKT

Seit Jahrzehnten gibt es gewaltsame Auseinandersetzungen zwischen Juden, die heute in Israel leben, und Palästinensern, die heute im Gazastreifen und im Westjordanland leben. Im Kern geht es in dem Streit darum, dass beide Gruppen Anspruch auf das komplette Gebiet erheben. Eine friedliche Lösung des Konflikts ist bis heute nicht in Sicht.

Über den Nahostkonflikt wird seit Jahrzehnten regelmäßig in den Nachrichten berichtet und wahrscheinlich hat jeder schon mal etwas über das Thema gehört. Aber zu erklären, wer da eigentlich genau mit wem Streit hat und wie der Konflikt entstanden ist, das fällt vielen schwer. Also nimmt man es häufig hin, wenn in den Nachrichten von neuen Ausschreitungen im Nahen Osten die Rede ist. Dabei ist der Nahostkonflikt gar nicht schwer zu verstehen. Im Kern geht es nämlich um Land. Seit Jahrzehnten streiten sich Palästinenser und Israelis darüber, wem welche Gebiete des früheren Landes Palästina gehören. Aber beginnen wir von vorne.

Um den Nahostkonflikt zu verstehen, muss man weit in die Vergangenheit zurückreisen. Wir starten etwa um das Jahr 70 nach Christus. Bis dahin lebten viele Juden rund um die Stadt Jerusalem in dem Gebiet, das heute der Staat Israel ist. Doch dann brach ein Krieg zwischen Römern und Juden aus und die Römer zerstörten den heiligen Tempel der Juden in Jerusalem. Viele Juden wurden dabei getötet oder versklavt und die meisten anderen flüchteten aus der Gegend. So verstreuten sich die Juden auf der ganzen Welt und verloren ihre Heimat; man nennt das auch die jüdische Diaspora. Sie ist ein wichtiger Bestandteil der jüdischen Identität.

Über Jahrhunderte hinweg wurden Juden auf der ganzen Welt immer wieder vertrieben und verfolgt. So wuchs in vielen der Wunsch nach einem eigenen Staat, in dem sie in Frieden und selbstbestimmt leben konnten. Sie wollten in das Land zurück, in dem sie bereits früher gelebt hatten: Palästina! Dieser Wunsch wurde innerhalb der jüdischen Gemeinschaft zu einer politischen Bewegung, die man als Zionismus bezeichnet.

Doch dort, wo die Juden gerne ihren eigenen Staat errichtet hätten, wohnten mittlerweile andere Menschen. Es waren mehrheitlich Araber, die man heute als Palästinenser bezeichnet. Kontrolliert und verwaltet wurde das Land seit dem Ersten Weltkrieg von Großbritannien. Viele Juden hielt das nicht davon ab, nach Palästina zu reisen. Aus aller Welt zogen sie in das Land, kauften Grundstücke, betrieben Landwirtschaft und errichteten Siedlungen. Ermutigt wurden sie auch dadurch, dass Großbritannien ihnen einen eigenen Staat in Aussicht stellte. Nach dem Holocaust im Zweiten Weltkrieg machten sich dann Hunderttausende Juden aus aller Welt auf den Weg nach Palästina. Und je mehr Juden nach Palästina kamen, desto angespannter wurde die Situation. Die Palästinenser waren wenig begeistert davon und fühlten sich ihres Landes beraubt. Es kam zu ersten Ausschreitungen zwischen Juden und Palästinensern. Beide Gruppen forderten einen eigenen, souveränen Staat. Ein friedliches Miteinander oder Nebeneinander schien nicht möglich, es musste eine andere Lösung her.

Die Vereinten Nationen (UN) entschieden, Palästina in zwei Staaten aufzuteilen. Dabei entstand ein Staat für die eingewanderten Juden und ein Staat für die Palästinenser, die arabischen Einwohner. Am 14. Mai 1948 endete die britische Verwaltung und der jüdische Staat Israel wurde offiziell ausgerufen und weltweit anerkannt. Für viele Juden ging an diesem Tag ein Traum in Erfüllung. Nach Jahrhunderten der Vertreibung und Verfolgung hatten sie, kurz nach dem Holocaust, wieder einen eigenen Staat in dem Land, in dem bereits ihre Vorfahren gelebt hatten.

Doch die Begeisterung der Palästinenser hielt sich in Grenzen. Sie lehnten die Zweistaatenlösung ab, hatten sie doch das Gefühl, dass man ihnen das Land raubte. Laut Plan sollten sie zwar einen Teil des Landes behalten, aber aus ihrer Sicht hatte man ihnen jeden Quadratmeter weggenommen, der heute zu Israel gehört.

Und nein, Palästinenser, Juden und Vereinte Nationen setzten sich nicht noch mal gemeinsam an einen Tisch und verhandelten friedlich über die Differenzen. Stattdessen kam es zum Krieg. Keine 24 Stunden nach der offiziellen Gründung Israels griffen bewaffnete arabische Gruppen gemeinsam mit verbündeten arabischen Nachbarstaaten Israel an. Fast ein Jahr lang dauerten die Kämpfe, denen Zehntausende Menschen zum Opfer fielen. Am Ende gewann Israel den Krieg und verteidigte den Staat. Doch nicht nur das: Israel nahm auch Gebiete ein, die laut UN-Plan eigentlich den Palästinensern gehören. Viele Palästinenser mussten flüchten, ihnen sind nur noch die Gebiete Gazastreifen und Westjordanland als Rückzugsorte geblieben. So blieben den Palästinensern von dem Land, das sie als ihres betrachten, nur noch zwei voneinander getrennte Stücke übrig, in denen sie leben können. Der Krieg endete mit einem Waffenstillstandsabkommen statt mit einem Friedensschluss. Man einigte sich auf die sogenannte »grüne Linie« als Grenze, die von beiden Staaten akzeptiert und respektiert werden sollte. So wollte man verhindern, dass Palästinenser erneut einen Angriff organisierten oder sich Israel weitere Gebiete einverleibte. Das hat aber leider nie so richtig gut funktioniert.

Die Folgen des israelischen Unabhängigkeitskriegs sind verheerend und prägen auch heute noch das Verhältnis zwischen Palästinensern und Israelis. Das Verhältnis zwischen dem gerade erst gegründeten Staat Israel und den Palästinensern hätte nicht schlechter starten können. Auf beiden Seiten herrschen Misstrauen, Hass und Rachegelüste. Viele Palästinenser haben in dem Krieg ihr Zuhause verloren und leben als Flüchtlinge im Gazastreifen oder im Westjordanland unter schwierigen Lebensbedingungen.

Nach dem verlorenen Krieg bildeten sich unter den Palästinensern verschiedene Parteien und Gruppierungen heraus, die die Bedürfnisse der Palästinenser durchzusetzen versuchten. Die einen wollten ihre Forderungen friedlich mit Protesten und Verhandlungen durchsetzen, andere Gruppen schreckten auch vor Terroranschlägen auf Israelis nicht zurück. Die bekannteste Gruppe war die Fatah, die von Jassir Arafat gegründet wurde. Die Fatah hatte die »Befreiung Palästinas« zum Ziel. Um das zu erreichen, verübte sie mehrfach Terroranschläge. Markenzeichen der Gruppierung wurde das sogenannte Palästinensertuch, ein schwarz-weißes Tuch, welches man entweder als Turban oder als Schal tragen kann.

Im Jahr 1967 eskalierte die Situation im Nahen Osten erneut, der Sechstagekrieg brach aus. Arabische Nachbarstaaten, allen voran Ägypten, wollten den Staat Israel nicht anerkennen. Nach militärischen Provokationen und Zuspitzungen erklärte der ägyptische Staatspräsident Nasser am 26. Mai 1967: »Unser Ziel ist die Zerstörung Israels! Das arabische Volk ist bereit zu kämpfen.« Er forderte die arabischen Nachbarländer Syrien, Jordanien, Irak und Saudi-Arabien auf, ihre Truppen an den israelischen Grenzen in Angriffsstellung zu bringen. Israel fühlte sich bedroht und startete am 5. Juni 1967 einen Überraschungsangriff auf ägyptische Flugfelder, um sich zu verteidigen.

Nach nur sechs Tagen besiegte Israel die feindlichen Truppen. Doch wie schon nach dem ersten Krieg beließ es Israel auch dieses Mal nicht bei der Verteidigung. Nach dem Sieg im Sechstagekrieg besetzten israelische Truppen das Westjordanland und den Gazastreifen, die letzten Gebiete der Palästinenser. Israel begann, in den eigentlich palästinensischen Gebieten eigene umzäunte Siedlungen zu errichten. Dadurch wurde das Territorium der Palästinenser noch weiter zerstückelt und verkleinert.

Unter den Palästinensern wuchs der Widerstand gegen die israelische Politik. Einige Gruppen versuchten noch immer, mit Verhandlungen eine friedliche Lösung herbeizuführen. Doch es bildeten sich immer mehr radikale und extreme palästinensische Gruppen, die nicht an eine friedliche Lösung glaubten und stattdessen zu Terror und Gewalt griffen. Im Laufe der Jahre verübten palästinensische Terrororganisationen zahlreiche Anschläge in Israel, bei denen Hunderte Juden getötet wurden. So besetzten 1974 palästinensische Terroristen eine Schule und töteten 21 israelische Schüler. Zu ähnlichen Anschlägen kam es immer wieder. Bei den Israelis stieg die Angst vor palästinensischen Angriffen und die Stimmung zwischen Palästinensern und Israelis verschlechterte sich weiter.

Doch auch von israelischer Seite kam es zu Provokationen. Noch heute bauen Juden Siedlungen in den Palästinensergebieten und heizen die Stimmung damit weiter an. Zahlreiche Berichte zeigen, dass das israelische Militär den illegalen Siedlungsbau unterstützt und friedliche Proteste der Palästinenser gewaltsam niederschlägt. Viele Palästinenser argumentieren, dass ihnen nichts anderes als der gewaltsame Protest übrig bleibt. Die gesamte Region steckt fest in einer Spirale aus Gewalt, Provokation, Angst und Terror.

Um sich vor palästinensischen Angriffen zu schützen, begann Israel 2002 mit dem Bau einer Sperranlage rund um das von Palästinensern bewohnte Westjordanland. Israel zäunte und mauerte die Palästinenser also ein. Die Palästinenser sahen das als massive Beschneidung ihrer Freiheit. Besonders heikel: Israel hielt sich bei dem Bau der Sperranlage nicht an die vereinbarte grüne Linie, sondern nahm den Palästinensern im Zuge der Bauarbeiten weitere Teile ihres Landes weg. Deeskalation sieht anders aus. Aus aller Welt hagelte es Kritik für das Bauvorhaben. Auch Deutschland rief Israel dazu auf, den Bau der Sperranlage sofort zu beenden. Doch Israel errichtete die Sperranlage trotzdem – ein weiterer trauriger Höhepunkt des Konflikts.

Anfang 2005 kam es zu einem erneuten Versuch, die Gewaltspirale im Nahen Osten zu beenden. Eine friedliche Lösung sollte her, und so vereinbarten Israel und der damals wichtigste Vertreter der Palästinenser einen Waffenstillstand. Israel sollte den Gazastreifen räumen und ihn an die Palästinenser zurückgeben. Und so kam es auch: Israel räumte die 21 jüdischen Siedlungen im Gazastreifen und einige im Westjordanland. Bei den Umsiedlungen kam es zwar mancherorts zu gewaltsamen Auseinandersetzungen, aber alles in allem standen die Zeichen damals auf Frieden. Viele glaubten daran, dass es endlich zu einer Lösung des Konflikts kommen könnte. Doch lange hielt der Frieden nicht.

Im Jahr 2006 gab es im Gazastreifen Wahlen und dabei gewann die Gruppe Hamas. Die Hamas ist eine extrem radikale palästinensische Widerstandsgruppe, die den Staat Israel noch heute mit militärischen Mitteln bekämpft. Weil die Hamas nicht nur eine militärische Gruppe, sondern auch eine politische Partei ist, konnte sie 2006 offiziell gewählt werden. Die meisten Länder der Welt stufen die Partei als Terrororganisation ein. Seit sie im Gazastreifen an der Macht ist, kommt es wieder vermehrt zu Gewalt im Nahen Osten. 2006 wurden mehrfach Raketen vom Gazastreifen aus auf israelische Gebiete gefeuert. Die kurze Hoffnung auf Frieden war schnell wieder hinüber. Seitdem gibt es zwar weiterhin Vorstöße für neue Friedensgespräche, doch nichts davon hat bisher funktioniert. Regelmäßig kommt es im Nahen Osten zu Gewaltausbrüchen und Provokationen.

Und heute? Die Palästinenser leben nach wie vor im Gazastreifen und im Westjordanland. Die israelischen Interessen werden durch die Regierung von Ministerpräsident Benjamin Netanjahu vertreten. Auf der Seite der Palästinenser ist das mit der offiziellen Vertretung nicht ganz so einfach. Es gibt viele unterschiedliche Gruppierungen und Strömungen unter den Palästinensern.

Im Jahr 1988 rief die Palästinensische Befreiungsorganisation (PLO) offiziell den Staat Palästina aus. Die PLO beansprucht den Gazastreifen und das Westjordanland als Staatsgebiet. Mittlerweile erkennen die meisten Länder der Welt diesen an. Sie akzeptieren die PLO unter der Führung von Mahmud Abbas als offizielle Vertretung der palästinensischen Bevölkerung. Trotzdem sind die Palästinensergruppen untereinander zerstritten und zwischen Vertretern der Hamas und der PLO kam es zu heftigen Auseinandersetzungen.

Und wie ist die Lage in Israel? Israel ist noch immer der einzige Staat der Welt, in dem Juden die Mehrheit sind. Von den etwa acht Millionen Menschen, die in Israel leben, sind knapp sechs Millionen Menschen jüdisch. Anders als die meisten Länder in der Region ist Israel tatsächlich ein stabiler, freier, demokratischer und sozialer Rechtsstaat. Das Land ist hoch entwickelt, hat eine starke Wirtschaft und bietet einen der höchsten Lebensstandards im Nahen Osten. Die Hauptstadt Jerusalem und die Metropole Tel Aviv haben sich zu echten Tourismusmagneten entwickelt. Doch Israel wird nach wie vor wegen des Palästinenserkonflikts kritisiert. Amnesty International wirft dem Staat vor, Palästinenser zu vertreiben, ihre Häuser und Wohnungen zu zerstören und sie zu unterdrücken. Außerdem errichten jüdische Siedler noch immer Häuser und ganze Siedlungen in Gebieten, die eigentlich den Palästinensern gehören. Aus aller Welt kommen vor allem junge männliche Juden nach Palästina, suchen sich dort ein Stück Land aus und errichten Häuser. Nach israelischen Gesetzen wird zwar zwischen legalen und illegalen Siedlungen unterschieden, trotzdem werden alle Siedlungen von der israelischen Regierung materiell und ideell unterstützt und vom israelischen Militär beschützt. Nur in extrem seltenen Fällen werden die illegalen Siedlungen von israelischen Sicherheitskräften aufgelöst. Palästinenser kritisieren dieses Vorgehen massiv, weil sich Israel dadurch immer mehr Gebiete erschließt. Auch die internationale Gemeinschaft kritisiert Israel für seine Siedlungspolitik, weil das Errichten von Siedlungen im Staatsgebiet anderer Länder völkerrechtswidrig ist. Doch Kritik an der Siedlungspolitik ist in Israel nicht gern gesehen. So sagte der israelische Ministerpräsident im Jahr 2017 sogar ein Treffen mit dem deutschen Außenminister Sigmar Gabriel ab, weil dieser sich mit Menschenrechtsorganisationen treffen wollte, die den Siedlungsbau Israels kritisieren.

Warum bauen sich die jüdischen Siedler ihr Haus nicht einfach in Israel? Wenn sie gefragt werden, argumentieren die meisten in etwa so: »Das gesamte Palästinenserland ist eigentlich das Land der Juden! Hier haben früher unsere Vorfahren gelebt und wir wurden von hier vertrieben. Deshalb haben wir heute das Recht, uns zurückzuholen, was sowieso uns gehört! Gott hat uns dieses Land gegeben. So steht es in der Bibel!«

Welche Folgen so ein Hausbau haben kann, zeigt eine Geschichte, die ein *Vice*-Reporter gefilmt hat. Zwei junge jüdische Männer hatten einige einfache Holzhütten im Palästinensergebiet gebaut. Im Gespräch mit dem Reporter rechtfertigten sie das mit den gängigen Argumenten, dass ihnen dieses Land gehöre. Die ansässigen Palästinenser fühlten sich durch den Hausbau bedroht und brannten die Häuser in einer Nacht-und-Nebel-Aktion nieder. Anschließend ging das israelische Militär mit der Begründung gegen die Palästinenser vor, dass sie Juden angegriffen hätten. Und das ist beileibe kein Einzelfall. Immer wieder kommt es zu kleineren Provokationen und Auseinandersetzungen.

Zum Staat Palästina gehören heute nur noch der Gazastreifen und das Westjordanland. Der Gazastreifen ist ein etwa 360 Quadratkilometer großes Küstengebiet am östlichen Mittelmeer, es ist kaum größer als die Stadt München. Trotzdem leben im Gazastreifen knapp zwei Millionen Menschen. Er gehört damit zu den Gebieten mit der größten Bevölkerungsdichte der Welt. Um den Gazastreifen herum steht eine meterhohe Mauer und das israelische Militär kontrolliert genau, wer in das Gebiet ein- und ausreist. Im Gazastreifen zu leben, muss sich also ein bisschen so anfühlen, als würde man in einem völlig überfüllten Gefängnis leben. Weil es nicht genügend Wohnungen gibt, leben viele Menschen im Gazastreifen in Flüchtlingslagern unter zum Teil katastrophalen Bedingungen. Die Vereinten Nationen weisen immer wieder darauf hin, dass die Menschen in den Flüchtlingslagern im Gazastreifen nicht genug Nahrung haben. Kritiker wie die Free-Gaza-Bewegung werfen Israel sogar vor, dass der Staat das palästinensische Volk aushungere. Trotz der widrigen Bedingungen ist die Geburtenrate im Gazastreifen extrem hoch. Dementsprechend ist die Bevölkerung im Gazastreifen im Durchschnitt recht jung, jeder Zweite ist jünger als fünfzehn Jahre. Einige Experten sehen das als Hoffnungsschimmer und glauben, dass dieser Teil der Bevölkerung vielleicht eine neue, gewaltlose Richtung einschlagen wird. Doch wie bereits erwähnt, hat sich die Situation im Gazastreifen noch mal zugespitzt, seit die radikale Hamas an der Macht ist. 2014 kam es zu heftigen Kämpfen. Auslöser war der Tod dreier jüdischer Jugendlicher, für den Palästinenser verantwortlich gemacht wurden. Aus Rache wurde anschließend ein palästinensischer Junge getötet.

Die Situation eskalierte und aus dem Gazastreifen wurden Raketen auf Israel geschossen. Das israelische Militär reagierte darauf ebenfalls mit Raketenangriffen. Nach Angaben der Vereinten Nationen wurden bei diesen Kämpfen mehr als 6000 Gebäude zerstört und mehr als 10 000 Gebäude beschädigt – der Wiederaufbau dauert noch an.

Das andere Gebiet, in dem die Palästinenser heute leben, ist das Westjordanland. Auf knapp 6000 Quadratkilometern sind es knapp 2,5 Millionen Menschen. Etwa achtzig Prozent von ihnen sind Palästinenser, die restlichen knapp zwanzig Prozent sind Juden. Und genau das ist auch das große Problem im Westjordanland: Im gesamten Westjordanland gibt es israelische Siedlungen und Außenposten, die dort eigentlich nicht hingehören. Denn das Westjordanland gehört eigentlich zum palästinensischen Autonomiegebiet. Diese Siedlungen sind meistens durch eine Mauer oder einen Zaun geschützt und werden vom israelischen Militär streng bewacht. Palästinensern ist es nicht gestattet, die israelischen Siedlungen zu betreten. Die Palästinenser sehen in ihnen die illegale Landübernahme durch Juden bestätigt. Immer wieder gibt es deshalb Proteste von Palästinensern gegen die israelische Siedlungspolitik. Die meisten dieser Proteste werden vom israelischen Militär niedergeschlagen, oft unter Einsatz von Tränengas. Immer wieder kommt es auch zu Anschlägen auf israelische Siedlungen. Viele Juden, die in den israelischen Siedlungen leben, haben deshalb Angst und verteidigen sich selbst mit Schusswaffen.

Immer wieder haben Länder aus aller Welt Israel aufgefordert, den Siedlungsbau im Westjordanland zu stoppen – doch Israel hat immer weitergemacht.

Dazu ist das Westjordanland von Mauern, Absperrungen und Kontrollstellen des israelischen Militärs durchzogen. Betonblöcke, die ganze Straßen absperren, sind zum Sinnbild dafür geworden. Die Palästinenser können sich in vielen Teilen des Westjordanlandes kaum noch frei bewegen – mit dem Auto fahren ist oft verboten. Israel rechtfertigt die militärischen Kontrollen mit der Terrorabwehr, doch viele Palästinenser erachten sie als Schikane und Demütigung. Immer wieder kommt es deshalb auch im Westjordanland zu gewaltsamen Auseinandersetzungen und Eskalationen.

Vielleicht haben Sie es beim Lesen bemerkt: Bei einigen Konflikten auf der Welt gibt es zumindest tendenziell einen Guten und einen Bösen – zumindest aus einer bestimmten politischen und kulturellen Perspektive betrachtet. Beim Nahostkonflikt ist das anders – hier ist es extrem schwer, objektiv und neutral zu urteilen, wer in diesem Konflikt recht hat und wer nicht. Der Konflikt ist nach wie vor einer der umstrittensten Konflikte der Welt. Fast immer, wenn man in den Nachrichten über den Nahostkonflikt berichtet, gehen danach Beschwerden von Palästinensern oder von Israelis ein. Oder auch von beiden Seiten. Die Palästinenser haben das Gefühl, dass Israel ihnen mit Unterstützung der internationalen Staatengemeinschaft das Land weggenommen hat. Sie fühlen sich von Israel unterdrückt und beraubt und betrachten den gewaltsamen Protest oft als das einzige Mittel, das ihnen übrig bleibt, um sich zu wehren. Die Israelis auf der anderen Seite betrachten die gesamte Region als das Land, das den Juden rechtmäßig zusteht. Deshalb reicht vielen das heutige Israel nicht mal aus, sondern sie hätten eigentlich auch gerne noch das gesamte Westjordanland und den Gazastreifen unter ihrer Kontrolle. Aus ihrer Sicht gehören die Palästinenser dort nicht hin. Darüber hinaus wurde Israel immer wieder von Palästinensern und mit ihnen verbündeten arabischen Staaten angegriffen und hat deshalb das starke Gefühl, sich verteidigen und schützen zu müssen. Aus seiner Sicht haben die Palästinenser durch ihr gewaltsames Vorgehen endgültig jedes Recht auf das Land verloren. Wenn man sich nur lange genug mit dem Nahostkonflikt auseinandersetzt, kommt man irgendwann zu dem Punkt, an dem man jede Seite irgendwie bis zu einem gewissen Grad verstehen kann. Und genau das macht eine Lösung so kompliziert. Jede Seite fühlt sich im Recht und jede Seite führt gute Argumente an. Eines sollte man bei der Betrachtung nie vergessen: Auch wenn der Konflikt mittlerweile oft religiös und ideologisch überspitzt geführt wird, geht es im Kern doch um die Frage, wem das Land gehört.

Zu guter Letzt: Natürlich gibt es auch eine internationale Komponente des Nahostkonflikts. So unterstützen die USA Israel und nehmen es immer wieder in Schutz. Die Regierung unter George W. Bush gestattete Israel in begrenztem Umfang den Siedlungsbau im Westjordanland. Die Palästinenser werden von den arabischen Nachbarstaaten wie Ägypten, Irak und Syrien unterstützt. Deshalb kommt es auch international häufig zu hitzigen Debatten über eine Lösung des Nahostkonflikts. Doch diese zu erklären wäre wohl ein eigenes Kapitel für sich.

FLÜCHTLINGSKRISE IN DEUTSCHLAND

Im Jahr 2015 flüchteten so viele Menschen wie seit dem Zweiten Weltkrieg nicht mehr vor Krieg und Verfolgung und nahmen eine lebensgefährliche Reise auf sich, um in Europa, vor allem in Deutschland, Schutz zu suchen. Im Verlauf der sogenannten Flüchtlingskrise kam es in ganz Europa zu chaotischen Zuständen, weil die Behörden mit der Situation überfordert waren. Seit 2016 verstärkt Europa deshalb den Grenzschutz, um die Flüchtlingsströme besser kontrollieren zu können.

Flüchtlingskrise – kaum ein Wort fiel in den vergangenen zwei Jahren wohl so oft in den Nachrichten wie dieses. Lange haben die Menschen in Deutschland nicht mehr so heftig über etwas gestritten wie über Flüchtlinge. Das Wort »Flüchtlingskrise« ist an sich schon umstritten, weil es durch das Wort »Krise« sehr negativ klingt und gleichzeitig Menschen in Not auf den Begriff »Flüchtling« reduziert. Zusammengesetzt wirkt das Wort »Flüchtlingskrise« so sehr negativ und bedrohlich, obwohl es eigentlich eine Zeit beschreiben soll, in der viele in Not geratene Menschen verzweifelt Hilfe suchten und diese auch bekamen. Wir wollen die Begriffsdiskussion an dieser Stelle nicht weiter vertiefen. »Flüchtlingskrise« ist das Wort, das von den allermeisten Nachrichten genutzt wird, und deshalb wollen auch wir dabei bleiben – wohl wissend, dass es vielleicht nicht der eleganteste Begriff ist. Wenn man von der Flüchtlingskrise spricht, spricht man vom Jahr 2015. Fast eine Million Menschen flüchteten damals nach Deutschland, die meisten vor dem Krieg in ihrer Heimat, vor Armut und Hunger, in der Hoffnung auf ein besseres Leben. Auch einige Kriminelle nutzten das Chaos, um unbemerkt nach Europa zu gelangen. Viele Flüchtlinge starben auf dem Weg nach Europa. Sie konnten sich nicht einfach in ein Flugzeug oder einen Zug setzen und nach Europa kommen. Sie mussten mit kleinen Booten über das Mittelmeer schippern oder einen Tausende Kilometer weiten Weg über die Balkanroute nehmen. Eine lebensgefährliche Reise. Bilder von toten Flüchtlingen, die im Mittelmeer ertranken oder die in Lastwagen erstickten, gingen um die ganze Welt. Viele Flüchtlinge, auch viele Kinder, starben damals auf dem Weg nach Europa. Die Kritik wurde immer größer: Wie kann die Europäische Union das zulassen? Warum verhindert das niemand? Warum hilft man den Flüchtlingen nicht mehr? Kurze Zeit später änderte sich die Stimmung. Es kam zu chaotischen Zuständen in Europa. Die Behörden waren mit den Menschenmassen überfordert. Jetzt gingen plötzlich Bilder von Tausenden Flüchtlingen, die an Bahnhöfen festsaßen um die Welt. Mit ihnen kamen ganz andere Fragen: Verlieren wir vielleicht die Kontrolle? Auf dem Höhepunkt der Flüchtlingskrise antwortete Bundeskanzlerin Angela Merkel darauf kurz und bündig: »Wir schaffen das!« Ein Satz, der wohl als einer von Merkels berühmtesten und umstrittensten in die Geschichte eingehen wird. Doch spätestens als an Silvester 2015 Flüchtlinge in Köln massenhaft Frauen belästigten, wurden die Zweifel in Deutschland immer größer.

Die Flüchtlingskrise stellt Deutschland bis heute auf eine harte Probe: Wollen wir humanitäre Werte hochhalten und Menschen in Not helfen? Oder wollen wir uns lieber abschotten?

Klären wir die wichtigste Grundlage vorweg. Als Flüchtlinge bezeichnen wir Menschen, die aus ihrer Heimat fliehen, um zum Beispiel in Deutschland Schutz, also Asyl zu suchen. Aber nicht jeder kann einfach so nach Deutschland kommen und als Flüchtling akzeptiert werden. Asylberechtigt ist, wer in seiner Heimat verfolgt wird und dort um sein Leben oder seine Freiheit fürchten muss. Armut dagegen ist kein Grund für ein Recht auf Asyl. Entgegen weitverbreiteter Vorurteile kann also nicht jeder einfach so als Flüchtling nach Deutschland kommen und sich hier ein »schönes Leben« machen. Natürlich kann es aber jeder versuchen. Wird ein Asylantrag abgelehnt, muss der Antragsteller das Land umgehend wieder verlassen. Er wird abgeschoben. Oft kommt es bei diesen Abschiebungen zu langen Verzögerungen, weshalb viele abgelehnte Asylbewerber länger in Deutschland bleiben, als sie eigentlich dürften. Wer dagegen als Flüchtling anerkannt wird, darf zunächst drei Jahre lang in Deutschland bleiben. Danach wird überprüft, ob der Asylgrund noch besteht oder ob eine Rückreise in das Heimatland wieder ohne Gefahr möglich ist. Das Recht auf Asyl ist in Deutschland im Grundgesetz verankert, es ist Teil der Genfer Flüchtlingskonvention, ein Vertrag, in dem sich fast alle Länder der Welt darauf geeinigt haben, die Rechte von Flüchtlingen zu achten.

2015 war ein dramatisches Jahr und der Höhepunkt der Flüchtlingskrise. Mehr als 1,5 Millionen Flüchtlinge machten sich damals auf den Weg nach Europa. Sie flüchteten vor Krieg, Armut, Hunger oder auch einfach nur in der Hoffnung auf ein besseres Leben. Um nach Europa zu kommen, machten sie sich auf eine lebensgefährliche Reise. Viele von ihnen kamen mit kleinen, alten und kaputten Booten von Nordafrika über das Mittelmeer nach Italien. Ständig kenterten Boote und Tausende Flüchtlinge ertranken. Diejenigen, die es schafften, blieben oft nicht in Italien. Denn die meisten Flüchtlinge wollten weiter in reichere europäische Länder wie Deutschland, weil sie dort auf bessere Chancen hofften. Flüchtlinge, die nicht über das Mittelmeer kamen, nahmen die Balkanroute. Dazu mussten die Flüchtlinge es zunächst in die Türkei schaffen. Von dort aus ging es dann mit kleinen Booten nach Griechenland und von dort aus kämpften sich die Flüchtlinge Tausende Kilometer zu Fuß in andere europäische Länder durch, zum Beispiel bis nach Deutschland. Wer etwas mehr Geld hatte, bezahlte Schlepper, um in kleinen Autos oder Lkws geschleust zu werden. Auch dabei starben immer wieder Flüchtlinge. Sie wurden in Lkws vergessen und erstickten dort, oder sie wurden überfahren. Das Ziel der allermeisten Flüchtlinge im Jahr 2015 war Deutschland. Laut offiziellen Angaben flüchteten im Jahr 2015 fast eine Million Menschen nach Deutschland. Zum Vergleich: Im Jahr 2014 waren es 360 000, im Jahr 2013 225 000 Flüchtlinge.

Dass offenbar so viele Menschen Schutz in Europa und in Deutschland suchten, war kein Zufall. Es gab handfeste Gründe dafür. Die größte Ursache war der anhaltende Bürgerkrieg in Syrien. Viele Menschen ertrugen die Gewalt in dem Land nicht mehr und entschieden sich für die Flucht. Es war der Höhepunkt einer längeren Entwicklung – schon in den Jahren davor gab es in Syrien Krieg, doch 2015 spitzte sich die Lage so zu, dass die Flüchtlingszahlen dramatisch anstiegen. Mehr dazu können Sie im Kapitel »Krieg in Syrien« nachlesen.

Stellen Sie sich vor, dass in Ihrer Nachbarschaft ständig geschossen wird und Bomben fallen. Sie fürchten um das Leben Ihrer Kinder und um Ihr eigenes. Was würden Sie tun? Verschärft wurde die Flüchtlingsdynamik 2015 durch eine Ankündigung des syrischen Präsidenten Baschar al-Assad, der verkündete, dass er verstärkt Männer zur Armee einberufen werde. Gleichzeitig bot er den Betroffenen an, sich für etwa 300 US-Dollar vom Militärdienst freizukaufen und anschließend das Land zu verlassen. Die Menschen in Syrien hatten die Wahl: für Assad kämpfen oder sich freikaufen und die Heimat verlassen. Viele Assad-Gegner und Wehrdienstverweigerer nutzten diese Möglichkeit und machen sich so schnell es irgendwie nur ging aus dem Staub. Natürlich waren auch in den Jahren davor schon viele Menschen vor dem Krieg in Syrien geflohen. Doch in der Hoffnung, dass der Bürgerkrieg schnell vorübergehen würde, waren die meisten zunächst nur in Nachbarländer gereist, um rasch zurückkehren zu können, wenn es die Situation erlaubte. In Ländern wie dem Libanon und Jordanien waren so riesige Flüchtlingscamps entstanden. Doch im Jahr 2015 stießen diese Flüchtlingscamps an ihre Belastungsgrenze. Die Lebensmittel wurden knapp, die Bedingungen immer schlechter. Immer wieder forderten Hilfsorganisationen wie das UNHCR mehr Geld für die Flüchtlingscamps – doch das bekamen sie nicht. Gleichzeitig schwand die Hoffnung der Menschen auf eine schnelle Rückkehr nach Syrien. Immer mehr Flüchtlinge hielten es deshalb in diesen Camps nicht mehr aus und entschieden, nach Europa zu flüchten, um sich dort eine neue Existenz aufzubauen. Mit der Zeit entwickelte die Flüchtlingsbewegung eine Art Eigendynamik. Auch in anderen Ländern, nicht nur in Syrien, begannen die Menschen, über eine Flucht nachzudenken, auch wenn die Ursache dafür nicht immer Krieg war, sondern Armut oder Gewalt und Terror. Als Bundeskanzlerin Angela Merkel zusicherte, dass Deutschland sich um Flüchtlinge aus Bürgerkriegsländern kümmern werde, verstanden das viele Menschen als Einladung und nahmen die lebensgefährliche Reise auf sich. Verstärkt wurde das alles noch, als bekannt wurde, dass Griechenland keine Flüchtlinge mehr registriert, sondern sie einfach weiter in andere

EU-Länder lässt. Die Flucht nach Deutschland und in andere reichere EU-Länder schien einfach wie nie zu sein. Bei der Flüchtlingskrise von 2015 spielten auch die Medien eine große Rolle: Auf Smartphones, im Internet und auf Social-Media-Plattformen hatten die Menschen gesehen, wie wir in Europa leben. Fotos, Videos und Erfolgsgeschichten vermittelten das Bild einer nahezu perfekten Welt. Über das Smartphone informierten sich die Menschen darüber, wie sie nach Europa gelangen könnten.

Heute ist es ein weitverbreitetes Vorurteil, dass viele Flüchtlinge nur nach Deutschland gekommen sind, um den Sozialstaat auszunutzen und sich ein schönes Leben auf Kosten des Staates zu machen. Eines ist richtig an diesem Vorurteil: Tatsächlich flüchteten nich alle Menschen, die nach Deutschland kommen, vor Krieg. Es kamen auch Menschen, die keinen Asylgrund hatten und trotzdem hofften, aufgenommen zu werden. Wenn wir uns jedoch vor Augen führen, was Flucht bedeutet, wird schnell klar, dass man diese Entscheidung nicht ohne Weiteres trifft. Von heute auf morgen lassen Menschen auf der Flucht alles zurück, setzen sich in ein kleines Boot, fahren bei Wind und Wetter tagelang über das Meer, wissend, dass auf dieser Reise viele Menschen sterben – da wird einem schnell klar, dass so etwas niemand macht, der nicht wirklich verzweifelt ist. Nicht immer ist Krieg der Grund für diese Verzweiflung. Natürlich kann es nicht funktionieren, wenn am Ende zu viele Menschen nach Europa flüchten, aber gerade deshalb gibt es ja genau definierte Asylgründe. Verzweiflung, Armut oder Hoffnung auf ein besseres Leben treiben zwar Menschen in die Flucht, sind rechtlich aber eben keine Asylgründe.

Auch die Zahlen entkräften dieses Vorurteil ganz eindeutig:

Die meisten Asylanträge stellten 2015 Menschen aus Syrien und fast alle wurden als Flüchtlinge in Deutschland anerkannt und aufgenommen. Dicht darauf folgten auf Platz zwei und drei Anträge von Menschen aus Albanien und dem Kosovo – fast alle diese Asylanträge wurden als unbegründet abgelehnt. Auf Platz vier und fünf folgten die Länder Afghanistan und Irak. Bei Flüchtlingen aus diesen Ländern wird noch immer heftig darüber diskutiert, ob sie in Deutschland bleiben dürfen oder nicht.

Im Spätsommer 2015 erreichte die Zahl der in Deutschland ankommenden Flüchtlinge den absoluten Höhepunkt. Die Behörden waren mit den ankommenden Menschenmengen völlig überfordert. Das Bundesamt für Migration und Flüchtlinge (BAMF) war auf den Zustrom der Menschen nicht vorbereitet. Auch die Polizei stieß an ihr Limit. Denn jeder Flüchtling muss zunächst durch die Behörden identifiziert werden. Darauf folgt eine Registrierung. Der Einreisende muss einen Asylantrag stellen, der anschließend überprüft wird. Keine einfache Aufgabe – denn viele der Flüchtlinge, die damals nach Deutschland kamen, hatten keine offiziellen Ausweispapiere dabei. Heute weiß man, dass damals auch einige Fehler bei der Registrierung passierten. Flüchtlinge machten sich jünger, als sie eigentlich waren, oder gaben eindeutig falsche Asylgründe an. Noch ein Problem: Eigentlich hätten die deutschen Behörden außerdem überprüfen müssen, ob die Flüchtlinge vor ihrer Einreise nach Deutschland bereits ein anderes EU-Land betreten hatten. Es gilt das Dublin-Verfahren: Flüchtlinge müssen ihren Asylantrag in dem Land stellen, in dem sie ankommen, und müssen eigentlich auch dort bleiben. Doch 2015 erreichten unerwartet viele Menschen Deutschlands Grenzen. Da es keine Möglichkeit gab, diese zu schließen, setzte die Bundesregierung das Dublin-Verfahren im Sommer 2015 aus. Das war ein Verstoß gegen geltendes europäisches Recht und viele kritisierten die Bundesregierung dafür heftig. Doch die Bundesregierung hatte wohl einfach keine andere Wahl: Wie hätte man denn verhindern sollen, dass die Menschen nach Deutschland kommen? Und wie hätte man Hunderttausende Menschen innerhalb von Europa wieder zurück in andere Länder schicken sollen? Die Entscheidung, dass das Dublin-Verfahren ausgesetzt wurde, wurde auch deshalb so heftig kritisiert, weil dadurch noch mehr Flüchtlinge nach Deutschland kamen. Denn jetzt war es für sie noch einfacher, bis nach Deutschland durchzukommen! Die Behörden schafften es nicht mehr, alle ankommenden Flüchtlinge zu überprüfen, und Hunderttausende gelangten ohne Registrierung ins Land. Bis heute gibt es in Deutschland Zehntausende Flüchtlinge, von denen niemand weiß, wo sie leben und wer sie eigentlich sind – ein Sicherheitsrisiko, auf das schon damals viele Experten hinwiesen. Heute weiß man außerdem, dass Terrorgruppen wie der IS die chaotischen Zustände ausnutzten, um Terroristen nach Europa zu schleusen.

Und es kam damals zu weiteren Fehlern bei der Registrierung der Flüchtlinge. Weil die verschiedenen Behörden nicht vernünftig zusammenarbeiteten und sich untereinander nicht austauschten, beantragten einige Flüchtlinge unter verschiedenen Identitäten Asyl und bezogen von mehreren Ämtern Sozialleistungen. Viele Deutsche macht das wütend.

Die große Zahl der ankommenden Flüchtlinge stellte nicht nur die Verwaltung vor neue Herausforderungen. Innerhalb kürzester Zeit brauchten Hunderttausende Menschen einen Schlafplatz, Lebensmittel, Bildung und Betreuung. Um diese Aufgabe zu bewältigen, wurden die Flüchtlinge auf die Bundesländer und Kommunen in ganz Deutschland verteilt. Das Ganze geschah nicht zufällig, sondern nach bestimmten Quoten, die jährlich mit dem sogenannten Königsteiner Schlüssel ermittelt werden. Jede große Stadt, jeder größere Ort und auch viele kleine Dörfer nahmen Flüchtlinge auf und versuchten sie irgendwie unterzubringen. Damals gab es bei Weitem nicht genug Flüchtlingsunterkünfte, sodass kurzfristig Turnhallen, Verwaltungsgebäude oder Veranstaltungshallen in provisorische Flüchtlingslager umgewandelt wurden. Auch wenn die meisten damals gerne halfen, fand es so manche Schule nicht gut, über einen längeren Zeitraum keine Turnhalle für den Sportunterricht und stattdessen fremde Menschen auf dem Schulgelände zu haben. Insgesamt zeigten sich die Menschen in Deutschland aber sehr hilfsbereit. Auch wegen der vielen freiwilligen Helfer fanden alle Flüchtlinge bis zum Winter in einer Unterkunft Platz. Es war eine gigantische humanitäre Leistung, für die Deutschland Respekt und Anerkennung aus aller Welt bekam. Kritiker der Flüchtlingspolitik bezeichnen diese Hilfsbereitschaft heute als »Gutmenschentum« und auch das Motto »Refugees Welcome!«, das viele freiwillige Helfer damals verwendeten, wird immer wieder durch den Kakao gezogen.

Auch wenn es am Ende durch die Zusammenarbeit vieler Menschen geklappt hat, die Flüchtlinge unterzubringen und zu versorgen, kam es zeitweise zu chaotischen Zuständen. Und mit Überforderung und Chaos wuchs auch der Widerstand gegen die Flüchtlingspolitik in der Bevölkerung. Besonders in sozialen Netzwerken machten immer mehr Menschen ihrem Ärger über die Situation Luft. Viele vertraten die Meinung, dass es ein Fehler sei, so viele Flüchtlinge in Deutschland aufzunehmen. Die einen fürchteten eine völlige Überfremdung, die anderen monierten ein massives Sicherheitsrisiko und wieder andere waren einfach nur der Meinung, dass es zu teuer sei, sich um so viele Flüchtlinge zu kümmern und dass die Bundesregierung das Geld lieber für hilfsbedürftige Deutsche verwenden sollte. Immer häufiger kam es zu Demonstrationen gegen Flüchtlingsunterkünfte, kurz darauf auch zu Anschlägen. Rechtspopulistische Parteien wie die AfD, die Flüchtlingen kritisch gegenüberstehen, profitierten von dieser Stimmung und verzeichneten deutlich mehr Wählerstimmen (mehr dazu im Kapitel »Die AfD«). Doch Angela Merkel blieb bei ihrem Kurs. Sie war stets überzeugt, dass es Deutschlands Pflicht sei, den Flüchtlingen zu helfen. Viel anderes blieb ihr allerdings auch nicht übrig, denn sie konnte schlecht eine Million Menschen wieder zurückschicken. Am 31. August 2015 sagte sie ihren wohl berühmtesten Satz zu diesem Thema: »Deutschland ist ein starkes Land. Das Motiv, mit dem wir an diese Dinge herangehen muss sein: Wir haben so vieles geschafft – wir schaffen das!« Später wird Merkels Aussage »Wir schaffen das« immer wieder verwendet, um ihre Flüchtlingspolitik zu kritisieren.

2015 verschärfte sich die Situation auch dadurch, dass Deutschland in der Flüchtlingskrise kaum Hilfe von anderen EU-Staaten bekam. Die Bundesregierung versuchte zwar, mit den Partnern auszuhandeln, die Flüchtlinge gleichmäßig auf die EU zu verteilen, doch die Gespräche scheiterten. Dabei leuchtet die Argumentation ein: Verteilt man die ankommenden Flüchtlinge auf mehrere Länder, ist es eine zu bewältigende Aufgabe für die EU. Doch die anderen Mitgliedsstaaten fragten: »Was können wir dafür, wenn so viele Menschen nach Deutschland wollen?« Jedes Land vertrat nur die eigenen Interessen. Deutschland stand alleine im Regen. Österreich schickte Flüchtlinge weiter nach Deutschland, Ungarn schloss im Alleingang all seine Grenzen und Großbritannien schickte Flüchtlinge wieder nach Frankreich zurück, die von dort zu ihnen gekommen waren. Als Deutschland Italien dazu aufforderte, Flüchtlinge wiederaufzunehmen, die Italien eigentlich nie hätten verlassen dürfen, weigerte sich die italienische Regierung. Anstatt zusammenzuarbeiten, schlossen die Länder in Europa immer öfter die eigenen Grenzen. Seit September 2015 gibt es an immer mehr innereuropäischen Grenzen wieder Kontrollen. Und bis heute herrscht in Deutschland eine tiefe Enttäuschung darüber, dass die anderen europäischen Länder damals nicht helfen wollten und Deutschland bei der Unterbringung und Versorgung der Flüchtlinge weitestgehend alleine ließen.

Trotzdem nahm die große Mehrheit der Deutschen Merkels Flüchtlingspolitik lange Zeit in Schutz. Doch das änderte sich nach Silvester 2015. Am Kölner Hauptbahnhof versammelten sich in der Silvesternacht ganze Gruppen von männlichen Flüchtlingen und vergriffen sich an Hunderten von Frauen. Sie fassten ihnen unter den Rock, raubten sie aus, hielten sie fest – es kam zu vielen sexuellen Übergriffen. Die Polizei versuchte, die Übergriffe zunächst unter den Tisch zu kehren. Auch die Medien berichteten einige Tage lang nicht groß darüber. Doch als dann Hunderte Anzeigen eingingen, Bilder von den Taten veröffentlicht wurden und das Ausmaß klar wurde, war die Kritik an Polizei, Medien und Flüchtlingen umso größer. Die massenhaften Übergriffe auf Frauen am Kölner Hauptbahnhof wurden ein riesiges Nachrichtenthema und sorgten weltweit für Entsetzen. Plötzlich schienen die Flüchtlingskritiker mit ihren Befürchtungen recht zu haben: Waren Flüchtlinge etwa doch gefährlich, kriminell und eine Bedrohung für die Sicherheit in Deutschland? Hatte die Polizei die Kontrolle verloren? Seit den Übergriffen an Silvester 2015 wurde die Kritik an Merkels Flüchtlingspolitik, der Polizei und auch an den Medien immer lauter. Der Vorwurf der Kritiker lautet: »Ihr nehmt die Flüchtlinge doch immer nur in Schutz!«

Anfang 2016 änderte sich dann die Marschroute der Bundesregierung und der europäischen Staatengemeinschaft. Die Zeiten, in denen man unbegrenzt Flüchtlinge in die Europäische Union kommen ließ, waren vorbei. Auch der Druck in der eigenen Bevölkerung führte zu einem Umdenken. Nach einer Konferenz im Februar 2016 wurde offiziell verkündet, dass man den »irregulären Migrantenstrom« über die Balkanroute beenden wolle. Die EU wollte die Grenzen dichtmachen, um zu verhindern, dass weiterhin unkontrolliert Flüchtlinge nach Deutschland gelangten. Bis zu diesem Zeitpunkt kamen die meisten von ihnen über die Türkei nach Griechenland. Von dort reisten sie nach Mazedonien, Serbien, Kroatien, Ungarn oder Slowenien und dann weiter in reichere EU-Staaten wie Deutschland. Die EU-Staaten beschlossen, dass man in Mazedonien, Serbien, Kroatien, Ungarn und Slowenien nur noch mit einem gültigen Reisepass oder Visum einreisen konnte. Doch die meisten Flüchtlinge besaßen diese Unterlagen nicht und blieben deshalb in Griechenland stecken. An den griechischen Grenzen sammelten sich immer mehr Flüchtlinge und es kam zu immer dramatischeren Zuständen. Daraufhin beschloss die EU, zu verhindern, dass die Flüchtlinge überhaupt nach Griechenland einreisten. Doch die Grenze zwischen der Türkei und Griechenland – gleichzeitig die Außengrenze der EU – ist extrem schwer zu kontrollieren. Um das Problem zu lösen, schloss die EU im März 2016 ein Abkommen mit der Türkei. In dem Abkommen verpflichtet sich die Türkei, die Flüchtlingsrouten nach Europa dichtzumachen. Außerdem muss die Türkei Flüchtlinge, die ohne gültige Papiere in die EU einreisen, wieder zurücknehmen. Für jeden Flüchtling, der in die Türkei zurückgebracht wird, will die EU einen anderen Flüchtling aus der Türkei, der es noch nicht illegal probiert hat, aufnehmen – allerdings maximal 72 000. Dafür erhält die Türkei bis zu sechs Milliarden Euro von der EU und weitere politische Zugeständnisse. Seit März 2016 bezahlt die EU die Türkei also dafür, dass sie die Flüchtlinge an der

Einreise in die Europäische Union hindert. Seit der Schließung der Balkanroute und dem Türkei-Deal ist die Zahl der in Europa ankommenden Flüchtlinge drastisch gesunken.

Darüber hinaus hat die Bundesregierung die Gesetzespakete »Asylpaket«, »Asylpaket II« und das »Integrationsgesetz« beschlossen, um die Flüchtlingskrise in Deutschland besser bewältigen zu können. Diese Gesetzespakete verfolgen verschiedene Ziele und beinhalten viele verschiedene Maßnahmen, um diese zu erreichen. Zum einen soll dadurch die Registrierung der Flüchtlinge vereinfacht werden. Dazu richtet die Bundesregierung zum Beispiel spezielle Ankunftszentren ein und führt Schnellverfahren ein. Um die Flüchtlinge besser in die Gesellschaft zu integrieren, werden Sprachkurse oder sogenannte 80-Cent-Jobs angeboten. Darüber hinaus gibt es eine befristete Wohnsitzzuweisung für anerkannte Flüchtlinge – das heißt: Für eine gewisse Zeit darf das Amt entscheiden, wo ein Flüchtling eine Wohnung bekommt. Auf diese Weise hofft die Regierung, die Flüchtlinge gleichmäßig verteilen und eine Gettobildung verhindern zu können. Die Bundesregierung möchte auch verhindern, dass Flüchtlinge nach Deutschland kommen, die nach dem Gesetz keinen Asylgrund haben, und Flüchtlinge ohne Asylgrund sollen möglichst schnell wieder in ihre Heimat zurückgeschickt werden. Um solche Abschiebungen zu vereinfachen und einen langen Prüfungsprozess zu vermeiden, definierte Deutschland sogenannte »sichere Herkunftsstaaten«. Menschen aus diesen Ländern können relativ schnell und unkompliziert sofort wieder abgeschoben werden. Sichere Herkunftsstaaten sind zum Beispiel die Länder Albanien,

Kosovo und Montenegro. Seit 2017 werden auch Flüchtlinge, die aus bestimmten Regionen in Afghanistan kommen, abgeschoben. Viele Menschenrechtler kritisieren diese Maßnahmen, denn es gebe in Afghanistan keine Sicherheit.

Die Flüchtlingskrise wird Deutschland auch in den kommenden Jahren noch massiv beeinflussen und die Diskussionen darüber werden uns noch lange begleiten. Einige Experten sind der Meinung, dass weltweite Flüchtlingsströme und die daraus resultierenden Herausforderungen das entscheidende politische Thema des 21. Jahrhunderts sein werden. Wir leben in einer global vernetzten und offenen Welt, in der Wohlstand und Sicherheit alles andere als gleichmäßig verteilt sind. Dieses Ungleichgewicht führt dazu, dass Menschen aus »schlechteren« in »bessere« Länder flüchten wollen.

Für Deutschland wird die entscheidende Frage sein, ob es gelingt, die vielen Menschen, die hierher gekommen sind, in die Gesellschaft zu integrieren. Schaffen wir das, wird die Gesellschaft von den vielen neuen Arbeitskräften und von dem Einfluss anderer Kulturen sogar profitieren können. Schaffen wir das dagegen nicht, wird es wahrscheinlich zu Zwischenfällen und Unruhen kommen, wovon rechtspopulistische Parteien wie die AfD profitieren. Eine zentrale Aufgabe wird auch sein, die Fluchtursachen in Herkunftsländern wie Syrien zu bekämpfen. Denn zur Flüchtlingskrise wäre es nicht gekommen, wenn die Menschen nicht durch den Krieg aus ihrer Heimat vertrieben worden wären.

Man darf nie vergessen: Niemand verlässt freiwillig oder gar gerne sein Heimatland. Eines hat die Flüchtlingskrise uns sehr drastisch vor Augen geführt: Was für uns alltäglich ist, nämlich ein Leben in Frieden, Freiheit und Sicherheit – jeden Tag satt zu sein und eine Zukunft planen zu können –, Dinge, die für uns selbstverständlich sind, sind für viele Menschen auf dieser Welt alles andere als selbstverständlich.

TERROR IN EUROPA

Seit Anfang 2015 wird Europa von einer Reihe islamistischer Terroranschläge heimgesucht, bei denen Hunderte Menschen getötet wurden. Für die meisten dieser Anschläge ist die Terrorgruppe IS verantwortlich. Einige Sicherheitsexperten und Politiker meinen, dass man viele der Anschläge hätte verhindern können und dass es in Europa ein Sicherheitsproblem gebe.

Für die Menschen in Europa war Terror lange Zeit eine abstrakte Gefahr, weil es ihn vor allem im Ausland gab. Doch in den vergangenen Jahren ist diese Gefahr plötzlich wieder greifbar geworden. Seit Anfang 2015 überrollt eine Terrorwelle Europa und Hunderte Menschen sind getötet worden. Al-Qaida und der sogenannte Islamische Staat haben den Terror in das Herz von Europa, nach Frankreich,

Belgien, Deutschland und Großbritannien gebracht, und das wohl auch, weil die Terrororganisationen im Irak und in Syrien unter Druck geraten und sich dafür rächen wollen. Mittlerweile haben die Menschen in Europa akzeptiert, dass es keine absolute Sicherheit gibt und dass es jeden jederzeit und überall treffen kann. Mittlerweile ist aber auch klar, dass einige der Anschläge hätten verhindert werden können, denn die meisten Terroristen, die Anschläge in Europa verübt haben, waren den Sicherheitsbehörden schon lange bekannt. Viele von ihnen saßen schon mal im Gefängnis oder wurden überwacht. Hat Europa also ein Sicherheitsproblem? Das zumindest sagen einige Experten und fordern eine Überprüfung der Sicherheitssysteme. Doch bevor wir die Ursachen untersuchen, zeichnen wir in diesem Kapitel eine Chronologie der Terroranschläge in Europa nach.

Die jüngste Terrorserie begann am 7. Januar 2015. Zwei maskierte Männer, die sich später zu Al-Qaida bekannten, stürmten die Redaktion der Satirezeitschrift *Charlie Hebdo* in Paris und erschossen elf Menschen. *Charlie Hebdo* hatte Karikaturen des islamischen Propheten Mohammed veröffentlicht und war so in den Fokus der Terroristen geraten. Nach der Tat konnten die beiden Täter fliehen. Einen Tag später erschoss dann ein anderer, schwer bewaffneter Terrorist eine Polizistin in Paris und am 9. Januar erschoss der gleiche Täter in einem jüdischen Supermarkt vier Menschen. Alle drei Terroristen wurden später bei Polizeieinsätzen erschossen. Es stellte sich heraus, dass die drei zusammengearbeitet hatten und schon lange befreundet waren. Nach dem Terroranschlag auf *Charlie Hebdo* zeigten Menschen auf der ganzen Welt ihr Mitgefühl in sozialen Netzwerken wie Facebook, Twitter und Instagram. Millionen Menschen aus aller Welt posteten unter dem Hashtag #JeSuisCharlie – also »Ich bin Charlie« – ihre Gedanken und zeigten Solidarität mit Frankreich.

Am 13. November 2015 wurde Paris Ziel weiterer Terroranschläge. Der sogenannte Islamische Staat führte an diesem Abend in der Stadt mehrere Attacken gleichzeitig durch. Terroristen stürmten schwer bewaffnet mit Kalaschnikow-Sturmgewehren ein Konzert der Rockgruppe »Eagles of Death Metal« im Bataclan-Theater. Die Terroristen schossen wahllos ins Publikum und warfen mehrere Handgranaten. 90 Menschen wurden getötet. »Es war ein Inferno! Sie haben einfach in die Menge geschossen! Jeder ist nur noch um sein Leben gerannt«, berichteten später Augenzeugen. Es gingen Bilder um die Welt, die den völlig verwüsteten Konzertsaal zeigen, Menschen, die versuchen, durch die Fenster zu entkommen, und wieder andere, die blutverschmiert wegrennen. Fast zeitgleich versuchten Selbstmordattentäter mit Sprengstoffgürteln, in das Fußballstadion »Stade de France« einzudringen, wo das Spiel Frankreich gegen Deutschland lief. Sicherheitskräften gelang es, sie aufzuhalten. Die Terroristen sprengten sich daraufhin außerhalb des Stadions in die Luft, wo sie einen Passanten mit in den Tod rissen. Kaum vorzustellen, was passiert wäre, wenn es die drei Selbstmordattentäter tatsächlich in das mit 80 000 Zuschauern ausverkaufte »Stade de France« geschafft hätten. Weitere Attentäter erschossen an diesem Abend wahllos Passanten in Bars, Restaurants und auf der Straße. Insgesamt wurden bei den Terroranschlägen am 13. November 2015 130 Menschen brutal getötet. Unter dem Hashtag #PrayforParis schickten Menschen aus aller Welt Solidaritätsbekundungen.

Bereits vier Monate später wurde Europa erneut durch einen blutigen Terroranschlag erschüttert. Am 22. März 2016 sprengten sich zwei Selbstmordattentäter des IS am Flughafen von Brüssel in die Luft. Ein weiterer Täter zündete seinen Sprengstoffgürtel in einer U-Bahnstation in der Innenstadt. Die Terroristen töteten an diesem Tag 32 Menschen, mehr als 300 wurden verletzt, zum Teil sehr schwer, die Täter hatten Nagelbomben eingesetzt. Später stellte sich heraus, dass die Terroristen aus Brüssel aus der gleichen Terrorzelle wie die Terroristen aus Paris stammten. Auf die Anschläge folgte ein tagelanger Ausnahmezustand. Auf riesigen Anzeigetafeln in der Stadt hieß es: »Bleiben Sie dort, wo Sie sind, vermeiden Sie jede Bewegung innerhalb der Stadt! Benutzen Sie bevorzugt SMS oder soziale Netzwerke.«

Bei vielen Europäern machte sich ein mulmiges Gefühl breit, das musste doch alles mal ein Ende haben. Doch schon am 14. Juli 2016 folgte in Nizza der nächste blutige Terroranschlag. Mohamed Bouhlel raste mit einem Lastwagen am französischen Nationalfeiertag in eine Menschenmenge auf der Promenade und tötete dabei 85 Menschen. Der Täter wurde, noch am Steuer sitzend, von der Polizei erschossen. Auch zu dieser Tat bekannte sich der sogenannte Islamische Staat. Kurz darauf wurde dann auch Deutschland Ziel der Anschläge. Am 18. Juli 2016 schlug ein IS-Terrorist mit einer Axt in einer Regionalbahn bei

Würzburg um sich. Er verletzte fünf Menschen, tötete aber niemanden – Glück im Unglück. Wenige Tage später versuchte ein IS-Terrorist, eine Rucksackbombe mit Metallsplittern auf einem Festival in Ansbach zu zünden. Er wollte die Tat wohl filmen und das Video anschließend dem IS schicken. Als ihm der Zutritt zum Festivalgelände verweigert wurde, zündete er die Bombe und tötete sich selbst.

Für viele war es mittlerweile keine Frage mehr, ob es in Deutschland einen islamistischen Terroranschlag geben würde, sondern nur noch wann und wo. Am 19. Dezember 2016 war der Tag gekommen, vor dem sich viele Menschen in Deutschland gefürchtet hatten. Anis Amri raste gegen zwanzig Uhr mit einem gestohlenen Lastwagen auf den Weihnachtsmarkt an der Berliner Gedächtniskirche. Er erschoss den Fahrer des Lkw, überfuhr elf Menschen und verletzte 55 weitere zum Teil schwer. Die blutige Tat, ausgerechnet auf einem Weihnachtsmarkt, ließ viele Menschen fassungslos zurück. Nach dem Anschlag gelang es Anis Amri zunächst, zu flüchten. Die Terrororganisation Islamischer Staat verbreitete stolz die Meldung, dass es sich bei dem Täter um einen »Soldaten des Islamischen Staates« handele. Am 23. Dezember 2016 töteten Polizisten Anis Amri in Italien bei einer Schießerei. Als Reaktion auf den Anschlag wurden in Deutschland die Sicherheitsvorkehrungen erhöht. Im ganzen Land wurden auf Weihnachtsmärkten und bei anderen Großveranstaltungen Betonklötze und Poller aufgestellt, um ein ähnliches Attentat zu verhindern. Der sogenannte Islamische Staat hatte mehrfach zu genau solchen Taten aufgerufen, weil diese Form des Anschlags einfach, schnell und unbemerkt umzusetzen sei und dabei viele Menschen getötet werden könnten.

Der Anschlag in Deutschland war aber keineswegs der letzte islamistische Terroranschlag. Am 22. März 2017 raste ein IS-Terrorist in London in eine Menschenmenge und tötete zwölf Menschen. Nach dem gleichen Muster steuerte am 7. April 2017 ein Terrorist, der offen mit dem IS sympathisierte, in Stockholm einen Lastwagen in eine Menschenmenge und tötete fünf Menschen. Es folgten weitere Terroranschläge in Großbritannien. Am 22. Mai 2017 sprengt sich ein IS-Sympathisant in Manchester bei einem Konzert der US-Sängerin Ariana Grande in die Luft. Mit seiner Tat riss er 22 Menschen mit in den Tod. Besonders perfide an dieser Tat: Der Täter hatte bewusst ein Konzert ausgewählt, bei dem vor allem Kinder und Jugendliche anwesend waren. Die meisten Opfer des Attentats waren jünger.

Die scheinbar plötzliche Welle von Terroranschlägen in Europa kam allerdings weder unerwartet noch zufällig. Für die meisten Anschläge ist der sogenannte Islamische Staat verantwortlich, über den Sie im zweiten Kapitel mehr erfahren können. Durch den Krieg in Syrien ist der IS seit 2012 immer stärker, einflussreicher und bekannter geworden. Die Terrorgruppe prahlt offen damit, noch brutaler vorzugehen als Al-Qaida. Ziel des IS ist der weltweite Dschihad – ein heiliger Krieg. Im Jahr 2014 rief der IS deshalb alle »wahren Muslime« dieser Welt dazu auf, sich ihm anzuschließen. Die Zahl der IS-Rekruten wuchs schnell. Aus aller Welt, auch aus vielen europäischen Ländern, entschieden sich vor allem junge Männer, für den sogenannten Islamischen Staat zu kämpfen. Sie reisten nach Syrien oder in den Irak, bereit, ihr Leben für den IS zu geben. Während bei Al-Qaida früher Auswahlkriterien für Dschihadisten zur Anwendung kamen – Kriminelle, Verrückte oder religiös völlig unerfahrene Kämpfer hat Al-Qaida meistens abgelehnt –, nahm der IS jeden auf, völlig egal, wie verrückt oder radikal er war. Die neuen IS-Kämpfer aus Europa lebten ihre Gewaltfantasien in Syrien und dem Irak aus und radikalisierten sich innerhalb von kürzester Zeit.

2014 bombardierte der Westen Stellungen des IS im Irak und in Syrien und schwächte die Terrorgruppe. Beim IS verbreitete sich eine Logik der Rache. Der IS befand sich nun ganz offen im Krieg mit westlichen Ländern. Er gründete eine spezielle Gruppe, um Terroranschläge in Europa zu verüben. Terroristen, die sich freiwillig meldeten, um einen Anschlag in einem europäischen Land durchzuführen, galten von nun an als besonders mutig und stark. Tausende radikalisierte und gut ausgebildete IS-Terroristen kehrten nach Europa zurück – viele von ihnen mit dem festen Plan, Terroranschläge durchzuführen und Europäer abzuschlachten. Für die Geheimdienste war das eine Katastrophe. So viele Menschen zu überwachen, stellte für sie eine kaum zu bewältigende Herausforderung dar.

Noch schwieriger wurde die Situation für die europäischen Geheimdienste im Jahr 2015. Hunderttausende Menschen flüchteten damals nach Europa. In den Nachrichten war die Rede von der Flüchtlingskrise. Die Kontrollen an den europäischen Grenzen versagten, auf diesen Ansturm war man nicht vorbereitet. Nur etwa ein Drittel der Einreisenden wurde kontrolliert. Die meisten waren vor Terror und Krieg in ihrer Heimat geflohen und auf der Suche nach Schutz. Einige europäische Länder zeigten sich den Geflüchteten gegenüber solidarisch und nahmen sie auf. Doch der sogenannte Islamische Staat nutzte das Chaos der Krise aus, um gewaltbereite Terroristen mit falschen Pässen nach Europa zu schmuggeln. Der IS nutzt für die Kommunikation mit diesen Kämpfern verstärkt das Internet und soziale Medien, dadurch kann die Gruppe Terrorattacken unkompliziert von Syrien aus koordinieren. In verschlüsselten Chatprogrammen wie WhatsApp oder Telegram, die für Geheimdienste schwierig zu kontrollieren sind, schickt der IS den Terroristen in Europa direkt auf das Smartphone Anweisungen oder ganze Anleitungen für den Bau von Bomben. Außerdem hat der IS in den vergangenen Monaten verstärkt die Taktik von kleineren und extrem schwer zu verhindernden Terrorattacken für sich entdeckt. Anders als Al-Qaida früher plant der IS nicht mehr jahrelang riesige Terroranschläge wie die vom 11. September 2001. Stattdessen fordert der IS seine Terroristen dazu auf, Lkws oder Pkws zu stehlen und damit in Menschenmengen zu rasen. Solche Anschläge sind für die Sicherheitsbehörden vorher fast nicht zu erkennen. Die Terroristen hinterlassen bei ihrer Planung nur wenige Spuren und oft geht es sehr schnell. In letzter Zeit scheint der IS Sympathisanten aus Europa immer öfter dazu aufzurufen, Anschläge in ihren jeweiligen Herkunftsländern durchzuführen, anstatt nach Syrien zu kommen. Weil der

IS im Irak und in Syrien nach und nach die Kontrolle verliert, versucht er so, direkt in westlichen Ländern Terror, Chaos und Hass zu verbreiten.

»Viele der Anschläge in Europa hätten nie passieren dürfen!« Diese Meinung vertreten einige Politiker und Sicherheitsexperten. Denn fast alle Terroristen, die Anschläge in Europa verübt haben, waren der Polizei und den Geheimdiensten vorher bekannt. Viele von ihnen standen auf internationalen Terrorlisten. Vor einigen von ihnen hatten Informanten ausdrücklich gewarnt. Wie war es also möglich, dass die Täter trotz der Beobachtung Terroranschläge durchführen konnten?

Schauen wir uns beispielsweise den Terroranschlag in Berlin deshalb noch einmal genauer an. Anis Amri reiste 2011 als Flüchtling von Tunesien nach Italien. Bei der Einreise machte er falsche Angaben über sein Alter, um als minderjähriger Flüchtling aufgenommen zu werden. In Italien landete Amri für vier Jahre im Gefängnis, weil er in einem Heim Feuer gelegt und seine Erzieher verprügelt hatte. Während seiner Zeit im Gefängnis beschäftigte er sich immer mehr mit der Religion Islam und entwickelte ein immer extremeres Verständnis davon. Er tauschte sich mit anderen Mithäftlingen aus, lernte nächtelang Koranstellen auswendig und beschäftigte sich auch immer mehr mit dem religiösen Kampf. Schließlich dachte er sogar darüber nach, sich einer islamistischen Terrororganisation anzuschließen. Er steigerte sich so sehr in die Sache hinein, dass er für den Islam in den Dschihad, also in den heiligen Krieg, ziehen wollte. Hierüber gibt es einen Bericht von einer Anti-Terror-Organisation. Trotzdem konnte Amri nach seiner Entlassung zunächst untertauchen und reiste 2015 als Flüchtling nach Deutschland ein. Kaum in Deutschland suchte Anis Amri Kontakt zu einem islamistischen Netzwerk rund um einen Hassprediger namens Abu Walaa. Ein in das Netzwerk geschleuster Informant berichtete, dass ein gewisser Anis in Deutschland »etwas machen wolle«. Daraufhin stufte das Polizeipräsidium in Dortmund Amri ab Februar 2016 als »Gefährder NRW« ein. Außerdem überwachte die Polizei von Dezember 2015 bis Mai 2016 die gesamte Telekommunikation von Anis Amri und observierte ihn zeitweise. Die Überwachung wurde allerdings kurz darauf wieder eingestellt, weil Amri sich nicht auffällig verhielt. Ab Juni 2016 hätte er dann eigentlich ausreisen müssen, weil sein Asylantrag abgelehnt worden war. Zeitweise saß er sogar in Abschiebehaft. Doch wegen fehlender Ausweispapiere kam es zu keiner Abschiebung. Tunesien weigerte sich, Amri aufzunehmen. So blieb er in Deutschland und konnte im Dezember 2016 mit einem Lkw auf den Berliner Weihnachtsmarkt rasen. Einige Experten werfen den deutschen Sicherheitsbehörden deshalb vor, schwere Fehler begangen zu haben. Geheimdienste und Polizei geben an, dass sie nicht über die Kapazitäten verfügen, um alle möglichen Gefährder zu überwachen. Sie verweisen darauf, dass es in Deutschland Hunderte Gefährder gebe und man zur Überwachung einer einzelnen Person weit mehr als zehn Beamte brauche. Das entsprechende Personal haben Polizei und Geheimdienste schlicht und ergreifend nicht.

Gegen die Sicherheitsbehörden in Frankreich sind ganz ähnliche Vorwürfe laut geworden. Auch die Terroristen des *Charlie-Hebdo*-Attentats und des Massakers im jüdischen Supermarkt hatten wegen islamistisch motivierter Taten bereits im Gefängnis gesessen. Seitdem waren sie weltweit als mögliche Terroristen bekannt. Trotzdem gelang es ihnen, in den Jemen zu reisen, sich dort in einem Terrorlager ausbilden zu lassen und anschließend ungestört nach Frankreich zurückzukommen. Viele Experten fragen: »Wie kann das sein?« Denn nur wenige Monate vor dem Massaker im Bataclan verriet ein festgenommener IS-Terrorist der französischen Polizei, dass er nach Frankreich geschickt worden sei, um einen Anschlag auf ein Rockkonzert vorzubereiten. Außerdem waren die Bataclan-Terroristen an der österreichisch-ungarischen Grenze in eine Polizeikontrolle geraten. Zu dieser Zeit standen sie bereits auf mehreren Terrorlisten. Doch die Polizei versäumte es, ihre Identität in den entsprechenden Informationssystemen zu überprüfen und winkte sie durch. Auch vor dem Anschlag in Manchester wurde wohl wenige Tage zuvor gewarnt.

Hauptkritikpunkte von Sicherheitsexperten beziehen sich auf den unzureichenden Schutz der Außen- und Innengrenzen. Dadurch würde es Terroristen zu leicht gemacht, nach Europa einzureisen und sich innerhalb Europas frei zu bewegen und versteckt zu halten. Außerdem arbeiteten Polizei und Geheimdienste in Europa oft nicht vernünftig zusammen. Informationen würden nur unzureichend weitergegeben und Datenbanken nicht miteinander geteilt. Oft kritisieren diese Experten auch, dass der Datenschutz in Europa zu wichtig genommen werde und die Terrorbekämpfung darunter leide. Anders als in den USA wurden in Europa zum Beispiel lange Zeit Fluggastdaten nicht zentral gespeichert. Dazu traten Überlastung und mangelnde Ressourcen der Behörden. Immerhin: Europa scheint aus den Terroranschlägen gelernt zu haben. Mittlerweile gibt es ein europäisches Anti-Terror-Zentrum, Fluggastdaten werden gespeichert und die EU-Grenzen werden wieder strenger kontrolliert. Doch wie immer gilt: Jede Medaille hat zwei Seiten. Denn strengere Kontrollen, besser vernetzte Datenbanken, flächendeckende Überwachung – das alles bedeutet auch eine Einschränkung des Datenschutzes und der Privatsphäre. Wie viel Privatsphäre und Datenschutz sollte eine Gesellschaft für vermeintlichen Schutz vor Terror opfern? Diese Frage wird uns wohl noch länger beschäftigen.

DIE AFD

Die Alternative für Deutschland ist eine rechtspopulistische Partei, die in den vergangenen Jahren einen rasanten Aufstieg hingelegt hat. Sie kritisiert vor allem die Flüchtlingspolitik und die Europapolitik der Regierung. Viele Menschen in Deutschland lehnen die Partei ab, weil die Mitglieder ausländerfeindliche Aussagen verbreiten.

Flüchtlinge sollten an der deutschen Grenze auch mit Waffengewalt aufgehalten werden dürfen. Das Holocaust-Mahnmal in Berlin sei ein Denkmal der Schande. Und um in einer deutschen Stadt wie Lüdenscheid durchzukommen, müsse man ja mittlerweile Russisch oder eine andere Fremdsprache können. Das sind Aussagen von Mitgliedern der AfD. Kein Wunder, dass sich Widerstand gegen die Partei regt. Bundesfinanzminister Wolfgang Schäuble bezeichnete sie beispielsweise als »Schande für Deutschland«, weil die AfD Vorurteile gegen Ausländer und Minderheiten schüre. Keine andere Partei ist in den vergangenen Jahren so harsch kritisiert worden. Ihre Mitglieder werden kaum in politische Talkshows eingeladen und viele Politiker anderer Parteien weigern sich, mit ihr zu diskutieren, geschweige denn zusammenzuarbeiten. Und keine andere Partei hat in Deutschland einen so rasanten Aufstieg hingelegt.

Die AfD wurde 2013 gegründet und kam bei der Bundestagswahl im gleichen Jahr aus dem Stand auf 4,7 Prozent der Wählerstimmen. Sie scheiterte also nur knapp an der 5-Prozent-Hürde. Insgesamt wählten damals mehr als zwei Millionen Deutsche die AfD. Der Einzug in ein Parlament folgte kurz darauf. Bei der Wahl des Europäischen Parlaments 2014 bekam die AfD 7,1 Prozent der deutschen Stimmen. Seitdem vertreten auch Abgeordnete dieser Partei dort die Interessen deutscher Wähler. Auch bei den folgenden Landtagswahlen zog die AfD in die Parlamente ein.

Obwohl die Partei heute meist durch Aussagen zur Flüchtlingspolitik auffällt, wurde sie wegen eines ganz anderen Themas gegründet. Der Tag, an dem die Idee für die AfD geboren wurde, ist für viele der 25. März 2010. An diesem Tag hatte Kanzlerin Angela Merkel vormittags im Bundestag gesagt, dass die Bundesregierung dem vor der Pleite stehenden EU-Mitgliedsstaat Griechenland nur finanziell helfen werde, wenn es keinen anderen Ausweg gebe. Doch noch am Abend desselben Tages stimmte die Kanzlerin auf einem Treffen der EU dem ersten Rettungspaket für Griechenland zu.

Viele empfanden das Vorgehen der Kanzlerin als link und unehrlich. Merkel argumentierte daraufhin, die Rettung von Griechenland sei »alternativlos« gewesen. Hieraus entstand später der Name für die Partei »Alternative für Deutschland«, denn einige Wirtschaftswissenschaftler waren der Ansicht, die Situation sei alles andere als alternativlos. Einer von ihnen war der Hamburger Professor für Volkswirtschaftslehre Bernd Lucke. Er war der Meinung, dass man die deutschen Steuerzahler nicht für die Rettung Griechenlands aufkommen lassen sollte. Außerdem kritisierte er den Euro: Eine Währungsunion, in der Staaten mit so unterschiedlicher Wirtschaftskraft die gleiche Währung haben, das könne auf Dauer nicht funktionieren. Mehr zur Eurokrise erfahren Sie im übernächsten Kapitel. Er sammelte mehrere seiner Kollegen um sich, die diese Ansicht teilten. Man tauschte sich aus und gemeinsam mit mehr als 150 anderen Professoren schrieb Lucke einen Brief an die Bundesregierung. Das half aber nichts, Merkel blieb bei ihrem Kurs. Also beschloss Lucke, sich selbst politisch zu engagieren. Im April 2013 gründeten er und seine Mitstreiter die »Alternative für Deutschland«. In erster Linie ging es in dem Programm der Partei um die Euro-kritische Haltung. Aber auch die Forderung nach einer strengeren Einwanderungspolitik war im ersten, noch recht kurzen Parteiprogramm enthalten.

Die AfD wurde von Anfang an für ihre rechtspopulistischen Tendenzen kritisiert. In den Nachrichten wird sie oft »die rechtspopulistische AfD« genannt. Der Begriff »rechtspopulistisch« wird für Parteien benutzt, die durch eine Dramatisierung der politischen Lage die Gunst der Massen gewinnen wollen. Sie wollen einen Keil zwischen »die Elite« und »das Volk« treiben und stilisieren sich selbst zur Stimme dieses Volkes. Populisten geben einfache Antworten auf schwierige Fragen. Dieses Vorgehen erkennt man hervorragend auf Wahlplakaten der AfD. Dort wirbt die Partei zum Beispiel mit Slogans wie »Asyl-Chaos stoppen, Grenzen sichern!« und »Wir sind nicht das Welt-Sozialamt«. Diese Slogans erinnern an die Plakate rechtsextremer Parteien wie der NPD und fischen nach Wählerstimmen aus dem rechten Spektrum. Der Parteislogan »Mut zur Wahrheit« unterstellt den regierenden Parteien, das Volk anzulügen. Die AfD selbst bestreitet aber nach wie vor, wie eine rechtspopulistische Partei zu agieren.

Nach den ersten Erfolgen der AfD musste sich die Partei inhaltlich weiterentwickeln. Denn die Ausrichtung einer so jungen Partei ist noch nicht durch eine jahrzehntelange Tradition gefestigt. Außerdem traten in kurzer Zeit viele Menschen bei, die höchst unterschiedliche Meinungen vertraten. Zu vielen politischen Themen musste die Partei eine einheitliche Haltung erst noch finden. Dabei entwickelte sich ein innerparteilicher Machtkampf, der personeller und inhaltlicher Natur war. Auf personeller Ebene kam es zu einem Machtkampf zwischen Bernd Lucke und der sächsischen Landesvorsitzenden Frauke Petry. Beide waren bei der Parteigründung zu Parteisprechern gewählt worden, Lucke war aber in den Anfangszeiten eindeutig das Gesicht der AfD. Er warf Petry vor, dass sie die aufkeimende ausländerfeindliche Strömung innerhalb der Partei toleriere. Petry hingegen warf Lucke und dessen wirtschaftsliberalem Flügel vor, sich thematisch zu sehr auf die Ablehnung der Eurorettungspolitik zu konzentrieren und die anderen Themen aus den Augen zu verlieren. Dadurch treibe er einen Keil zwischen beide Lager.

Zum großen Streitthema der innerparteilichen Lager wurden die Pegida-Demonstrationen und die Frage, wie man mit ihnen umgehen sollte. Erste Pegida-Demonstrationen fanden 2014 in Dresden statt. Dort gingen jeden Montag Anhänger einer Bewegung auf die Straße, die sich »Patrioten Europas gegen die Islamisierung des Abendlandes« nennt. Am Anfang waren es mehrere Hundert Menschen, doch je mehr Flüchtlinge nach Deutschland kamen, desto mehr Zulauf bekam die Bewegung. Zu Hochzeiten erschienen um die 25 000 Demonstranten zu den Pegida-Demos. In den folgenden Monaten gründeten sich regionale Ableger der Bewegung und ihre Anhänger gingen in Städten wie Kassel, Frankfurt, Düsseldorf, Bonn oder München auf die Straße. Diese Demos blieben aber deutlich kleiner als die in Dresden.

Obwohl Bernd Lucke oft selbst für seine ausländerkritische Haltung angefeindet worden war, hielt er die Einstellung der Pegida-Anhänger für zu extrem. Daher wollte Lucke zu Pegida auf Distanz gehen. Die Vorsitzenden der ostdeutschen Länder waren anderer Meinung und vertraten die Ansicht, man müsse die politische Unzufriedenheit der Pegida-Anhänger ernst nehmen. Einige Parteimitglieder organisierten die Proteste sogar mit, andere nahmen an den Demonstrationen teil. Der Landesvorsitzende der AfD in Brandenburg, Alexander Gauland, bezeichnete Pegida damals als »natürlichen Verbündeten« der AfD.

Der Streit gipfelte in einer Abstimmung über die Ausrichtung der Partei. Beim Parteitag in Essen im Juli 2015 sollten die Mitglieder sich zwischen Frauke Petry und Bernd Lucke als Sprecher der Partei entscheiden. Als Bernd Lucke in den Saal kam, ertönten Buhrufe und Pfiffe. Frauke Petry ging mit 60 Prozent der Stimmen als Siegerin aus der Abstimmung hervor. Bernd Lucke verließ die Bühne mit Tränen in den Augen und kehrte der Partei wenig später den Rücken. Es folgte eine regelrechte Austrittswelle der Lucke-Anhänger aus der AfD. Mit ihnen gründete Bernd Lucke daraufhin eine neue Partei, die sich erst »Alfa« nannte und mittlerweile »Liberal-Konservative Reformer« heißt. Sie konnte allerdings in keiner der seither stattgefundenen Wahlen Erfolge verbuchen.

In einem Interview mit *tagesschau.de* sagte Lucke, dass er bedauere, was aus der AfD geworden sei. Sie habe sich von einer Professoren-Partei zu einer Vereinigung entwickelt, die sich an den Stimmungen der Straße orientiere.

Trotz der Streitigkeiten konnte die AfD einige Erfolge für sich verbuchen. Bei allen Landtagswahlen 2016 erzielte sie zweistellige Ergebnisse. In Sachsen-Anhalt zog sie sogar mit 24,3 Prozent als zweitstärkste Partei in den Landtag ein. Die AfD hat allen Parteien außer den Grünen Wähler weggenommen. Die meisten AfD-Wähler haben vorher die Unionsparteien und die FDP gewählt, bei den Landtagswahlen in Ostdeutschland auch in hohem Maße die Linke. Außerdem holte die AfD Nichtwähler an die Wahlurnen. Bei der Landtagswahl in Sachsen-Anhalt kamen 101 000 Stimmen aus dem Lager der Nichtwähler. Meinungsforscher haben untersucht, wer der AfD seine Stimme gibt. Demnach sind die meisten AfD-Wähler männlich. Und sie haben Angst davor, abgehängt zu werden, dass es ihnen womöglich irgendwann schlechter gehen könnte als jetzt. Sie sehen in der AfD eine Alternative zu den etablierten Parteien, von denen sie sich nicht ernst genommen fühlen. Dabei spielt die Flüchtlingskrise der AfD in die Hände. Denn viele der Menschen, die sich abgehängt fühlen, befürchten außerdem, dass für Flüchtlinge mehr getan wird als für sie.

2017 wollte sich die AfD eigentlich voll auf den Bundestagswahlkampf konzentrieren. In den Medien wurde sogar spekuliert, ob die AfD die SPD abhängen könnte. Doch dann hielt der thüringische AfD-Vorsitzende Björn Höcke eine Rede, die zu einer erneuten Spaltung in einen extrem rechten und einen gemäßigt rechten Flügel führte. Interessant hierbei ist, dass Frauke Petry, die beim Streit mit Lucke noch als der extrem rechte Flügel der Partei galt, im neuen Streit zum gemäßigten rechten Flügel zählt. Das zeigt, dass durch die AfD im vergangenen Jahr noch mal ein Rechtsruck gegangen ist. Aber kommen wir zurück zur Rede von Höcke. Diese hielt er im Januar in Dresden vor der Jugendorganisation der AfD, der Jungen Alternative. Nachdem ein Handyvideo der Rede im Internet aufgetaucht war, ging ein regelrechter Aufschrei durch die Bundesrepublik. Der Zentralrat der Juden nannte Höckes

Worte »zutiefst empörend und völlig inakzeptabel«. Vizekanzler Sigmar Gabriel sagte: »Björn Höcke verachtet das Deutschland, auf das ich stolz bin. Nie, niemals dürfen wir die Demagogie eines Björn Höcke unwidersprochen lassen.« Die Fraktionschefs der Linken im Bundestag warfen Höcke Volksverhetzung vor.

Der offenbart in seiner Rede eine Gesinnung und eine Wortwahl, die laut Sprachwissenschaftlern an Adolf Hitler erinnern. Vor allem redete Höcke über die Deutschen und ihr Verhältnis zur Geschichte. Er forderte eine erinnerungspolitische Wende um 180 Grad. Die Demokratisierung und Entnazifizierung nach dem Ende des Zweiten Weltkriegs bezeichnete er als »Rodung der deutschen Wurzeln«. Das Holocaust-Mahnmal in Berlin sei ein »Denkmal der Schande«. Die nachwachsende Generation müsse etwas von den großen Wohltätern erfahren, die es in der deutschen Geschichte gegeben habe, stattdessen werde die mies und lächerlich gemacht.

Höcke selbst wies danach erst mal alle Vorwürfe von sich. Die Rede sei bösartig und verleumdend interpretiert worden. Doch sogar innerhalb seiner Partei hagelte es teils heftige Kritik. Der Bundesvorstand der AfD startete nach längeren Diskussionen ein Parteiausschlussverfahren, das vor allem von Frauke Petry forciert wurde, die Höcke gerne loswerden wollte. Sie wusste, dass ihre Partei mit einem Rechtsaußen wie Höcke niemals wirklich mitregieren könnte, da sich alle Parteien noch immer weigern, mit der AfD auch nur Koalitionsgespräche zu führen. Seine Befürworter innerhalb der Partei wollten das Parteiausschlussverfahren verhindern, weil sie glaubten, mit dem Rechtsaußen Höcke habe man bessere Chancen, Wählerstimmen zu bekommen. Für die Finanzierung des Wahlkampfes hatte die Rede von Höcke konkrete Auswirkungen. Nach eigenen Aussagen musste die sächsische AfD die Ausgaben für den Bundestagswahlkampf verringern, weil Großspender abgesprungen waren. Insgesamt ging es um mehr als 100 000 Euro.

Kurz vor dem Bundesparteitag im Frühjahr 2017, bei dem das Programm für die Bundestagswahl beschlossen werden sollte, veröffentlichte Frauke Petry auf ihrer Facebook-Seite ein Video. Darin gab sie bekannt, dass sie auf eine Kandidatur als Spitzenkandidatin für die Bundestagswahl verzichtet, damit wieder mehr über Inhalte statt über Personalien gesprochen werde. Auf dem Parteitag wurde dann ein neues Spitzenteam aus Alexander Gauland – einem Gegner Petrys – und Alice Weidel gewählt. Sie sollen die AfD in den Bundestagswahlkampf führen. Damit wurde Frauke Petry entmachtet, und man könnte vielleicht von bösem Karma sprechen, das Petry damals im Machtkampf mit Bernd Lucke auf sich geladen hatte. In diesem erneuten Machtkampf hat Frauke Petry den Kürzeren gezogen.

Die AfD hat auf ihrem Parteitag außerdem ein Wahlprogramm beschlossen. Darin fordert sie, dass Deutschland den Euroraum verlassen und eine neue Währung einführen solle.

Zu den Themen Einwanderung und Flüchtlinge heißt es: »Der Islam gehört nicht zu Deutschland.« Und: »Die ungeregelte Massenimmigration in unser Land und in unsere Sozialsysteme durch überwiegend beruflich unqualifizierte Asylbewerber ist sofort zu beenden.« Zudem fordert die AfD eine jährliche Mindestabschiebequote.

Dass die AfD weiter an den rechten Rand gerückt ist, sieht man auch an ihrem neusten Schulterschluss mit Pegida. Im Frühjahr 2017 traten beide nacheinander vor der Dresdner Frauenkirche auf. Zwar auf unterschiedlichen Bühnen, aber vor demselben Publikum. Frauke Petry wollte das immer verhindern.

Und auch in den Wahlumfragen hat die AfD Rückschläge hinnehmen müssen. Im Frühjahr 2017 erreichte die Partei nur noch einstellige Prozentzahlen. Ende Dezember 2016 hatte sie noch bei zwölf Prozent gelegen. Doch auch wenn die AfD tatsächlich in den Deutschen Bundestag einzieht – mitregieren wird sie wohl nicht. Alle Parteien haben angekündigt, nicht mit ihr zusammenzuarbeiten.

DER ABGASSKANDAL

Volkswagen hatte weltweit bei elf Millionen Fahrzeugen eine Schummel-Software im Motor installiert, um strenge Abgasvorschriften in den USA einhalten zu können. Im Jahr 2015 flog der Betrug nach Untersuchungen in den USA auf. Als Folge des Skandals musste VW Milliarden Euro Strafe bezahlen und machte den größten Verlust der Unternehmensgeschichte.

Auf der ganzen Welt werden wir Deutschen wohl für nichts mehr bewundert als dafür, wie gut wir Autos bauen können. Autos und Deutschland, das gehört zusammen. Ein großer Teil der deutschen Wirtschaft ist abhängig vom Erfolg der Automobilindustrie. Besonders Volkswagen ist auf der ganzen Welt berühmt und ein Synonym für gute deutsche Ingenieursarbeit.

Doch ausgerechnet Volkswagen, Aushängeschild und wirtschaftlich eines der wichtigsten Unternehmen Deutschlands, hat dem Image der hiesigen Autobauer einen gigantischen Schaden zugefügt. Das Unternehmen ist für den größten Skandal in der Geschichte des Automobils verantwortlich. In den Nachrichten nennt man diese Geschichte Abgasskandal, VW-Abgasaffäre oder Dieselgate. VW hat bei etwa elf Millionen Dieselfahrzeugen auf der ganzen Welt eine Schummel-Software im Motor installiert, um strenge Abgasvorschriften in den USA zu umgehen. Dadurch haben VW-Fahrzeuge viele Jahre mehr giftige Stickoxide in die Luft gepustet als erlaubt. Als Folge muss VW in den USA und in anderen Ländern viele Milliarden Strafe zahlen, Millionen Autos zurückrufen und sich mit Tausenden Klagen herumschlagen. Doch der schlimmste Schaden ist wohl, dass der Skandal weltweit den Ruf von VW und damit auch von deutschen Autos generell ruiniert hat. Was genau passiert ist, wie es dazu kommen konnte und was die Folgen sind, werden wir in diesem Kapitel nachzeichnen.

Um den Abgasskandal zu verstehen, muss man die Ausgangslage kennen. Keineswegs entwickelte sich der Skandal aus dem Nichts. Dieselmotoren waren schon lange eine Spezialität von VW. Dieselkraftstoff hat mehr Energie als Benzin – für die gleiche Fahrstrecke braucht man also weniger Diesel als Benzin. VW träumte deshalb sogar vom 1-Liter-Dieselfahrzeug und produzierte einige Testfahrzeuge. Doch wie so oft im Leben gibt es einen Haken, und der ist bei Diesel eine ziemlich fiese Nebenwirkung. Beim Verbrennen des Kraftstoffs werden große Mengen Stickoxide freigesetzt und das ist besonders in Innenstädten ein großes Problem. Denn Stickoxide reizen und sind giftig. Wenn hohe Mengen an Stickoxiden in der Atemluft enthalten sind, kann das besonders bei Kindern und älteren Leuten die Lunge beschädigen oder Herz-Kreislauf-Probleme auslösen. Ganz besonders gefährlich sind Stickoxide auch für Asthmatiker. Anders als Kohlendioxid (CO_2) wirken sie sich nicht unbedingt schädlich auf das Klima aus. Sie haben zum Beispiel keinen direkten Einfluss auf die Erderwärmung. Stickoxide wirken sich negativ auf Lebewesen und Pflanzen aus, und anders als CO_2 handelt es sich um ein eher lokal begrenztes Problem. Es kommt vor, dass die Konzentration von Stickoxiden an einer viel befahrenen Straße extrem hoch und nur einige Kilometer außerhalb der Stadt völlig im Rahmen ist. Trotz der Gefahr von Stickoxiden sind Diesel in Deutschland ziemlich beliebt und politisch gewollt. In den USA ist das anders. Dort gibt es kaum Dieselfahrzeuge, denn die Grenzwerte für Stickoxide liegen viel niedriger als zum Beispiel in Deutschland. Die meisten Autohersteller waren deshalb lange Zeit der Meinung, dass es zu schwierig und teuer wäre, Dieselfahrzeuge zu bauen, die den US-Vorschriften genügen. Doch was die anderen als unmöglich erachteten, sah VW als große Chance. Volkswagen wollte einen umweltfreundlichen Diesel bauen, den Automarkt in den USA erobern und so dem großen Ziel, weltgrößter Autobauer zu werden, näherkommen. Es war der große Traum vom »Clean Diesel«.

Doch auch VW merkte schnell, dass es keine leichte Aufgabe werden würde, einen Motor zu bauen, der einerseits den Stickoxidanforderungen der USA gerecht und andererseits nicht zu teuer würde. Die Ingenieure stellten damals angeblich einen Motor vor, der die Stickoxidanforderungen zwar technisch erfüllen konnte, doch dem Vorstand war dieser angeblich zu teuer! Denn Teil der VW-Strategie war es, den Automarkt in den USA mit besonders attraktiven Preisen zu erobern. Man dachte wohl: Egal wie sauber ein Diesel ist, ist er zu teuer, wird ihn niemand kaufen. Außerdem hätte die Lösung, die damals vorgestellt wurde, dazu geführt, dass die Fahrzeuge regelmäßig zum Austauschen von Filtern in die Werkstatt gemusst hätten. VW fürchtete wohl, dass Kunden das abschrecken könnte und lehnte diese Lösung ab. Der Autojournalist David Kiley, der ein Buch über VW geschrieben hat, behauptet, dass viele VW-Ingenieure damals schon wussten, dass sie den »Clean Diesel«-Motor für die USA unter Einhaltung der Preisvorstellungen nicht schaffen könnten. Aber sie hatten wohl Angst, das zuzugeben, denn wer seine Ziele bei VW nicht erreichte, konnte schnell seinen Job verlieren, so Kiley. Wenn das stimmt, könnte dieser extreme Druck ein Grund dafür gewesen sein, dass man sich bei VW später dafür entschied, zu schummeln und zu betrügen. Der Gründer der Elektroautofirma Tesla, Elon Musk, sagte in einem Interview dazu: »Die VW-Ingenieure dürften unter massivem Druck gestanden haben und sind an die Grenzen dessen gestoßen, was möglich ist. Tricksen war wohl die einzige Möglichkeit, das Ziel doch noch zu erreichen!«

Doch 2008 sah für VW erst mal alles gut aus. Der Autobauer vermeldete einen Durchbruch und brachte die neuen »Clean Diesel«-Fahrzeuge mit einer riesigen Werbekampagne weltweit auf den Markt. Mühelos bestanden die Autos die strengen Stickoxidtests. Endlich schien das Problem behoben. Die Autos lösten damals eine Welle der Begeisterung aus. Der VW-Diesel wurde sogar zum »Green car of the year« gewählt und VW weltweit für den Erfolg gefeiert. Viele Amerikaner waren begeistert von der Idee eines sauberen Diesels und glaubten, ein tolles Auto zu kaufen. Das Ziel, den Auto-Weltmarkt zu erobern, schien nah wie nie zu sein.

Aber Hochmut kommt bekanntermaßen vor dem Fall. Sechs Jahre nach dem Hype folgte der Absturz. Und für den sorgte 2014 die US-amerikanische Organisation ICCT, »International Council on Clean Transportation«. ICCT erstellt technische und wissenschaftliche Analysen für Umweltbehörden und überprüft, wie umweltfreundlich und energieeffizient bestimmte Transportmittel sind. Damals untersuchte ICCT den Stickoxidausstoß bei Fahrzeugen von europäischen Herstellern. Das Besondere an diesen Tests: Die Abgase der Fahrzeuge werden im realen Betrieb, also ganz normal im Straßenverkehr mit einem mobilen Labor analysiert. Im Kofferraum der Autos steht ein Messcomputer, das Auto fährt durch die Stadt und die Abgase werden durch einen Schlauch geleitet und untersucht. Die gängigen Tests zur Abgasmessung, die auch über die Zulassung entscheiden, finden dagegen in einem Labor statt, das Auto fährt dabei auf einer Art Prüfstand. Diese Tests hatten die VW-Diesel mühelos bestanden. Als die Forscher von ICCT die Ergebnisse ihres Tests auswerteten, konnten sie es kaum glauben: Im Straßenverkehr stießen die

VW-Diesel bis zu 35-mal mehr Stickstoffoxide aus als bei den Tests im Labor. Die Forscher hegten einen ungeheuerlichen Verdacht: Erkannte das Auto im Labor, dass es sich um eine Testsituation handelte, und reinigte es nur in diesem Fall die Abgase? Hielt es nur im Labor die gesetzlich erlaubten Stickoxidgrenzwerte ein? Das wäre ein riesiger Skandal gewesen und eine Straftat noch dazu. Zunächst konnte ICCT sich nicht vorstellen, dass VW so dreist betrog. Vielleicht hatten sie ein defektes Auto getestet oder es waren ihnen Fehler bei den Messungen unterlaufen? Die Wissenschaftler schickten einen Fragenkatalog zu VW nach Wolfsburg und wiederholten die Tests mit anderen VW-Diesel-Fahrzeugen. Von VW erhielten sie keine zufriedenstellenden Antworten auf ihre Fragen. Die unglaublichen Ergebnisse bestätigten sich in den weiteren Tests.

Im September 2014 veröffentlichte das Magazin *Der Spiegel* die Ergebnisse der Untersuchungen von ICCT und schrieb, dass »die Steuerung der VW-Motoren erkenne, wenn sich das Auto auf einem Rollenprüfstand befinde, und daraufhin in einen optimierten Testmodus schalte«. Jetzt meldete sich auch VW zu Wort und teilte den US-Behörden mit, dass es in den Fahrzeugen einen Softwarefehler gebe und dadurch die erhöhten Stickoxidwerte entstehen würden. Die US-Behörden glaubten VW. Der Autobauer rief in den USA im Dezember 2014 fast 500 000 Fahrzeuge zurück in die Werkstatt, um eine neue Software aufzuspielen. Danach überprüften die US-Behörden die Fahrzeuge erneut, konnten aber keine Verbesserung feststellen. Es kommt noch dicker: Später stellte sich heraus, dass VW mit dem Softwareupdate versucht hatte, die Schummel-Software so zu verbessern, dass sie noch genauer erkannte, ob es sich um eine Testsituation handelte oder nicht. Die US-Behörden hatten jetzt endgültig die Nase voll und drohten VW damit, den Fahrzeugen die Zulassung zu verweigern. Aus der Nummer kam Volkswagen nicht mehr raus und gab den Betrug am 3. September 2015 zu. Weltweit waren etwa elf Millionen Fahrzeuge der VW-Gruppe betroffen. Die Schummel-Software wurde im VW, Audi, Škoda und Seat aus den Modelljahren 2009 bis 2014 eingesetzt. Über Jahre hatten diese Fahrzeuge in den USA und in anderen Ländern viel mehr gefährliche Stickoxide in die Luft gepustet als erlaubt. Forscher errechneten, dass dadurch bis Ende 2016 alleine in den USA etwa 60 Menschen vorzeitig gestorben sind. Und diese Zahl galt unter der Prämisse, dass VW es schafft, innerhalb des Jahres 2016 alle betroffenen Fahrzeuge nachzurüsten.

Aber wie hat VW denn nun geschummelt? Nun, offenbar hatten es die VW-Ingenieure tatsächlich nicht geschafft, einen Dieselmotor zu bauen, der die Stickoxidgrenzwerte einhielt und dabei nicht zu hohe Kosten verursachte. Aus der Verzweiflung heraus entschied VW sich wohl dazu, zu schummeln. Es entstand die Idee, in die Dieselmotoren eine sogenannte Abschaltautomatik einzubauen. Die Motorsoftware bemerkte, wenn das Fahrzeug im Labor in einer Testsituation war, und schaltete eine spezielle Abgasreinigung ein. In diesem Testmodus konnte das Fahrzeug die strengen Stickoxidvorschriften einhalten. Diese Abgasreinigung war allerdings nicht für den dauerhaften Betrieb im normalen Straßenverkehr geeignet. Deshalb schaltete sich die Abgasreinigung beim normalen Fahren aus und das Fahrzeug pustete bis zu 35 Mal so viel Stickoxide in die Luft wie erlaubt. Warum VW keine Abgasreinigung für den Betrieb im Straßenverkehr einbaute?

Zum einen wäre eine dauerhafte Lösung wohl deutlich teurer gewesen. Außerdem hätte es wahrscheinlich nur eine Lösung mit Filtern gegeben, die regelmäßig in der Werkstatt hätten ausgetauscht werden müssen. VW fürchtete wohl, dass man Kunden damit abschrecken würde. Heute muss man in die meisten sauberen Dieselfahrzeuge zusätzlich zum Kraftstoff eine Flüssigkeit namens »AdBlue« einfüllen, welche ins Abgas eingespritzt wird und bei der Stickoxidreinigung hilft – vom Kauf hält das offenbar niemanden ab. Für viele ist es deshalb völlig unverständlich, dass VW lieber einen gigantischen Betrug in Kauf nahm, anstatt den Kunden schlicht mitzuteilen, dass ein jährlicher Filtertausch notwendig sein würde. VW selbst hat im Nachhinein übrigens immer wieder betont, dass man die Testverfahren in den USA falsch eingeschätzt habe und sich des massiven Betrugs nicht bewusst gewesen sei. In der Tat ist es in Europa üblich, Fahrzeuge für den Prüfstand anzupassen. So dürfen zum Beispiel Rückspiegel entfernt, Ritzen zwischen Karosserieteilen abgeklebt und der Motor optimiert werden. Trotzdem ist es unglaubwürdig, dass VW nicht wusste, dass die verwendete Abschaltautomatik eindeutig gegen US-amerikanisches Recht verstößt.

Nachdem Volkswagen den Betrug zugegeben hatte, begann innerhalb des Unternehmens die Suche nach den Schuldigen. Natürlich richtete sich der Blick dabei auf die oberste Führungsetage. Als Erster trat Großaktionär und Aufsichtsratsvorsitzender Ferdinand Piëch zurück. Kurz darauf übernahm auch der Vorstandsvorsitzende Martin Winterkorn Verantwortung. »Volkswagen braucht einen Neuanfang. Auch personell!«, räumte er ein. Heute ist Matthias Müller Vorstandsvorsitzender von VW. Wer genau bei VW von dem Betrug wusste und dafür verantwortlich ist, wird noch immer untersucht. Viele weitere Topmanager bei VW mussten nach Bekanntwerden des Skandals ihren Posten räumen oder wurden beurlaubt.

Doch die interne Suche nach den Schuldigen ist für VW das kleinste Problem. Auf das Unternehmen kommen gigantische Kosten zu! Der Autobauer muss elf Millionen Fahrzeuge nachbessern und es drohen Strafzahlungen durch Klagen aus aller Welt. Die schwersten Konsequenzen drohen VW in den USA. Das Justizministerium der Vereinigten Staaten von Amerika reichte im Januar 2016 eine Klage gegen VW ein und forderte 46 Milliarden Dollar Schadensersatz. Diese Summe hätte VW die Existenz kosten können. Im April 2016 einigte sich VW mit den Aufsichtsbehörden, Dieselbesitzern und Autohändlern in den USA auf einen ersten Vergleich. VW muss fast 20 Milliarden Euro bezahlen und verpflichtet sich zu Rückkäufen, Nachrüstungen und Entschädigungszahlungen. Am Ende machte VW im Jahr 2016 den größten Verlust der Unternehmensgeschichte. Und es ist noch lange nicht überstanden. Im Januar 2017 stimmte VW einem weiteren Vergleich mit den US-Behörden zu. Volkswagen muss noch mal 4,3 Milliarden Dollar Strafe zahlen.

Doch dem Autobauer drohen natürlich nicht nur Konsequenzen in den USA. Dort flog der Betrug zwar auf, aber die Dieselfahrzeuge mit der Schummel-Software wurden auf der ganzen Welt verkauft und verstoßen natürlich auch in anderen Ländern gegen geltendes Recht. In Deutschland sind die Konsequenzen für VW noch gar nicht richtig abzusehen. Hier sind etwa 2,4 Millionen Fahrzeuge betroffen. VW drohen hohe Kosten durch Nachrüstungen und Ausbesserungen dieser Fahrzeuge. Entschädigungszahlungen für Dieselbesitzer wie in den USA lehnt VW in Deutschland bislang ab. Allerdings versuchen zurzeit Tausende Fahrzeugbesitzer, VW rechtlich dazu zu zwingen, die betroffenen Fahrzeuge zurückzukaufen. Einige Gerichte haben den Käufern bereits ein solches Rückgaberecht eingeräumt. Auch mehrere Bundesländer haben Volkswagen auf Schadensersatz verklagt. Sie besitzen VW-Aktien, die nach Bekanntwerden des Abgasskandals massiv an Wert verloren. Für die Bundesländer bedeutet das einen Millionenverlust. Aber anders, als viele erwarteten, gab es durch den Dieselskandal keine gigantischen Umsatzeinbrüche bei VW. Im Gegenteil! Im Jahr 2016 hat Volkswagen mehr Fahrzeuge verkauft als alle anderen Autohersteller und wurde zum ersten Mal seit Langem wieder größter Autobauer der Welt. Das lag zwar vor allem am starken Wachstum in China, wo Diesel keine Rolle spielt, aber auch in Deutschland und in den USA konnte VW in den vergangenen Monaten wieder steigende Verkaufszahlen vorweisen.

Auch auf politischer Ebene hatte der VW-Skandal Folgen. Verkehrsminister Alexander Dobrindt geriet heftig in die

Kritik und bearbeitete den Abgasskandal deshalb in einer Untersuchungskommission. Darin sollte aufgearbeitet werden, was schiefgelaufen war. Diese Kommission erreichte zum Beispiel, dass das Kraftfahrtbundesamt VW dazu verpflichtete, alle 2,4 Millionen betroffenen Dieselfahrzeuge in Deutschland zurückzurufen und in einen »ordnungsgemäßen Zustand zu versetzen«. Außerdem soll es in Zukunft strengere und bessere Prüfverfahren für Abgase geben, um zu verhindern, dass sich ein solcher Skandal wiederholt. Kritikern reichte das nicht! Immer wieder wurde Alexander Dobrindt vorgeworfen, mit VW nicht hart genug ins Gericht zu gehen und sich nicht genug für die VW-Dieselbesitzer einzusetzen.

Darüber hinaus beschäftigte sich ein Untersuchungsausschuss des Deutschen Bundestages mit dem VW-Abgasskandal. Dabei ging es auch um die Frage, ob es möglicherweise in der Bundesregierung und auch sonst in der deutschen Politik Mitwisser des Abgasskandals gab. Volkswagen ist tief verwoben mit der Politik. Das Land Niedersachsen ist mit 20 Prozent der zweitgrößte Eigentümer an VW. Es gibt viele Indizien dafür, dass die deutschen Politiker bei Abgasgrenzwerten öfter ein Auge zudrückten. Verfügte die Bundesregierung also vielleicht über eindeutige Hinweise auf den VW-Betrug und hätte ihn verhindern können? Oder unterstützte sie dessen Vertuschung sogar? Auch Bundeskanzlerin Angela Merkel musste vor dem Untersuchungsausschuss aussagen. Kritiker wundern sich darüber, dass die Bundesregierung und Kanzlerin Angela Merkel sich international immer wieder vehement gegen strengere Stickoxidvorschriften gewehrt hatten. Wusste man vielleicht von den VW-Problemen? Das Ergebnis des Untersuchungsausschusses: Die Bundesregierung hat keine Fehler gemacht und den Untersuchungsausschuss hätte man sich sparen können. Parteien wie die Linke kritisieren dieses Ergebnis und lehnen viele Bewertungen und Schlussfolgerungen des Ausschusses ab. Herbert Behrens, Vorsitzender des Untersuchungsausschusses zum VW-Abgasskandal sagte: »CDU/CSU und SPD haben am Ende unserer Arbeit einen Bericht vorgelegt, der vom Verkehrsminister kommen könnte. Der Aufklärungswille ist auf dem Nullpunkt angekommen. Das ist ein Armutszeugnis!« Viele Kritiker und Dieselbesitzer sind wegen des Abgasskandals nicht nur sauer auf VW, sondern auch auf die Bundesregierung!

Im Zuge des VW-Abgasskandals kam auch heraus, dass weitere Hersteller bei der Einhaltung der Abgasvorschriften getrickst hatten. So gibt es mittlerweile ähnliche Vorwürfe gegen Audi, Porsche, Ford, Peugeot und viele weitere Firmen. Zwar stellt VW bisher den größte und prominentesten Betrugsfall dar, doch es sieht so aus, als sei es in der Automobilindustrie über viele Jahre hinweg völlig normal gewesen, es mit den Abgasvorschriften nicht so genau zu nehmen.

Aber der VW-Skandal hatte auch sein Gutes: Weltweit ist das Problem der Stickoxide dadurch mehr in das Bewusstsein der Öffentlichkeit gerückt. Mittlerweile gibt es in vielen großen Städten sogar Fahrverbote für alte Diesel, und generell werden Dieselfahrzeuge kritischer beäugt. Zwar haben die Wolfsburger in einem noch nie dagewesenen Ausmaß und mit einer unglaublichen Dreistigkeit bei Abgastests betrogen, doch in geringerem Umfang haben das alle Autobauer getan. Schon lange ist es üblich, dass vor Labortests die Klimaanlage ausgebaut wird und viel zu abgefahrene und aufgepumpte Reifen aufgezogen werden, um bessere Ergebnisse als auf der Straße zu erzielen. Durch den VW-Skandal wird es in Zukunft wohl weltweit strengere und realistischere Abgaskontrollen geben. Viele absurde Praktiken und Schummeleien werden dadurch unterbunden. Unsere Umwelt und die Menschen in den Städten werden davon langfristig profitieren.

Übrigens: Es lohnt sich, sich heute vor dem Hintergrund des Abgasskandals noch mal die VW-Diesel-Werbespots von damals anzuschauen. Die kommen einem heute vor wie ein sehr, sehr schlechter Scherz. Da gibt es zum Beispiel einen Werbespot, in dem Omas in einem VW-Diesel sitzen. Die eine fragt: »Sind Diesel nicht Dreckschleudern?« Die andere steigt aus, hält ihren weißen Schal an den Auspuff, hebt ihn wieder hoch, riecht daran und sagt: »Nein, sind sie nicht! Sieh nur, wie sauber und weiß mein Schal noch ist!«

DIE EUROKRISE

2010 stand Griechenland vor der Pleite und die gesamte Eurozone drohte auseinanderzubrechen. Die Hauptgründe für die Krise waren eine extreme Staatsverschuldung und eine schlechte Steuer- und Haushaltspolitik. Schließlich gelang es, Griechenland und den Euro durch Hilfsaktionen und radikale Sparmaßnahmen vorerst zu retten, doch eine langfristige Lösung des Problems gibt es auch heute noch nicht.

Durch die Europäische Union reisen zu können, ohne ständig Geld wechseln zu müssen – das ist für uns selbstverständlich geworden. Seit dem 1. Januar 2002 zahlen wir in vielen Länden der EU mit Euromünzen und -scheinen und der Euro hat unser aller Leben maßgeblich verändert. Die gemeinsame Währung der europäischen Länder ist das wohl ehrgeizigste politische Projekt, das es in Europa jemals gegeben hat. Doch seit 2010 wackelt der Euro, steht zeitweise sogar kurz vor dem Aus.

Die gesamte Eurozone – die Länder, in denen der Euro die Währung ist – drohte durch die sogenannte Eurokrise auseinanderzubrechen. Nur mit Milliardenhilfen der reicheren Euroländer, der Europäischen Zentralbank und des Internationalen Währungsfonds gelang es, den Euro zu retten. Auslöser der Eurokrise war Griechenland, ein Land, das bis heute praktisch pleite ist. Griechenland trennten nur Millimeter vom Austritt aus der Währungsunion. Doch weil man in diesem Fall einen Dominoeffekt und ein Auseinanderbrechen der Eurozone fürchtet, wird das Land bis heute von den anderen Euroländern künstlich am Leben erhalten und gestützt. Es gilt, den politischen Traum von der Eurozone zu retten, koste es, was es wolle! In den reicheren Euroländern macht das viele Menschen bis heute wütend. Sie sehen nicht ein, dass sie für die Schulden der Griechen mit ihren Steuern zahlen sollen!

Das Unglaublichste an der ganzen Geschichte:

Heute weiß man, dass die Eurozone von Anfang an mit Volldampf ins Unglück raste. Denn um die Kriterien für einen Beitritt zu erfüllen, hatte Griechenland falsche Zahlen vorgelegt und betrogen. Es hätte demnach niemals Teil der Eurozone werden dürfen. Kein anderes Wirtschaftsthema hat die Nachrichten in den vergangenen Jahren so sehr beschäftigt wie die Eurokrise. Griechenlandkrise, Schuldenschnitt, Rettungsschirm, Schuldenbremse, Staatsanleihen, Troika – all das sind Begriffe, die in der Eurokrise ständig benutzt wurden und die durchaus Erklärungsbedarf haben.

Genau wie die Eurokrise es ist, ist auch dieses Kapitel in zwei Teile geteilt. Zum einen gibt es da den Zeitraum von 2010 bis heute. Es ist der Zeitraum der Symptome und es ist der Zeitraum, in dem die Öffentlichkeit etwas von der Eurokrise mitbekommt. 2010 drohte Griechenland erstmals die Pleite. Seitdem bekämpfen die Euroländer die Symptome der Krise. Ihr Ziel ist es, den Euro zu retten. Die Ursachen für die hohe Verschuldung Griechenlands reichen weit zurück in die Zeit vor 2010. Der Leidensweg der Eurozone begann schon Jahre vor der offiziellen Einführung des Euro. Damals wurden Fehler begangen, die später zum Ausbrechen der Krise führten. Diesem Teil der Geschichte widmen wir uns später und werfen einen Blick in die Vergangenheit. Jetzt springen wir aber erst mal mitten hinein ins Geschehen.

Anfang 2010. Der griechische Ministerpräsident Giorgos Papandreou, der das Amt erst kurz zuvor übernommen hatte, realisierte, dass Griechenland seine Schulden nicht mehr bezahlen konnte und kurz vor der Pleite stand. Das Land hatte damals etwa 350 Milliarden Euro Schulden. Das entsprach knapp 180 Prozent des jährlichen Bruttoinlandsproduktes. Die Schulden waren also 1,8 Mal so hoch wie der Wert aller Güter und Dienstleistungen, die in einem Jahr in Griechenland produziert wurden. Papandreou konnte die fälligen Zinsen nicht mehr zahlen, Banken oder andere Investoren wollten ihm kein Geld mehr leihen, um die Schulden zu bedienen. Also verkündete er die Horrornachricht: Griechenland drohte die Zahlungsunfähigkeit und damit die Pleite. Ein Schreckensszenario. Niemand wusste, was passieren würde, wenn ein Eurostaat pleiteginge. Stürzte dann der Euro ab? Würden Investoren und Banken das Vertrauen in die gesamte Eurozone verlieren? Bräche das gesamte Wirtschaftssystem in der Eurozone zusammen? Niemand wusste es. Griechenland richtete einen verzweifelten Hilferuf an die anderen Länder der EU, den Internationalen Währungsfonds (IWF) und die europäische Zentralbank (EZB).

Es kam zu mehreren Krisentreffen und alle Möglichkeiten wurden durchgespielt. Möglichkeit Nummer eins: Man würde Griechenland einfach pleitegehen lassen. Doch die Mitglieder befürchteten, dass bei diesem Szenario das Vertrauen in die gesamte Eurozone zerstört würde. Vielleicht verlöre der Euro durch die Insolvenz Griechenlands massiv an Wert. Eine Pleite Griechenlands könnte auch vielen Banken Probleme bescheren. Die hatten Griechenland über Jahre hinweg viel Geld geliehen – bekamen sie dieses nicht zurück, so die Befürchtung, könnten die Banken in eine Krise rutschen und mit ihnen die gesamte Eurozone. Die Option »Griechenlandinsolvenz« war also schnell wieder vom Tisch. Länger stand dagegen die zweite Möglichkeit im Raum: Das Land sollte aus der Eurozone raus und die alte Währung wieder einführen. Der Austritt erschien vielen als logische Konsequenz. Man trennt sich vom Sorgenkind und rettet damit die Stabilität der restlichen Eurozone. Doch schnell wurden Zweifel laut. Ein Euro-Aus für Griechenland könnte einen Dominoeffekt auslösen. Verließe ein Land die Eurozone, würden vielleicht noch mehr Länder, denen es nicht gut ging, diesem Beispiel folgen. So würde sich die Währungsunion nach und nach auflösen, der politische Traum wäre ausgeträumt und das

Vertrauen in den Euro dahin. So einigte man sich schlussendlich auf Möglichkeit Nummer drei: IWF und die reichen Länder der Eurozone legten Geld zusammen, um Griechenland finanziell zu unterstützen. Auch die EZB beteiligte sich durch den Ankauf von griechischen Staatsanleihen an der Rettungsaktion. Für viele war diese Rettungsaktion ein Tabubruch. Denn eigentlich hatte man die EU-Verträge immer so interpretiert, dass EU-Mitgliedsstaaten nicht für die Schulden anderer Mitgliedsstaaten einstehen mussten. Doch im Angesicht der Eurokrise erschien genau das als die einzig vertretbare Möglichkeit. Das war der Beginn der Schuldenunion. Auch die EZB beteiligte sich durch den Ankauf von griechischen Staatsanleihen an der Rettungsaktion.

Innerhalb von Wochen schnürten die wirtschaftlich stärkeren Euroländer und der Internationale Währungsfonds das erste Hilfspaket. Griechenland erhielt zunächst etwa 73 Milliarden Euro Hilfszahlungen, um zahlungsfähig zu bleiben. Doch es galt, ein noch größeres Problem zu lösen: Griechische Staatsanleihen verloren rasant an Wert. Eine Staatsanleihe ist eine Art Wertpapier, das der Staat ausgibt, um sich Geld zu leihen. Wer also eine Staatsanleihe kauft, leiht einem Land Geld und bekommt seinen Rückzahlungsanspruch inklusive Zinsen in einer Staatsanleihe verbrieft. Wenn Sie Deutschland hundert Euro leihen, bekommen Sie dafür eine deutsche Staatsanleihe. Die legt dann beispielsweise fest, dass Sie in zwanzig Jahren die geliehenen hundert Euro und einen Euro Zinsen zurückbekommen. Wer eine griechische Staatsanleihe kauft, leiht dem griechischen Staat Geld und bekommt dafür Zinsen und hoffentlich irgendwann sein Geld zurück. Doch angesichts einer drohenden Pleite wollte damals niemand mehr Griechenland Geld leihen und wer dem Land bereits Geld geliehen hatte und Staatsanleihen besaß, wollte diese möglichst schnell loswerden und verkaufen. Denn das Besondere an Staatsanleihen: Man kann sie weiterverkaufen und frei am Markt handeln. Viele machten genau das damals! Sie fürchteten, dass sie ihr verliehenes Geld sowieso nie von Griechenland zurückbekommen würden, und wollten ihre Staatsanleihen deshalb lieber für einen geringeren Betrag verkaufen, um überhaupt noch etwas dafür zu bekommen. Die Nachfrage nach griechischen Staatsanleihen war also gleich null, das Angebot hingegen riesig! Der Wert der Staatsanleihen stürzte ins Bodenlose. Griechenland musste extrem hohe Risikoaufschläge, also Zinsen, auf Staatsanleihen bezahlen, um sich überhaupt noch Geld leihen zu können. Der Kurseinbruch der griechischen Staatsanleihen zog zwei Probleme nach sich: Zum einen konnte sich das Land so kein neues Geld mehr leihen, um sich eigenständig zu refinanzieren, und zum anderen drohten die Banken in die Krise zu rutschen. Denn viele Banken besaßen große Mengen griechischer Staatsanleihen und als die plötzlich nichts mehr wert waren, drohte den Banken ein riesiger Verlust. Deshalb entschied sich die Europäische Zentralbank damals zu einem umstrittenen Schritt. Vereinfacht gesagt kaufte die EZB damals griechische Staatsanleihen zu ihrem ursprünglichen Wert, um einen weiteren Wertverlust und Zinsanstieg der Staatsanleihen am Markt zu verhindern. Auf diese Weise sollten sowohl Griechenland als auch die betroffenen Banken gerettet werden. Dieser Schritt war deshalb so umstritten, weil die EZB dadurch massiv in den Staatsanleihenmarkt eingriff und den griechischen Staat indirekt finanzierte – eigentlich ist eine Staatsfinanzierung durch die EZB strikt verboten. Die gesamte Rettungsaktion wurde von den Euroländern, dem IWF und der EZB in enger Zusammenarbeit geplant und durchgeführt. Dieser Zusammenschluss wird Troika genannt, weil Euroländer, EZB und IWF ein Dreiergespann sind, welches die Eurorettung vorantreibt und anführt. Troika ist die Bezeichnung für ein zugkräftiges Pferde-Dreiergespann. Genauso sollen EZB, IWF und die Euroländer Griechenland aus der Krise ziehen.

Doch das erste Hilfspaket reichte nicht aus. Griechenland brauchte immer wieder Geld.

Damit die Euroländer nicht mehr von Fall zu Fall entscheiden mussten, ob sie Griechenland helfen wollten, wurde der sogenannte Euro-Rettungsschirm ins Leben gerufen. Hochoffiziell hieß der zunächst EFSM und wurde später durch den ESM (Europäischer Stabilitätsmechanismus) ersetzt. Die Idee war einfach: Der Euro-Rettungsschirm koordiniert die Hilfsmaßnahmen für alle Euroländer, die in Zahlungsschwierigkeiten geraten. Stärkere Mitglieder der Währungsunion stellen dem Euro-Rettungsschirm Mittel zur Verfügung, die dann an hilfsbedürftige Länder wie Griechenland weitergegeben werden.

Der Rettungsschirm stellte Griechenland im Jahr 2012 noch ein zweites und im Jahr 2015 ein drittes Hilfspaket zur Verfügung. Insgesamt hat Griechenland etwa 250 Milliarden Euro Hilfszahlungen erhalten. Doch auch das reichte nicht aus. Der Schuldenberg Griechenlands war so riesig, dass immer wieder Forderungen nach einem Schuldenschnitt laut wurden. Und 2012 war es dann so weit. Banken und Versicherungen verzichteten auf hundert Milliarden Euro, die Griechenland ihnen eigentlich schuldete. Ganz freiwillig taten sie das allerdings nicht. Die Politik übte massiven Druck auf Banken und Versicherungen aus, weil diese Griechenland lange Zeit großzügig weiter Kredite gegeben hatten, obwohl sie hätten wissen müssen, dass das Land fast pleite war.

Ohne Gegenleistung erhielt Griechenland diese Hilfen nicht. Zum einen ist klar: Irgendwann muss Griechenland das ganze Geld zurückzahlen. Ob das jemals passieren wird, ist allerdings völlig ungewiss und höchst zweifelhaft. Doch mit der Rückzahlung ist es längst nicht getan. Schon bei den ersten Hilfszahlungen zwang die Troika Griechenland zu radikalen Sparmaßnahmen und Reformen. Das Land kürzte die Renten durchschnittlich um 45 Prozent, erhöhte die Steuern und das Renteneintrittsalter und entließ Hunderttausende Staatsbedienstete. Die Sparmaßnahmen trafen besonders den ärmeren Teil der Bevölkerung in Griechenland hart. Die Schlangen vor Armenküchen wurden immer länger und in Athen entstanden ganze Armenviertel. Mit der Zeit wuchs der Widerstand gegen die Sparmaßnahmen in Griechenland und es kam zu Demonstrationen und Ausschreitungen. Die Demonstranten versuchten sogar, das griechische Parlament zu stürmen. Die Kritik wurde immer lauter: Sparen alleine werde Griechenland nicht retten! Man könne das Land nicht kaputtsparen, sondern müsse auch etwas für den Wiederaufbau tun.

Um ohne Hilfen überleben zu können, ist Griechenland auf eine funktionierende Wirtschaft und Wachstum angewiesen. Zahlreiche Strukturreformen sollen die Wirtschaft wieder ankurbeln. So wurde zum Beispiel die Firmengründung erleichtert oder der Zugang zu bestimmten Berufen wie Apotheker oder Taxifahrer vereinfacht. Der Bankensektor, Arbeits- und Strommarkt wurden neu organisiert – trotzdem bleibt das Wachstum in Griechenland bisher aus. Außer dem Tourismus und der Schifffahrt ist in Griechenland heute eigentlich keine Branche international oder wenigstens europaweit wettbewerbsfähig. Die Eurokrise bleibt für die Menschen in Griechenland eine Zerreißprobe. Bleibt das Wachstum aus, gibt es für die Bevölkerung keine Perspektive, gleichzeitig muss sie aber radikale Sparmaßnahmen und Kürzungen hinnehmen. Heute noch leiden viele Menschen unter der Situation und regelmäßig kommt es zu Demonstrationen. Immer mehr Menschen in Griechenland wollen den harten Sparkurs nicht mehr mitmachen. Aber die Regierung hat keine andere Wahl. Immer wieder setzt sie sich mit den Gläubigern an den Verhandlungstisch, um zu erreichen, dass Griechenland weitere Schulden erlassen oder zumindest die Sparmaßnahmen gelockert werden – doch bisher lehnen die Euroländer das weitestgehend ab. Ohne erneute finanzielle Hilfe wird das Land so wohl kaum zahlungsfähig bleiben und auf eigenen Beinen stehen können. Es scheint nur eine Frage der Zeit zu sein, bis Griechenland das nächste Hilfspaket braucht – das dritte davon läuft übrigens im Jahr 2018 aus.

Man kann festhalten: Die Troika hat es zwar geschafft, die Kuh erst mal vom Eis zu holen, denn vorerst ist die Eurokrise unter Kontrolle, doch eine langfristige und nachhaltige Lösung des Problems steht bis heute noch aus.

Widmen wir uns nun der Vorgeschichte: Wie konnte es überhaupt so weit kommen? Der deutsche Finanzminister Wolfgang Schäuble sagte dazu in einem Interview: »Die Entscheidung, ob Griechenland der Eurozone beitreten darf oder nicht, war von vornherein umstritten. Wie wir später erfahren haben, wären die Voraussetzungen für einen Beitritt Griechenlands aufgrund der realen statistischen Daten eigentlich nicht gegeben gewesen. Griechenland hätte nie Mitglied der Eurozone werden dürfen.« Um es mal ganz einfach und klar auf den Punkt zu bringen: Griechenland hat betrogen, um Mitglied der Eurozone zu werden. Schon zu der Zeit, als über einen möglichen Eurobeitritt Griechenlands verhandelt wurde, hat das Land seine Zahlen geschönt und sich selbst und allen anderen etwas vorgemacht. Mit Buchhaltungstricks hatte Griechenland die Staatsverschuldung über Jahre hinweg klein gerechnet. Aber warum haben die europäischen Behörden die griechischen Daten damals nicht besser kontrolliert? Die Antwort: Weil sie es nicht durften! Die europäischen Behörden mussten sich komplett auf die Richtigkeit der Daten verlassen und die waren, wie wir heute wissen, massiv geschönt. Und so führte Griechenland im Jahr 2002 den Euro ein. Anstatt wenigstens jetzt etwas zu ändern, machte das Land einfach weiter wie bisher. Eine vernünftige und nachhaltige Haushaltspolitik existierte einfach nicht. Das Land gab pro Einwohner mehr Geld für das Militär aus als jedes andere in der Europäischen Union. Der Staat beschäftigte unfassbar viele Beamte, die teilweise nur einmal im Monat zur Arbeit erschienen, und selbst die Behörden wussten nicht so genau, wofür sie eigentlich eingestellt worden waren. Im Jahr 2004 richtete Griechenland die Olympischen Sommerspiele aus, das kostete den Staat viele Milliarden Euro. Gleichzeitig schrumpfte die griechische Wirtschaft immer weiter. Die Einführung des Euro verschlimmerte die Situation für Griechenland dann sogar noch. Vor dem Euro hatte der Wechselkurs die griechische Drachme geschwächt – das Land konnte seine Waren günstig im Ausland verkaufen. Durch die Einführung des Euro fiel dieser Wechselkursmechanismus weg, die Preise für griechische Produkte im Ausland stiegen und waren nicht mehr wettbewerbsfähig. Viele griechische Firmen konnten ihre Waren nicht mehr verkaufen und gingen daraufhin pleite. Außerdem galt das Land lange als Paradies für Steuerhinterzieher. Im Grunde musste man seinen Wohnsitz in Griechenland nur auf eine Jacht verlegen, ein Gewerbe als Reeder anmelden und schon war man die leidigen Steuern los. Doch anstatt Reformen durchzusetzen, die Wirtschaft zu stärken, Beamte zu entlassen oder das Steuersystem zu erneuern, verschuldete sich Griechenland immer weiter und hielt das System jahrelang mit Krediten am Leben. Die so entstandenen Schulden zahlte der Staat durch die Aufnahme weiterer Kredite. Mit dem Euro wurde es für Griechenland sogar noch einfacher, sich zu verschulden, denn die meisten Geldgeber dachten: Wenn Griechenland seine Schulden nicht mehr bezahlen kann, werden schon die anderen Euroländer einspringen – und damit behielten sie am Ende ja auch recht. Von 2002 bis 2010 verdoppelte sich die griechische Staatsverschuldung nahezu. Und wieder fragt man sich: Warum haben die anderen Euroländer Griechenland nicht gestoppt und etwas unternommen? Anstatt einzugreifen, schauten sie zu, oder treffender: Sie schauten weg, obwohl sie bei der Einführung des Euro eigentlich klare Regeln aufgestellt hatten. So gibt es Obergrenzen für die jährliche Neuverschuldung, die von allen Euroländern eingehalten werden müssen. Doch an die hält sich kaum jemand. Im Gegenteil: Als Deutschland und Frankreich die Obergrenze überschritten, wurde diese einfach kurzfristig nach oben korrigiert. Da war man plötzlich in einer schlechten Ausgangslage, um Griechenland wegen der hohen Verschuldung Vorwürfe zu machen.

In Griechenland gingen schließlich immer mehr Firmen pleite, viele Menschen verloren ihren Job und die Wirtschaft geriet ins Stocken. Nachdem die Banken Griechenland und griechische Firmen jahrelang mit billigem Geld versorgt hatten, wurden sie plötzlich skeptisch und erhöhten die Zinsen. Die sowieso schon schwächelnden griechischen Firmen und der völlig überschuldete griechische Staat konnten sich das nicht mehr leisten. Die Frage nach der »Schuldentragfähigkeit« Griechenlands wurde immer lauter. Kann Griechenland seine Schulden wirklich tragen? Die Zinsen bedienen? Die Kredite überhaupt jemals zurückzahlen? Investoren zweifelten zunehmend daran, dass Griechenland seine Schulden würde begleichen können, und die Zinsen stiegen weiter. Für den Staat wurde es immer teurer, sich neues Geld zu leihen. Schließlich fuhr das System 2010 vor die Wand, Griechenland konnte sich nicht mehr refinanzieren und musste um Hilfe bitten.

Für viele ist das wohl Bitterste an der Eurokrise, dass sie zu verhindern gewesen wäre. Hätte man Griechenlands Verschuldung vor dem Beitritt genauer begutachtet, hätte man zwischen 2002 und 2010 genauer hingesehen oder hätte Griechenland selbst irgendwann die Notbremse gezogen, hätte die Katastrophe womöglich verhindert werden können. Viele Ökonomen und Experten hatten bereits lange vor 2010 vor der drohenden Katastrophe gewarnt.

Griechenland stand allerdings nicht alleine da. Auch andere Euroländer rutschten damals in die Krise. Spanien, Irland, Portugal und Italien kämpften mit ihrer zu hohen Staatsverschuldung. Immerhin haben die Mitglieder der Währungsunion Lehren aus der Krise gezogen: Die Schuldenbremse wurde eingeführt und die Euroländer bemühen sich, ihre Neuverschuldung besser zu kontrollieren.

Werfen wir zum Schluss noch einen Blick in die Zukunft. Wie geht es weiter in Griechenland? Das Land steht noch immer vor einem gewaltigen Schuldenberg. Es ist wahrscheinlich, dass es auf weitere Hilfspakete angewiesen sein wird, um diese Schulden zu begleichen. Das wohl größte Problem: Noch immer gibt es in Griechenland kein nachhaltiges Wirtschaftswachstum, und ohne das wird das Land den Teufelskreis nicht durchbrechen können – noch immer kann der Staat die bestehenden Schulden nur durch die Aufnahme neuer Schulden bezahlen. Der griechische Ministerpräsident Alexis Tsipras argumentierte, dass es unmöglich sei, unter so einer großen Schuldenlast einen wirtschaftlichen Wiederaufbau in Griechenland zu stemmen. Auch viele Ökonomen sind mittlerweile der Meinung, dass die von der Troika verordneten Sparauflagen für Griechenland so hart sind, dass Wirtschaftswachstum kaum möglich ist. Die Lösung wäre, dass Griechenland ein großer Teil der Schulden erlassen würde oder eine Lockerung der Sparauflagen. So könnte Griechenland wirtschaftlich schneller wieder auf die Beine kommen und die übrigen Schulden aus eigener Kraft zurückzahlen. Die Europartner lehnen das bisher ab. Wohl auch, weil sie nicht wissen, wie sie es der Bevölkerung im eigenen Land erklären sollen, dass Griechenland ständig Geldgeschenke bekommt, während für die Wähler und Steuerzahler im eigenen Land oft Geld fehlt. Eine Lösung für dieses Problem gibt es bisher noch nicht. Nur über eines können Sie sich sicher sein: Dass Sie von dem Thema Griechenland- und Eurokrise noch häufiger in den Nachrichten hören werden.

DER BREXIT

In einer Volksabstimmung hat die Mehrheit der Briten dafür gestimmt, dass Großbritannien aus der Europäischen Union austreten soll. Das liegt daran, dass viele Briten der EU schon lange kritisch gegenüberstehen. Keiner weiß, welche Folgen dieser Austritt haben wird.

Der Brexit spaltet die Briten. Für die einen ist er die längst überfällige Befreiung von der EU. Für die anderen bedeutet er eine ungewisse Zukunft. Das Wort »Brexit« setzt sich zusammen aus den Wörtern »Britannien« und »Exit«. Brexit bedeutet also, dass die Briten einen Ausstieg (Exit) aus der Europäischen Union suchen. Sollte alles nach Plan laufen, wird es zu diesem Austritt aus der EU am 29. März 2019 kommen. Von diesem Tag an wird Großbritannien nicht mehr Mitglied der Europäischen Union sein – 46 Jahre und drei Monate, nachdem das Land in die Union eingetreten ist. Was danach passiert? Das weiß keiner so genau. Kritiker entwerfen Schreckensszenarien von chaotischen Zuständen an den Grenzen, Lebensmittelengpässen auf der Insel und Tausenden abwandernden Bankern. Die anderen sind froh, die EU dann endlich los zu sein. Sie koste Großbritannien nur Geld und bedeute unnütze Vorschriften und Überfremdung. Warum keiner weiß, was passieren wird? Nun, der Brexit ist der erste Ausstieg aus der EU. Kein anderes Land hat es bisher gewagt auszutreten. Sollte es ein Happy End für die Briten geben, könnte der Brexit Schule machen und auch andere Staaten zu einem Austritt verleiten. Dann würde die EU zerfallen, ein Staatenbündnis, das maßgeblich für den lange anhaltenden Frieden in Europa verantwortlich ist. Der Brexit könnte sich für Großbritannien zu einem riesigen Problem mit großen finanziellen Schwierigkeiten auswachsen.

Um den Brexit zu verstehen, lohnt sich ein Blick in die Europa-Geschichte Großbritanniens. Das Land war nicht von Anfang an im europäischen Staatenbündnis dabei. Vor der EU gründete sich 1957 die Europäische Wirtschaftsgemeinschaft (EWG) mit den sechs Mitgliedsländern Deutschland, Belgien, Frankreich, Italien, Luxemburg und den Niederlanden. Dabei ging es erst mal nur darum, gemeinsam Handel zu betreiben. 1973 trat auch Großbritannien der EWG bei. Erst später gab es dann die EU in ihrer jetzigen Form. Von Anfang an bestand Großbritannien auf einer Extrawurst, wenn es um die EU ging. Schon seit den Achtzigerjahren zahlt Großbritannien weniger Beitragsgelder an die EU, denn die damalige britische Premierministerin Margaret Thatcher handelte den sogenannten Britenrabatt aus. Dieser wurde zwar irgendwann reduziert, er gilt aber bis heute, obwohl Großbritannien mittlerweile der zweitreichste EU-Staat nach Deutschland ist. Und das war nur die erste Extrawurst, denn Großbritannien ist nie der Währungsunion beigetreten und hat stattdessen das britische Pfund als Zahlungsmittel behalten. Das war die zweite Extrawurst. Hier nun die dritte: Großbritannien ist nie dem Schengener Abkommen beigetreten, das Reisen ohne Grenzkontrollen ermöglicht. So muss man, wenn man nach Großbritannien einreist, weiterhin seinen Pass zeigen. Auch was die gemeinsamen EU-Rechte betrifft, genießt das Vereinigte Königreich ein Sonderrecht. Es darf bei jedem Gesetzesakt entscheiden, ob es sich daran beteiligt oder nicht. Eigentlich war Großbritannien deshalb schon immer nur halb in der EU. Kritisch formuliert könnte man sagen, dass die Briten sich die Rosinen aus dem Kuchen gepickt haben. Denn die Vorteile, die ihnen die EU bietet, nutzen die Briten sehr gerne, zum Beispiel den freien Handel.

Aber warum stehen die Briten der EU trotz all dieser Ausnahmen und Freiheiten so kritisch gegenüber? Vielleicht liegt es daran, dass sie sich dem Kontinent, wie sie das europäische Festland nennen, nicht besonders verbunden fühlen. Denn bei ihnen läuft ja einiges anders als im Rest Europas. Sie fahren auf der linken Straßenseite, füllen Bier in Pints statt in Litern ab, wiegen Gewicht in Pfund und messen Entfernungen lieber in Fuß als in Metern.

Auch die Geschichte Großbritanniens spiegelt diese

Sonderstellung in Europa wider. Das britische Empire war die größte Kolonialmacht der Welt und beherrschte im Jahr 1921 ein Viertel der Landfläche der Erde. Das ist auch der Grund, warum Englisch zu einer Weltsprache wurde. Wegen dieser Geschichte zählen viele Briten eher die Länder des Commonwealth zu ihren engen Partnern – die ehemaligen Kolonien des Vereinigten Königreichs –, wie zum Beispiel Neuseeland und Kanada. Und da Großbritannien eine große Weltmacht war, glauben viele Briten, die EU nicht zu brauchen. Sie sind der Ansicht, dass es Großbritannien früher besser ging.

EU-Kritiker hatten es in Großbritannien deshalb schon immer leicht, sich Gehör zu verschaffen. Schon seit Großbritanniens Beitritt zur EWG gibt es Forderungen, wieder auszutreten. In den Neunzigerjahren wurden diese Forderungen lauter. Das lag hauptsächlich an einer rechtspopulistischen Partei, die sich 1993 gründete. Das Hauptziel der UK Independence Party »UKIP« war der Austritt des Vereinigten Königreichs aus der EU. Bei den Europawahlen schafft sie es seit 1999, in jeder Wahlperiode mit Abgeordneten ins Parlament einzuziehen. Im Jahr 2014 konnte sie sogar mehr als ein Viertel der Wählerstimmen für sich gewinnen, und damit erhöhte sich auch der Druck auf die britischen Politiker, die offensichtliche EU-Skepsis der Bürger ernster zu nehmen.

Als die UKIP im Jahr 2015 ins britische Unterhaus, also das Parlament der Briten, einzog, wurde der Druck auf die Regierung so stark, dass sie eine Volksabstimmung über den Verbleib Großbritanniens in der EU ankündigte. Allerdings glaubten die meisten in der Regierung damals nicht im Traum daran, dass es zum Brexit kommen würde. Sie dachten, dass eine breite Masse gegen den Brexit stimmen würde und dass damit das Thema endlich vom Tisch sei.

UKIP spielte von Anfang an, wie alle rechtspopulistischen Parteien, mit den Ängsten der Bürger. Viele Briten aus ärmeren Landesteilen fühlten sich abgehängt und suchten dafür einen Schuldigen. Obwohl in den vergangenen Jahren im Vergleich mit anderen Ländern, wie zum Beispiel Deutschland, nur wenige Flüchtlinge nach Großbritannien gekommen waren, sorgten sich Teile der Bevölkerung, dass es doch zu viele werden könnten.

Und nicht nur die sogenannte Flüchtlingskrise befeuerte die Debatte um die Zuwanderung. Seit 2004 kann jeder EU-Bürger seinen Wohn- und Arbeitsplatz in den Mitgliedsstaaten frei wählen und obwohl Großbritannien kein Mitglied im Schengener Abkommen ist, gilt diese Regelung auch dort. Dadurch kommen seit 2004 viele Polen, Bulgaren und Rumänen ins Land. Die UKIP und die Brexit-Befürworter argumentierten: Bleibt Großbritannien in der EU, kommen immer mehr Einwanderer aus den anderen EU-Staaten ins Land.

Die Brexit-Kampagne nutzte die Stimmung im Land und versprach den Bürgern eine neue Souveränität: »Wir übernehmen wieder die Kontrolle über unsere Grenzen.«

Dagegen schafften es die EU-Befürworter nicht, die guten Seiten der Mitgliedschaft an die Wähler zu vermitteln. Sie fanden nur wenige Argumente für die EU, stattdessen argumentierten sie nur gegen den Brexit und warnten vor den wirtschaftlichen Nachteilen, die ein Austritt aus der EU für Großbritannien bedeuten würde.

Das allein reichte nicht aus. Am 23. Juni 2016 stimmten knapp 52 Prozent der Briten für den Austritt aus der EU. Die Wahlbeteiligung war hoch und lag bei 72 Prozent. Als am nächsten Morgen das Ergebnis feststand, konnten es viele kaum glauben.

»Was für ein Tag!«, postete zum Beispiel das Auswärtige Amt auf Facebook. »Wir gehen jetzt jedenfalls in einen irischen Pub und betrinken uns. Ab morgen arbeiten wir dann wieder für ein besseres Europa. Versprochen!«

Vor allem junge Internetnutzer reagierten geschockt auf das Ergebnis. »Statistisch sind schon 950 der Brexit-Befürworter gestorben«, schrieb ein Nutzer auf Twitter. Ein anderer meinte: »Juchuhhh. Wir sind alle bald tot und es ist die nächste Generation, die leiden wird. Habt einen tollen Tag. :)«

Damit spielten die Jungen darauf an, dass mit zunehmendem Alter die Briten eher für den Austritt aus der EU gestimmt hatten. Allerdings zeigten die Zahlen auch, dass verhältnismäßig weniger junge Menschen ihre Stimme abgegeben hatten als alte. Das spielte den Brexit-Befürwortern in die Hände. Laut einigen Meinungsforschern haben viele Alte für den Brexit gestimmt, weil sie ihr Großbritannien aus der guten alten Zeit zurückhaben wollen, in der ihnen die Welt überschaubarer erschien. Für die Jüngeren hingegen sind die Globalisierung und das zusammenwachsende Europa völlig selbstverständlich, sie können sich ein Leben mit Grenzen nicht mehr vorstellen.

Neben dem gegensätzlichen Verhalten dieser Wählergruppen stellten die Experten auch einen Unterschied zwischen den Ergebnissen der Stadt- und der Landbevölkerung fest. In London, einer Stadt, in der viele junge, gebildete Menschen mit guten Jobs bei internationalen Unternehmen arbeiten, stimmten die meisten für einen Verbleib in der EU. In den ländlichen Regionen Englands mit kleinen Städten stimmten die Mehrheit der Wähler hingegen für den Brexit. Ein Grund dafür war laut den Meinungsforschern, dass seit der EU-Osterweiterung Einwanderer aus EU-Ländern wie Polen oder Bulgarien als billige Arbeitskräfte auf dem Land arbeiten. In Interviews mit Menschen aus diesen Landesteilen gaben diese an, die Arbeiter nähmen ihnen die Jobs weg. Arbeitgeber hielten dagegen, sie fänden keine Briten, die diese einfachen, häufig schweren körperlichen Arbeiten ausführen wollten. Auch zwischen eher armen und reichen Wählern wurde ein Unterschied im Abstimmungsverhalten offenbar: Während es den Menschen rund um London und um die Universitätsstadt Cambridge gut geht – sie stimmten gegen den Brexit –, votierten viele Menschen in Regionen mit hoher Arbeitslosigkeit und geringem Einkommen für den Brexit. Die Meinungsforscher erklärten das damit, dass Höherqualifizierte eher offen dafür seien, die Vorteile einer globalisierten Welt für sich zu nutzen und dadurch die Vorteile der EU sähen. Arbeiter, die in ihrem Berufsumfeld kaum mit der EU zu tun hätten, sähen in der Mitgliedschaft eher bürokratische Hindernisse, die die Eigenständigkeit ihres Landes einschränken.

Was aber passiert nach dem Brexit? Diese Frage stellten sich einige Briten zu spät. Bei Google erreichte die Frage »Was passiert, wenn wir die EU verlassen?« laut der Auswertung des Suchportals einen Anstieg um 250 Prozent – allerdings erst am Abend nach der Wahl. Eine eindeutige Antwort werden die Briten darauf nicht gefunden haben, da es keine Vorbilder für dieses Szenario gibt.

Am 29. März 2017 hat Premierministerin Theresa May den Austrittsantrag bei der EU eingereicht. Jetzt wird zwei Jahre lang verhandelt werden, und am 29. März 2019 soll Großbritannien die EU verlassen. Das Verfahren zieht sich so lange hin, weil Großbritannien und die EU über die Ausgestaltung des Austritts verhandeln müssen. Zum einen darüber, wie dieser vonstattengehen soll, und zum anderen darüber, wie sich das Verhältnis der EU und Großbritannien danach gestalten soll. Insgesamt gibt es 21 000 EU-Regeln und Gesetze, die besprochen werden müssen. Sollte es bei dem jetzigen Zeitplan bleiben, müssten etwa 40 bis 50 Gesetze pro Tag diskutiert werden. Großbritannien wird es in den Verhandlungen darum gehen, weiterhin möglichst gute Handelsbeziehungen zur EU zu unterhalten und ein Freihandelsabkommen auszuhandeln. Die EU dagegen wird versuchen, den Briten den Austritt und die Bedingungen für die Zeit danach so schwer wie möglich zu machen, um andere Länder abzuschrecken, es Großbritannien gleichzutun. Nicht-EU-Staaten sollen niemals die gleichen Rechte und Vorzüge genießen wie EU-Staaten, da sie nicht die gleichen Pflichten erfüllen. Schon jetzt sieht es so aus, als könnte der Brexit für die Briten extrem teuer werden. Viele Unternehmen, zum

Beispiel Banken, drohen, ihre Standorte in andere Länder zu verlegen. Außerdem fordert die EU Ausgleichszahlungen für gemeinsam eingegangene EU-Verpflichtungen aus der Vergangenheit. Diese müssten von den Briten anteilig bezahlt werden. Des Weiteren soll Großbritannien für die Pensionen von EU-Beamten aufkommen. EU-Diplomaten und Experten gehen von bis zu sechzig Milliarden Euro aus, die der Brexit das Land kosten könnte. Zudem besteht die Möglichkeit, dass Großbritannien bald ein kleineres Königreich sein wird. Denn die Schotten, die mehrheitlich für einen Verbleib in der EU gestimmt haben, wollen in einem Referendum über ihre Unabhängigkeit entscheiden. Sollte Schottland ein eigenständiger Staat werden, könnte er der EU wieder beitreten.

Auch für die EU hat der Austritt Großbritanniens negative Folgen. Das Land ist einer der wirtschaftlich stärksten Mitgliedsstaaten und genießt in der Weltpolitik hohes Ansehen. Die EU wird ohne die Briten also eine schwächere EU sein. Und sollte der Brexit immer mehr Nachahmer finden, stünde die EU vor dem Aus.

DIE ZINSPOLITIK DER EZB

Die Europäische Zentralbank legt den Leitzins fest, zu dem sich Banken bei der EZB Geld leihen können. Dieser ist seit Jahren sehr niedrig, was dazu führt, dass sich Sparen kaum noch lohnt, dafür sind Kredite sehr günstig. Die EZB begründet die niedrige Zinspolitik damit, dass sie die Wirtschaft in den Eurostaaten ankurbeln wolle.

Vielleicht denken Sie sich gerade: »Oh Gott, Zinspolitik, das klingt ja unfassbar langweilig. Wirtschaftsthemen sind so dröge und schwer zu verstehen.« Stimmt ehrlich gesagt. Bei der Recherche zu diesem Kapitel mussten wir feststellen, dass es extrem wenige Zeitungsartikel zu diesem Thema gibt, die für Laien verständlich sind. In den Fernseh- und Radionachrichten kommen Wirtschaftsthemen ebenfalls eher selten vor, sieht man mal von den regelmäßigen Live-Schalten zur Frankfurter Börse ab. Und so kommt es sicher auch, dass es nur wenige Wirtschaftsthemen in dieses Buch geschafft haben.

Das liegt daran, dass Wirtschaftsthemen schwer zugänglich sind, auch für viele Journalisten. Die Zusammenhänge sind häufig sehr komplex und in den meist nur etwa fünfzehn Minuten langen Fernsehnachrichten oder den höchstens drei Minuten langen Radionachrichten kaum zu erklären. Da die Wirtschaft aber oft genauso großen Einfluss auf das Leben der Menschen nimmt wie die Politik, ist es sehr schade, dass diese Themen stiefmütterlich behandelt werden. Auch die Zinspolitik der Europäischen Zentralbank zählt zu diesen wichtigen Themen. Denn diese wirkt sich direkt auf die Menschen aus, die im Euroraum, also den Ländern, in denen mit dem Euro bezahlt wird, leben.

Die aktuelle Zinspolitik führt dazu, dass wir kaum noch Zinsen auf unser erspartes Geld bekommen. Wenn Sie vor etwa 25 Jahren 1000 Euro auf ein Sparkonto mit acht Prozent Zinsen einzahlten, wären Sie nach einem Jahr im Besitz von 1080 Euro gewesen, nach zehn Jahren sogar schon im Besitz von 2159 Euro. Sie hätten ihr Geld mehr als verdoppelt. Wenn Sie heute 1000 Euro auf ein Sparkonto legen, bekommen Sie so gut wie gar keine Zinsen mehr. Wenn Sie Pech haben, bekommen Sie dank einer Kontoführungsgebühr sogar noch weniger als die 1000 Euro raus. Da kommt Freude auf. Geld auf der Bank zu sparen, lohnt sich also im Moment überhaupt nicht. Aber nicht nur wir erhalten wenig Zinsen auf unser Erspartes, auch Lebens- und Rentenversicherungen leiden unter dem

Niedrigzins und dadurch wiederum wir Bürger. Denn wir müssen damit rechnen, dass wir sehr viel weniger Geld aus unseren Lebens- und Rentenversicherungen ausbezahlt bekommen als angenommen. Ein positiver Effekt der niedrigen Zinsen ist, dass wir sehr günstig einen Kredit aufnehmen können. Daher wollen viele Leute im Moment eine Wohnung oder ein Haus kaufen, weil das dank der niedrigen Zinsen gerade wesentlich günstiger ist. Diese positive Entwicklung hat aber auch eine negative Seite. Vor allem in den großen Städten und Ballungsräumen gibt es mehr Menschen, die eine Immobilie kaufen wollen, als angeboten werden. Dadurch steigen die Immobilienpreise und der Zinsvorteil ist wieder dahin. Wie all das mit der Zinspolitik der EZB verwoben ist, erklären wir in diesem Kapitel.

Die Europäische Zentralbank sitzt in Frankfurt und trifft von dort alle Entscheidungen, die mit der Geldpolitik in der Europäischen Union zu tun haben. Sie überwacht, wie es den großen europäischen Banken geht, um zu verhindern, dass es erneut zu einer Bankenkrise kommt. Außerdem ist sie dafür verantwortlich, wie viel Geld in Umlauf ist. Ihr Hauptziel ist es, die Preise im Euroraum stabil zu halten. Die EZB achtet also darauf, dass man für ein Brot, das heute zwei Euro kostet, morgen nicht schon hundert Euro ausgeben muss. Das würde im Falle einer Inflation passieren, wenn das Geld plötzlich nichts mehr wert ist. Außerdem möchte die EZB vermeiden, dass das Brot plötzlich nur noch zehn Cent kostet. Das würde im Falle einer Deflation passieren. Die EZB will, dass die Preise jährlich um etwas unter zwei Prozent steigen. Bleiben wir bei unserem Brot, soll das also im nächsten Jahr im besten Fall etwa 2,04 Euro kosten, dann wäre die EZB zufrieden.

Warum freut sich die EZB aber nur über genau zwei Prozent und nicht über viel mehr oder weniger? Fallen die Preise, kann das dazu führen, dass die Menschen kaum noch etwas sofort kaufen, sondern abwarten. Ein Beispiel: Sie planen, eine neue Küche zu kaufen, gehen aber davon aus, dass sie im nächsten Jahr günstiger sein wird. Also warten Sie noch mit dem Kauf. Und so machen es auch alle anderen, die sich eine Küche zulegen wollen. Der Küchenbauer hat keinerlei Aufträge mehr. Wenn dann gleich in mehreren Branchen die Preise sinken und die Menschen deshalb nichts mehr kaufen, sondern abwarten, gehen viele Firmen pleite. Die Wirtschaft gerät ins Stocken und bricht am Ende zusammen. Wirtschaftswissenschaftler sind sich einig, dass so ein System von sinkenden Preisen nicht funktionieren kann. Stattdessen braucht es also Wachstum, allerdings nur in Maßen! Denn wenn die Preise zu schnell steigen, geht das Prinzip auch nicht auf. Wenn Sie wissen, dass morgen alles teurer wird, dann gehen Sie wahrscheinlich schnell noch einkaufen. Solche Hamsterkäufe tätigen dann natürlich viele Leute, und das führt wiederum zu einer sehr hohen Nachfrage nach den Produkten. Die Hersteller und auch die Läden wittern einen fetten Gewinn und setzen die Preise schnell noch höher an. Irgendwann kann sich dann niemand mehr irgendetwas leisten, das Wirtschaftssystem bricht zusammen. Diese beiden extremen Szenarien sind unwahrscheinlich, verdeutlichen aber, worum es geht.

Laut Wirtschaftswissenschaftlern bleibt ein Wirtschaftssystem langfristig stabil, wenn es eine niedrige Preissteigerung gibt. Deshalb ist das Wunschszenario der EZB, dass die Preise pro Jahr um knapp zwei Prozent steigen.

Jetzt ist das Dilemma aber das Folgende: Die Finanzkrise im Jahr 2008 hat der Wirtschaft in der Eurozone einen heftigen Dämpfer verpasst. Angefangen hatte sie eigentlich in den USA, aber innerhalb von nur wenigen Monaten waren auch europäische Banken betroffen, einige Investmentbanken mussten sogar dichtmachen. Es kam zu Kurseinbrüchen an der Börse und vielen Banken fehlte es schlicht an Geld, um ihre Schulden zu begleichen. Daraufhin trauten sich die Banken untereinander nicht mehr über den Weg und liehen den anderen kein Geld mehr. Das Bankensystem drohte völlig zusammenzubrechen. Viele Banken, auch in Deutschland, mussten vom Staat mit Milliardenkrediten gerettet werden. Der Konsum ging weltweit stark zurück, denn in unsicheren Zeiten wollen die Menschen keine großen Anschaffungen mehr tätigen. Vor allem in den USA wurden kaum noch Autos und andere Konsumgüter gekauft. Das hatte auch Auswirkungen auf die deutsche Wirtschaft, die sehr viel in die USA verkauft. Besonders hart traf es die Automobilindustrie und den Maschinenbau. Da die Angst bei den Firmen groß war, nichts mehr zu verkaufen, sanken die Preise zunächst.

Doch nach und nach erholte sich die Wirtschaft wieder, bis es 2010 die nächste Krise gab, die als Eurokrise bekannt wurde. Vielen europäischen Staaten ging es durch die vorangegangene Finanzkrise schlecht. Durch die Rettung ihrer Banken hatten sich einige überschuldet. Bekanntestes

Opfer der Eurokrise ist Griechenland, das kurz vor der Pleite stand und von den anderen EU-Ländern gerettet werden musste. Dass es den Staaten schlecht ging, wirkte sich natürlich auch auf die Bürger aus, die ihren Job verloren oder darum fürchten mussten, ihn zu verlieren. Und das wirkte wiederum zurück auf die Wirtschaft, die Preise stiegen kaum noch und fielen sogar eine kurze Zeit lang.

Die EZB sah sich gezwungen einzugreifen, um die Preise stabil zu halten. Und jetzt kommen wir endlich zurück zum Leitzins. Denn dieser ist ein Werkzeug, mit dem die EZB Einfluss auf die Wirtschaft und damit auf die Preise ausübt. Die EZB senkte den Leitzins von 4,25 Prozent im Krisenjahr 2008 über die Jahre immer weiter, bis er 2016 bei 0,0 Prozent angekommen war.

Aber wie kurbelt die EZB durch die Senkung des Leitzinses die Wirtschaft wieder an?

Erst mal eine kurze Erklärung, was Zinsen überhaupt sind: Wenn man sich Geld leiht, dann muss man dafür eine Leihgebühr zahlen, das sind die Zinsen, über die sich der Geldgeber mehrere Dinge vergüten lässt – erstens den Aufwand, den es für ihn mit sich bringt, das Geld überhaupt zu verleihen. Zweitens lässt er sich dafür bezahlen, dass er das Geld in der Zeit, in der er es verleiht, selbst nicht investieren kann. Und drittens lässt er sich für das Risiko bezahlen, das er eingeht, indem er das Geld verleiht, ohne die absolute Sicherheit zu haben, dass er es jemals wiedersieht. Sich Geld zu leihen, kostet also Geld, und diese Kosten werden Zinsen genannt.

Der Leitzins ist wiederum der Zinssatz, für den sich Banken bei der Europäischen Zentralbank Geld leihen können. Ist der Leitzins hoch, ist es für die Bank teurer, sich Geld zu leihen. Diese Kosten gibt die Bank an ihre Kunden weiter. Ist der Leitzins hingegen niedrig, dann sind es auch die Zinsen, die der Kunde der Bank für einen Kredit zahlen muss. Die Idee der EZB ist also folgende: Die Bank kann sich günstig Geld bei der EZB leihen und so auch selbst günstige Kredite an ihre Kunden vergeben, zum Beispiel an Unternehmen. In den Nachrichten ist deshalb oft von der Politik des billigen Geldes die Rede. Für die Unternehmen kostet ein Kredit also wenig, dadurch lohnen sich Investitionen. Wenn sich eine Firma zum Beispiel zu einem äußerst niedrigen Zinssatz Geld leihen kann, um eine neue Fabrik zu bauen, dann lohnt sie sich für die Firma schneller. Denn wenn sie dank dieser neuen Fabrik viel mehr Produkte herstellen kann, holt sie die Investition schnell wieder rein, da sie keine hohen Kosten für die Zinsen hat. Mit der Fabrik kann die Firma mehr Umsatz machen. Wenn dann noch mehr Firmen Kredite aufnehmen, um das Geld zu investieren, geht es der Wirtschaft bald besser. Die Firmen können mehr Menschen einstellen und höhere Löhne zahlen. Dadurch können sich die Menschen mehr kaufen, und davon profitieren wiederum andere Firmen, die mehr Ware verkaufen können. Wegen der hohen Nachfrage nach den Produkten können die Firmen langsam die Preise anheben. Die EZB hätte ihr Ziel erreicht.

Es gibt noch einen weiteren Effekt eines niedrigen Leitzinses. Denn der beeinflusst auch die Zinsen, die wir für das Geld auf unserem Sparkonto bekommen. Wenn dieser

Zinssatz niedrig ist, lohnt es sich für die Sparer kaum mehr, Geld anzulegen. Die EZB hofft, dass die Menschen das Geld dann lieber ausgeben, anstatt es für wenig bis keine Zinsen auf dem Sparkonto liegen zu lassen. Und wer Geld ausgibt, der sorgt dafür, dass es der Wirtschaft besser geht und die Preise steigen.

Aber funktioniert das alles auch so, wie die EZB sich das vorstellt?

Viele Kritiker sind nicht davon überzeugt. Denn obwohl die EZB den Leitzins seit Jahren senkt, sind die Preise im Euroraum noch nicht signifikant angestiegen. Laut den Kritikern liegt das daran, dass viele Unternehmen die günstigen Kredite gar nicht nutzen. Man kann sie ja nicht zwingen, Kredite aufzunehmen, nur weil diese gerade günstig zu haben sind. Gleichzeitig werden die Sparer extrem bestraft. Fürs Alter vorzusorgen ist schwer möglich, denn ohne Zinsen lohnt es sich nicht, sein Geld zur Bank zu bringen. Auch viele Renten- und Lebensversicherer haben Probleme, ihre Zusagen einzuhalten. Wenn Sie vor Jahrzehnten eine Lebensversicherung abgeschlossen haben, wird Ihnen im Alter vielleicht deutlich weniger ausgezahlt, als Sie dachten. Denn auch die Versicherer bekommen viel weniger Zinsen auf das Kapital, als sie noch vor Jahren angenommen hatten.

Ein anderes Problem, das die Kritiker sehen, ist eine drohende Immobilienblase. Viele Privatpersonen haben wegen der niedrigen Zinsen Kredite aufgenommen, ohne die Folgen zu überdenken. Sollten die Zinsen nach einigen Jahren wieder ansteigen, können viele Menschen sich den Kredit womöglich gar nicht mehr leisten. Wer zum

Beispiel ein Haus gekauft hat und den niedrigen Zinssatz nur für zehn Jahre garantiert hatte, muss den Kredit in den darauffolgenden Jahren dann mit einem deutlich höheren Zinssatz abbezahlen. Das können pro Monat mehrere Hundert Euro mehr bedeuten. Wer sich das dann nicht mehr leisten kann, muss seine Immobilie verkaufen. Diese hatte aber wahrscheinlich einen sehr hohen Preis, denn weil so viele Menschen in den vergangenen Jahren eine Immobilie kaufen wollten, sind die Preise extrem in die Höhe geschossen. Sollten in einigen Jahren tatsächlich die Zinsen wieder steigen, werden viele Leute ihre damals teuer gekaufte Immobilie also verkaufen müssen. Dann werden diese Immobilien den Markt überschwemmen und die Preise dementsprechend fallen. Der Häuslebauer könnte also doppelt bestraft werden. Er verlöre nicht nur sein Haus, sondern bekäme womöglich auch noch deutlich weniger Geld dafür, als er ausgegeben hat.

Ein anderer Kritikpunkt wird vor allem in Deutschland angeführt. Die EZB beurteilt die Wirtschaft im gesamten Euroraum, und der geht es insgesamt schlecht, der deutschen Wirtschaft geht es im Vergleich aber sehr gut. Auch die Preise sind hier Anfang 2017 wieder stärker gestiegen, im gesamten Euroraum aber nicht. Trotzdem trifft die Zinspolitik der EZB auch die deutschen Anleger. Kritiker entwerfen daher ein regelrechtes Horrorszenario, in dem die Menschen in Deutschland keine Zinsen auf ihr Erspartes erhalten, die Preise aber weiter steigen. Das heißt, dass die Menschen im Endeffekt immer weniger Geld zur Verfügung haben. Die Bevölkerung in Deutschland zahlt also in den Augen der Kritiker für die schwache Wirtschaft in den anderen Euroländern. Diese Kritik an der EZB führt auch dazu, dass rechtspopulistische und eurokritische Parteien in der EU immer stärkeren Zulauf verzeichnen, wie die AfD in Deutschland oder der Front National in Frankreich.

Die Zinspolitik der EZB hat also extreme Auswirkungen auf jeden von uns, nicht nur in finanzieller Hinsicht, sondern auch in politischer.

Falls Sie sich jetzt fragen, wann die Zinsen wieder steigen, dann lautet die Antwort: Der Leitzins steigt dann, wenn die Preise im Euroraum wieder steigen. Wann das sein wird, weiß aber leider niemand.

DAS FREIHANDELS-ABKOMMEN TTIP

Seit 2013 verhandeln die USA und die Europäische Union über das Freihandelsabkommen TTIP, welches den Handel zwischen den beiden Wirtschaftsmächten vereinfachen soll. Befürworter des Abkommens hoffen, dass TTIP für Wachstum, Wohlstand und neue Arbeitsplätze sorgen wird. TTIP-Gegner kritisieren hingegen, dass das Abkommen undemokratisch sei, Arbeitsplätze bedrohe, wichtige Standards gefährde und nur den Unternehmen nütze.

Das Freihandelsabkommen TTIP – anders als bei manch anderen Nachrichtenthemen ist hier sofort klar, worum es geht: offensichtlich um ein Abkommen, das freien Handel ermöglicht. Aber wer möchte hier mit wem handeln? TTIP steht für »Transatlantic Trade and Investment Partnership« oder zu Deutsch: »Transatlantisches Freihandelsabkommen«. Ganz offensichtlich ist es also ein Abkommen zwischen den großen Wirtschaftsmächten auf beiden Seiten des Atlantiks. Damit können wir nun auflösen: Das Freihandelsabkommen TTIP soll freien Handel zwischen den Vereinigten Staaten von Amerika und der Europäischen Union ermöglichen. Politik und Wirtschaft erhoffen sich von dem Abkommen Wohlstand und Wachstum für alle. Der Handel ohne Einschränkungen soll die Wirtschaft in den USA und in der Europäischen Union ankurbeln, neue Arbeitsplätze schaffen und überhaupt generell alles irgendwie besser machen. So weit alles wunderbar! Dann hätten wir den Begriff ja jetzt ausreichend erklärt und können das Thema abhaken. Oder etwa nicht? Tja, leider nicht, denn es gibt da ein Problem: Nicht alle sehen TTIP so positiv wie die Politik und die Wirtschaft. Seit Jahren regt sich Widerstand gegen das Freihandelsabkommen. Kritiker fürchten, dass TTIP Jobs und Sozialstandards gefährdet, dass Klonfleisch in die EU kommt, dass Lebensmittelsicherheit, Daten- und Umweltschutz nicht mehr gewährleistet sind und dass die Löhne sinken! Aus Sicht der Kritiker nützt TTIP nur den großen, mächtigen Firmen und schadet den Bürgern. »TTIP sofort stoppen«, lautet deshalb die Forderung der Kritiker. Das hat übrigens der neu gewählte Präsident der USA, Donald Trump, schon getan. Tja, das war es dann wohl, Nachrichtenthema ein für alle Mal beendet. Ich muss Sie wieder enttäuschen, denn einmal mehr stecken wir mitten im typischen Nachrichtendilemma. So einfach wie die Sache zunächst erscheint, ist sie nämlich nicht. Was steckt hinter dem Freihandelsabkommen TTIP? Stürzen wir uns in die Suche nach Antworten.

Die breite Öffentlichkeit erfuhr von TTIP im Februar 2013. Der damalige US-Präsident Barack Obama kündigte in einer Rede den Beginn der Verhandlungen mit der Europäischen Union über TTIP an. Einen Tag später berichtete auch der damalige Präsident der EU-Kommission José Manuel Barroso von den Plänen. Zwischen diesen beiden Parteien sollte das Freihandelsabkommen auch verhandelt werden: zwischen der US-Regierung auf der einen und der EU-Kommission auf der anderen Seite. Um das zu ermöglichen, hatten alle 28 Mitgliedsstaaten der EU der EU-Kommission ein Verhandlungsmandat für TTIP eingeräumt. Das ist eine Art Vollmacht, die es der EU-Kommission erlaubt, im Namen aller EU-Mitglieder mit den USA zu verhandeln. Im Juli 2013 ging es los. Die erste Verhandlungsrunde fand in Washington statt, die folgende in Brüssel und so weiter, man wechselte sich ab. Das TTIP-Abkommen sollte nicht weniger als die größte Freihandelszone der Welt begründen! Die beiden großen Wirtschaftsmächte USA und EU sollten wirtschaftlich vereint werden. Und das sollte die Beziehungen der Partner festigen und für Wachstum und Wohlstand sorgen.

Kaum angekündigt, geriet TTIP auch schon unter Beschuss. Noch bevor die Verhandlungen überhaupt begonnen hatten, formierten sich TTIP-Gegner, und über die Jahre manifestierte sich ihr Widerstand in großen Demonstrationen gegen das Freihandelsabkommen. In

Deutschland fanden diese meist unter dem Motto »TTIP STOPPEN« statt. Es kam zu einer regelrechten Protestwelle. Die Menschen ärgerten sich über die Politiker und die Verhandlungen. Das ging schon damit los, dass der Inhalt der Verhandlungsvollmachten zunächst vor der Öffentlichkeit geheim gehalten wurde. Warum? Durften die Bürger etwa nicht erfahren, mit welchem Ziel die EU-Kommission verhandelte? Sollte ein solch wichtiges Abkommen nicht transparent und demokratisch verhandelt werden? Erst nachdem das Dokument geleakt worden war, entschied man sich, das Verhandlungsmandat doch noch zu veröffentlichen. Für die Kritiker erfolgte dieser Schritt zu spät. Die Verhandlungen zu TTIP hatten kaum begonnen, da war das Vertrauen in das Freihandelsabkommen bereits erschüttert. Dieses Misstrauen und der Eindruck der Bürger, dass es sich um eine ominöse Geheimniskrämerei handelte, war den gesamten Verhandlungszeitraum über präsent und die Politiker konnten beides nicht ausräumen.

Warum wollen die USA und die EU überhaupt ein Freihandelsabkommen? Was soll TTIP bringen? Natürlich kann man auch heute schon Waren und Dienstleistungen von der EU in die USA verkaufen und umgekehrt. Doch es gibt viele Regeln und Vorschriften, die diesen transatlantischen Handel beschränken und behindern. Denn jedes Land erhebt spezielle Zölle und Steuern, die beachtet werden müssen. Die Länder können zum Beispiel heimische Produkte schützen, indem sie auf dieselben Produkte aus dem Ausland hohe Zölle fordern. Dadurch werden die ausländischen Produkte teurer und unattraktiver. Die USA erheben zum Beispiel einen Zollsatz von 25 Prozent auf Lastwagen aus der EU, um die heimische Lkw-Produktion zu schützen. Zum anderen gibt es in jedem Land unterschiedliche Vorschriften, Gesetze und Normen. Nehmen wir mal Ventile für Wasserrohre als Beispiel: In der EU müssen diese mit vier großen Schrauben befestigt werden, in den USA sind acht kleine Schrauben Vorschrift. Wenn nun also ein deutscher Ventilhersteller seine Produkte in den USA und in der EU verkaufen möchte, muss er zwei unterschiedliche Produkte entwerfen und produzieren. In multinationalen Unternehmen beschäftigen sich ganze Abteilungen einzig und allein mit der Frage, wie man Produkte an den jeweiligen Markt anpassen kann – ein wahnsinnig umständliches Prozedere. Mit TTIP sollen möglichst alle Beschränkungen wegfallen sowie Regeln und Vorschriften angeglichen werden, damit ein möglichst freier und problemloser Handel zwischen den USA und der Europäischen Union möglich wird. Für unser Beispiel bedeutet das ganz konkret: Durch TTIP würde in der EU und in den USA in Zukunft der gleiche Standard für Ventilanschlüsse gelten: entweder vier große oder acht kleine Schrauben. So müssten Hersteller Produkte nur noch einmal entwerfen und könnten sich das mühsame Anpassen an die unterschiedlichen Vorschriften sparen. Zölle soll es mit TTIP möglichst gar nicht mehr geben, denn die Befürworter des Freihandelsabkommens glauben, dass ein unbeschränkter Handel zu Wachstum auf beiden Seiten und dadurch auch zu mehr Wohlstand führen wird.

Freihandelsabkommen sind Teil der liberalen Wirtschaftstheorie und bei Weitem nichts Neues! Es gibt schon einige Abkommen, die mit TTIP vergleichbar sind. Die Europäische Union ist beispielsweise eine große Freihandelszone. Dann ist da noch das Freihandelsabkommen NAFTA zwischen den USA, Kanada und Mexiko und das Abkommen zwischen China und den führenden Ländern des südostasiatischen Staatenbundes ASEAN. Natürlich sind das längst nicht alle Freihandelsabkommen dieser Welt, doch wir wollen es dabei belassen. Nicht ganz vergessen darf man, dass das Freihandelsabkommen nicht nur eine wirtschaftliche, sondern auch eine politische Dimension hat. Es soll allen Ländern auf der ganzen Welt zeigen, dass die Europäische Union und die Vereinigten Staaten von Amerika feste Partner und enge Verbündete sind.

TTIP-Kritiker sehen das anders. Sie weisen darauf hin, dass Freihandel nicht nur Gewinner, sondern auch Verlierer hervorbringt. Offene und damit auch größere Märkte bedeuten mehr Konkurrenz. So müsste in Zukunft jede europäische Firma mit jeder US-amerikanischen Firma konkurrieren. Der Schutz der heimischen Wirtschaftszweige durch Zölle, Steuern oder spezielle Vorschriften fiele damit weg und das könnte Firmen in die Pleite treiben und Arbeitsplätze bedrohen. Die stehen im Zentrum der Debatte um das Freihandelsabkommen. Denn durch einen offenen Markt wächst der Konkurrenzdruck auf Arbeitnehmer. Gibt es in den USA jemanden, der den gleichen Job für weniger Geld machen würde, könnten große Firmen die Arbeitsplätze dorthin auslagern. Diese Konkurrenz würde die Gehälter drücken! In den USA sind beispielsweise die Sozialstandards und dadurch auch die Lohnnebenkosten in bestimmten Branchen niedriger als in Deutschland. Wenn es durch TTIP viel einfacher möglich wird, Niederlassungen in den USA zu eröffnen, könnten Firmen bestimmte Arbeitsplätze in die USA verlegen, wenn sie dadurch niedrigere Personalkosten haben könnten – oder umgekehrt. Um zu verhindern, dass Arbeitsplätze abwandern, müsste die EU die Sozialstandards senken, um hier die Preise zu drücken. Eine solche Bedrohung für soziale Standards und Arbeiternehmerschutz ist besonders in Deutschland ein großes Thema. Kritiker befürchten, dass die bei uns relativ hohen Standards durch eine Angleichung an die zum Teil deutlich schlechteren US-Standards verwässert werden könnten. Die Angleichung von Standards ist eine der größten Sorgen der TTIP-Kritiker. Das prominenteste Beispiel hierfür ist wohl das Chlorhühnchen. In den USA ist es üblich, Geflügelfleisch in einem Chlorbad zu desinfizieren. Nach deutschen Lebensmittel- und Gesundheitsvorschriften ist das unvorstellbar. Durch TTIP könnten solche Chlorhühnchen aber in deutschen Supermärkten landen. Neben den Lebensmittelstandards werden auch die abweichenden Datenschutzstandards heftig diskutiert. Spätestens seit der NSA-Affäre weiß man in Europa, dass die USA den Datenschutz nicht so ernst nehmen. Große Unternehmen wie Facebook oder Amazon versuchen, möglichst viele Daten von ihren Nutzern zu sammeln. Durch TTIP würden auch Datenschutzstandards angeglichen. Die Kritiker befürchten, dass die EU ihre Bürger dann nicht mehr vor dem Datenzugriff der US-amerikanischen Technikfirmen schützen kann.

Ein weiterer Streitpunkt sind die sogenannten Schiedsgerichte. Diese Gerichte sollen sicherstellen, dass das Freihandelsabkommen auch wirklich durchgesetzt und eingehalten wird. Um zu verdeutlichen, warum das grundsätzlich wichtig ist, nehmen wir mal an, dass die USA und die EU tatsächlich das Freihandelsabkommen beschließen. Kurze Zeit darauf führt Deutschland aber eine bestimmte Regel ein, die US-amerikanische Firmen benachteiligt. Das wäre ein Verstoß gegen das Freihandelsabkommen. Die US-amerikanischen Firmen hätten dann mit den Schiedsgerichten eine Handhabe, um sich gegen die verbotene Regel zu wehren. Denn wenn nach Unterzeichnung doch jeder Staat wieder sein eigenes Süppchen kochen würde, wäre das gesamte Freihandelsabkommen für die Katz. Deshalb soll es bei TTIP Schiedsgremien geben. Bei einem solchen Schiedsgericht können ausländische Investoren, die sich benachteiligt fühlen, den jeweiligen Staat verklagen, der ihrer Meinung nach gegen TTIP verstößt. Entschieden werden diese Fälle dann nicht von nationalen, sondern von internationalen Richtern. Kritiker fragen: Wie und von wem werden diese Richter ernannt? Wie transparent sind die Prozesse? Kann man sicherstellen, dass sie wirklich unabhängig sind? All diese Einwände konnten noch nicht abschließend geklärt werden. Die Schiedsgerichte sind ein so großer Streitpunkt, weil es in den Verfahren um sehr viel Geld gehen kann, und genauso wie man verhindern muss, dass einzelne Staaten das Abkommen brechen, muss man auch verhindern, dass Firmen bei jeder Kleinigkeit einen Staat auf Schadensersatz verklagen. Keine einfache Aufgabe. TTIP-Gegner sehen in den Schiedsgerichten eine Entmachtung der nationalen Parlamente und Justiz, dazu stärke das Freihandelsabkommen die Macht und den Einfluss multinationaler Unternehmen, während Demokratie und Gemeinwohl geschwächt würden.

Ach ja, und dann ist da noch das Problem mit der Geheimniskrämerei. Die TTIP-Verhandlungen wurden weitgehend unter Ausschluss der Öffentlichkeit geführt. Von den konkreten Inhalten der Verhandlung gelangte nur wenig an die Öffentlichkeit. Selbst deutsche Politiker hatten nur sehr eingeschränkt die Möglichkeit, Texte des Abkommens einzusehen. Parlamentarier dürfen die Tausende Seiten umfassenden juristischen Texte nur in speziellen Leseräumen ohne Unterstützung eines Experten lesen – und es ist ihnen nicht gestattet, die Öffentlichkeit über den Inhalt der Dokumente zu informieren. Erst wenn das TTIP-Abkommen ausgehandelt ist, soll der Text allen Politikern und der Öffentlichkeit vorgelegt werden. Dann müssten ausnahmslos alle 28 EU-Staaten dem Vertrag zustimmen, damit er in Kraft tritt. Es wird also kein geheimes oder unbekanntes Dokument unter Ausschluss der Öffentlichkeit unterschrieben werden. Trotzdem finden Kritiker es fragwürdig, dass nicht bereits die Verhandlungen transparent sind. Ihr Argument: Wären die Verhandlungen öffentlicher, könnten bestimmte Zweifel oder Sorgen bereits in den Verhandlungen berücksichtigt werden. Sie kritisieren, dass den Politikern ein bereits zu Ende verhandeltes Abkommen zur Abstimmung vorgelegt werden soll, nach dem Motto: Friss oder stirb. Anders als die Politiker in den nationalen Parlamenten haben viele Unternehmen und Lobbyisten Zugang zu den Verhandlungen und die Möglichkeit, an den Gesetzesentwürfen mitzuarbeiten. TTIP-Gegner kritisieren, dass Unternehmen deshalb mehr Einfluss auf das Abkommen hätten als die Parlamente. Für sie ist auch das ein Zeichen für eine Untergrabung der Demokratie. TTIP-Befürworter können diese Kritik nicht nachvollziehen. Schließlich haben die 28 EU-Staaten der EU-Kommission Mandate zur Verhandlung erteilt und sind deshalb zu Recht erst mal aus den Verhandlungen raus. Die EU-Kommission soll die Verhandlung im besten Interesse der EU-Staaten führen und wird dabei von einer sechzehnköpfigen Beratergruppe mit Vertretern aus Gewerkschaften, Industrie, Verbraucherschutz und Gesundheit unterstützt. Befürworter argumentieren, dass es ein riesiges Chaos gäbe, wenn sich die Parlamente der 28 EU-Staaten in jede Verhandlungsrunde einmischen würden. Auch die Vorwürfe, dass Lobbyisten Einfluss auf die Verhandlungen nähmen, weisen sie zurück: Was sei so schlimm daran, wenn Vertreter der Industrie versuchten, ihre Interessen bei einem so wichtigen Handelsabkommen durchzusetzen? Schließlich gehe es bei dem Abkommen nun mal um Industrie und Wirtschaft. Außerdem argumentieren TTIP-Befürworter, dass das Freihandelsabkommen zuletzt noch von allen einzelnen EU-Staaten und damit von gewählten Politikern beschlossen werden müsse. Es bestehe durchaus die Möglichkeit, das Abkommen abzulehnen, wenn etwas daran nicht gefallen sollte – und diese Aussicht wirke natürlich auf die Verhandlungen zurück! Tatsächlich müssen EU-Kommission und US-Regierung bereits bei den Verhandlungen bedenken, dass das Abkommen später noch beschlossen werden muss, und sie werden deshalb versuchen, Inhalte zu vermeiden, die einen Beschluss verhindern könnten.

Wer hat nun also recht? TTIP-Gegner oder TTIP-Befürworter? Diese Frage lässt sich nicht so einfach beantworten. Auch Wissenschaftler sind sich uneins. Manche Ökonomen haben ausgerechnet, dass TTIP schadet, andere haben gezeigt, dass es gar nichts verändern wird, und wieder andere behaupten, dass TTIP tatsächlich das versprochene Wachstum bringen wird. Die Wahrheit liegt wohl irgendwo dazwischen. Das Freihandelsabkommen ist weder grundsätzlich gut noch grundsätzlich schlecht. Wären Freihandelszonen grundsätzlich etwas Schlechtes und Schädliches, hätten ja auch heute bereits die Standards innerhalb der Europäischen Union katastrophale Auswirkungen. Schließlich ist der europäische Markt nichts anderes als ein seit Jahrzehnten laufendes Freihandelsprojekt und kaum jemand wird ernsthaft der Meinung sein, Deutschland profitiere nicht davon. Und viele der Standards, die TTIP-Gegner jetzt vor dem Freihandelsabkommen mit den USA beschützen wollen, sind erst in der EU-Freihandelszone entstanden. Mit einer pauschalen Zustimmung oder Ablehnung kommt man also nicht weiter. Die tatsächlichen Folgen von TTIP werden davon abhängen, wie das Abkommen konkret ausgestaltet wird. Deshalb ist es wichtig und gut, dass es kritische Stimmen gibt, die das Verfahren und die Inhalte hinterfragen. Denn selbst wenn sie das Freihandelsabkommen nicht verhindern können, sorgen kritische Fragen dafür, dass bestimmte Standards in dem Abkommen geschützt werden und die Öffentlichkeit für die möglichen Probleme und Schwächen des Abkommens sensibilisiert wird. Der größte Fehler bei den TTIP-Verhandlungen war wohl, dass man früh das Vertrauen der Bürger in das Abkommen verloren hat. Hätte man die Öffentlichkeit von vornherein in die Abläufe einbezogen und mehr erklärt, hätte man vielleicht weniger über die Frage gestritten, ob TTIP nun gestoppt werden muss oder nicht, sondern mehr darüber, wie TTIP konkret aussehen soll.

Aber am Ende war der ganze Streit sowieso erst mal umsonst. Die Verhandlungen zu TTIP sollten eigentlich 2016 abgeschlossen werden, doch es kam zu Verzögerungen. Jetzt ist Donald Trump neuer Präsident der Vereinigten Staaten von Amerika. Und der hält gar nichts von – Zitat – »diesem lächerlichen Freihandelsabkommen«. Die TTIP-Verhandlungen zwischen den USA und der Europäischen Union wurden deshalb gestoppt. Solange Donald Trump im Weißen Haus sitzt, hat das Transatlantische Freihandelsabkommen sich erst mal erledigt. Trump will stattdessen Abkommen mit einzelnen EU-Staaten schließen, die für Amerika keinerlei Nachteile haben dürfen. Die Länder der Europäischen Union lehnen das bisher ab – entweder TTIP oder gar nichts.

EDWARD SNOWDEN UND DER NSA-SKANDAL

Edward Snowden, ein ehemaliger Mitarbeiter des Geheimdienstes NSA, enthüllte 2013 die Spionagepraktiken seines Arbeitgebers und ist seitdem der wohl berühmteste Whistleblower der Welt. Durch Snowdens Enthüllungen kam ans Licht, dass die USA Millionen unschuldiger Menschen überwachen. Auf der ganzen Welt sorgte der NSA-Skandal für Diskussionen und politischen Streit darüber, was Geheimdienste dürfen und was nicht.

Aimee Schneider hat gerade das Abitur in der Tasche und reist in die USA, um Verwandte zu besuchen. Doch nach der Landung halten US-Behörden sie stundenlang am Flughafen fest und verhören die junge Frau. Sie beteuert ihre

Unschuld, nur um am Ende doch in das nächste Flugzeug zurück nach Deutschland gesetzt zu werden. Was war passiert? Aimee hatte vor der Abreise mit ihren Verwandten gechattet. Es kam zur Sprache, dass sie während des Aufenthalts ab und an auf die Kinder aufpassen solle. US-amerikanische Geheimdienste hatten diese Facebook-Chats mitgelesen und sie verdächtigt, in den USA illegal als Au-Pair-Mädchen arbeiten zu wollen. Ob das stimmt oder nicht, werden wir wohl nie herausfinden, und deshalb wollen wir uns an dieser Stelle auch nicht weiter mit dieser Frage beschäftigen. Viel wichtiger ist Folgendes: Das Beispiel zeigt, dass alles, was wir bei Facebook, WhatsApp oder per E-Mail schreiben, selbst unsere Telefonate jederzeit und ohne jeden Verdachtsfall von Geheimdiensten überwacht werden kann. Und zwar nicht nur, wenn Sie ein Schwerverbrecher, Staatsgefährder oder Terroristenfreund sind, sondern auch, wenn sie einfach nur ein junges Mädchen sind. Es kann jeden jederzeit treffen. Dass wir heute davon wissen, verdanken wir Whistleblower Edward Snowden. Er sprach öffentlich darüber, in welch erschreckendem Ausmaß die USA durch den Geheimdienst NSA Menschen auf der ganzen Welt überwachen. Mit seinen Enthüllungen löste Snowden die wohl größte Spionageaffäre der Geschichte aus, die in den Nachrichten kurz und knapp als »NSA-Skandal« oder »Snowden-Affäre« bezeichnet wird. Was genau steckt dahinter?

Beginnen wir mit den Fakten: NSA, das steht für »National Security Agency«, und wie der Name schon sagt, ist es Aufgabe der NSA, das Land zu beschützen. Die NSA ist der mit 40000 Mitarbeitern mächtigste Geheimdienst der Welt. Die NSA ist Teil der »Five Eyes«, kooperiert also mit den Geheimdiensten befreundeter Länder, das sind Australien, Großbritannien, Kanada und Neuseeland. Aber auch der deutsche Geheimdienst BND arbeitet mit der NSA zusammen.

Der NSA-Skandal kam am 20. Mai 2013 ins Rollen. Der damals 29-jährige Edward Snowden stieg in ein Flugzeug, das ihn von Hawaii nach Hongkong brachte. In seinem Gepäck führte Snowden Millionen gestohlener Dokumente mit, die belegen, in welchem Ausmaß die USA die ganze Welt überwachen und ausspionieren. Snowden arbeitete als Systemadministrator für die NSA und hatte deshalb Zugang zu den geheimen Dokumenten. Er wusste schon damals, dass es ein One-Way-Flug sein würde, dass er seine Heimat, die USA, als Geheimnisverräter wohl nie wieder würde betreten können, ohne sofort im Gefängnis zu landen. Er ließ seine Freundin und seine Familie zurück. Nach der Landung in Hongkong fuhr Snowden in ein Hotel, wo er sich mit Journalisten traf. Die wussten nicht, was sie erwartete, bis Snowden auspackte. Er erzählte ihnen, dass er es nicht mehr mit seinem Gewissen vereinbaren könne, für ein System zu arbeiten, das die Kommunikation eines jeden Menschen zu jedem Zeitpunkt kontrollieren könne – unabhängig von einem Verdachtsmoment. Er erzählte von einem übermächtigen Überwachungssystem, welches das Leben eines jeden Menschen gläsern machen könne. Man könne jederzeit alles überwachen, was ein Mensch tut, und auch Jahre später zurückverfolgen, was ein Mensch in seiner Vergangenheit alles getan hat. Am 6. Juni berichtete daraufhin der Journalist Glenn Greenwald erstmals in der britischen Tageszeitung *The Guardian* von einem geheimen Dokument, welches belege, dass die NSA Millionen Telefonverbindungsdaten von Amerikanern speichere. Die Meldung verbreitete sich schnell und schlug hohe Wellen. Nur einen Tag später, am 7. Juni, ging es in der Berichterstattung zum ersten Mal um ein Programm namens »PRISM«, das es der NSA ermögliche, die digitale Kommunikation von Menschen auf der ganzen Welt zu überwachen, teilweise sogar live. Es überrascht kaum, dass diese Meldung für noch größere Aufregung sorgte. Woher die Informationen stammten, blieb zunächst im Dunkeln. In Washington begann die Suche nach der Quelle. Es hieß, man müsse die Person, die diese streng geheimen Informationen veröffentlicht habe, ausfindig machen und bestrafen. Doch Washington musste nicht lange suchen. Am 9. Juni entschied sich Edward Snowden freiwillig, seine Identität preiszugeben. Das FBI erwirkte umgehend eine Strafanzeige gegen ihn. Der Vorwurf lautete Spionage. Was nun folgte, war spannender als so mancher Thriller. Zunächst fühlte Snowden sich noch sicher in seinem Hotel in Hongkong, fürchtete dann aber, doch an die USA ausgeliefert zu werden. Er ließ sich von Anwälten beraten und beschloss, Hongkong zu verlassen und nach Russland zu fliegen. Dort hing er zuerst in der Transitzone im Moskauer Flughafen fest, während Diplomaten, Anwälte, Menschenrechtler und Politiker aus aller Welt über seine Zukunft stritten.

Eine Lösung gab es dann am 1. August 2013. Ausgerechnet Russland, Kontrahent der USA, gewährte Edward Snowden Asyl. Seitdem lebt er dort inkognito an einem unbekannten Ort und gibt Videointerviews übers Internet – außerdem soll ihn seine Freundin regelmäßig in Russland besuchen. Ansonsten ist es ruhig um ihn geworden. Nur noch selten erscheinen neue Dokumente aus seinem Archiv. Wie sieht Snowdens Zukunft aus? Die bleibt ungewiss. Für viele ist Snowden durch diese Geschichte zu einem Helden der Menschenrechte und zu einem Symbol des Widerstands gegen den modernen Überwachungsstaat geworden. Für andere, für die US-Behörden, ist er ein Volksverräter.

Edward Snowdens persönliche Geschichte ist nur die Spitze des NSA-Skandals. Der andere Teil ist das, was Snowden aufgedeckt und damit weltweit ausgelöst hat. Ein kurzer Abriss: Snowden hat gezeigt, dass die NSA 122 Regierungschefs aus aller Welt, alle US-Bürger, womöglich ganz Deutschland, Botschaften, die Weltbank und den IWF, Google und Yahoo und noch viele andere ausspioniert hat. Laut Snowden wandte die NSA zu diesem Zweck zwei Methoden an. Die eine davon wird immer wieder als »Der große Heuhaufen« bezeichnet. Die NSA sammelte und analysierte Daten von Menschen auf der ganzen Welt – ohne dass jemals ein Verdachtsmoment bestanden hätte. Sie sammelte, wer wann mit wem telefonierte – das sind die so genannten Metadaten –, und suchte darin nach Auffälligkeiten und Netzwerken. Die NSA hörte wohl auch die Inhalte der Telefonate mit. Es soll ein Programm geben, welches die Inhalte von Telefonaten automatisch mitschreiben und nach bestimmten Schlagwörtern durchsuchen kann. Weltweit wurden pro Tag außerdem etwa 200 Millionen SMS gesammelt. Vor allem aber überwachte die NSA das Internet und speicherte gigantische Datenmengen: Chats, E-Mails, Fotos, Videos, Smartphone-Apps, Standortdaten oder Facebook-Likes. Außerdem hatten Experten Programme entwickelt, um Webcams, Skype-Gespräche oder sogar Chats in Videospielen live mitverfolgen zu können.

Auf diese Weise sammelt die NSA noch heute Datenmengen. Oder um im Bild vom Anfang zu bleiben: Sie bauen sich zunächst einmal einen riesigen Heuhaufen auf. Um dann die berühmte Nadel im Heuhaufen zu finden, können die NSA-Agenten verschiedene Werkzeuge benutzen. So gibt es zum Beispiel eine Art Suchmaschine. Mit der können sich Agenten beispielsweise alle E-Mails anzeigen lassen, die in Deutschland verschickt wurden und die das Wort »Bombe« enthalten. Außerdem werden automatisch Warnhinweise verschickt, wenn sich Personen besonders auffällig verhalten. Snowden sagt, dass NSA-Agenten mit diesen Werkzeugen grundsätzlich in der Lage seien, das Privatleben eines jeden Menschen jederzeit komplett zu durchleuchten.

Die zweite von der NSA angewandte Methode ist das gezielte Ausspionieren und Überwachen einzelner Personen oder Gruppen. Der in Deutschland wohl berühmteste Fall ist Angela Merkel. Jahrelang wurde ihr Handy abgehört, wie zuvor wohl schon das Handy von Gerhard Schröder. Deutschland ist kein Einzelfall. Weltweit hat die NSA etwa 122 Regierungschefs ausspioniert, auch Konzerne und Hilfsorganisationen wurden überwacht. Außerdem heißt es in einem streng geheimen Dokument, dass der Geheimdienst Abhörwanzen in der Vertretung der Europäischen Union angebracht hat, um Gespräche zu belauschen.

Wie kommt die NSA überhaupt an die Daten? Laut Snowden gibt es drei gängige Wege: das Angreifen der Infrastruktur, Kooperationen mit Telekommunikationsunternehmen und das gezielte Hacken. Fangen wir mit der Infrastruktur an. Alles, was wir im Internet oder am Telefon machen, alle Daten müssen letztlich über drahtlose Verbindungen oder Datenkabel transportiert werden, und genau diese Infrastruktur hat die NSA auf allen erdenklichen Wegen angezapft. In ehemals geheimen Dokumenten kann man nachlesen, dass die NSA Rechenzentren, Glasfaserkabel und sogar internationale Unterseekabel mit U-Booten angezapft hat. Außerdem hat die NSA spezielle Abhöreinrichtungen gebaut, mit denen sich Funkverbindungen und andere drahtlose Übertragungen abfangen lassen.

Der zweite Weg, um an Daten zu kommen, ist die Kooperation mit Telekommunikationsunternehmen, denn die sind schließlich im Besitz von massenhaft Daten ihrer Nutzer. Einige große Firmen wie Facebook, Google oder Microsoft könnten der NSA freiwillig direkten Zugriff eingeräumt haben. Bis heute ist unklar, welche Unternehmen in welchem Ausmaß mit dem Geheimdienst kooperieren. Ohnehin haben die Konzerne kaum eine Wahl, weil sie entweder rechtlich dazu verpflichtet sind, bestimmte Daten herauszugeben, oder sich die NSA selbst Zutritt verschafft. Und damit sind wir auch schon bei der dritten und letzten Möglichkeit, an Daten zu gelangen: gezielte Hacking- und Spionageangriffe. Mit vielen Tricks und Methoden hackt die NSA gezielt Konzerne, Organisationen und Privatleute, um sich so Zugriff zu Daten zu verschaffen. Wie das im Einzelfall abläuft, erzählt die NSA natürlich niemandem. Edward Snowden berichtet davon, dass die NSA Geheimagenten oder auch Hardware in Unternehmen schmuggelt, um sich so Zugriff auf Computer zu verschaffen. Denkbar ist auch, dass die NSA E-Mails verschickt, die einen gehackten Anhang enthalten. Öffnet der Empfänger diesen, hat die NSA vollen Zugriff auf den Computer. Es wird auch berichtet, dass die NSA Smartphones oder Laptops, die Unternehmen bestellt hatten, bei der Zustellung abfing und so manipulierte, dass Agenten mithören konnten. Das sind nur einige wenige Beispiele, wie das gezielte Hacken durch die NSA praktisch ablaufen könnte. Vermutlich hat der mächtigste und fortschrittlichste Geheimdienst der Welt viele weitere Methoden, von denen wir noch nicht mal ahnen, dass es sie überhaupt geben könnte.

Wenden wir uns den Folgen von Snowdens Enthüllungen zu. Klar, er hat viele Menschen auf der ganzen Welt schockiert – politisch hat sich aber kaum etwas verändert. Richten wir unseren Blick zuerst auf die USA: Zwar hat dort nach den Enthüllungen eine unabhängige Gruppe von Experten die Praktiken der NSA unter die Lupe genommen und Präsident Barack Obama über vierzig Änderungsvorschläge unterbreitet, bis heute wurde davon aber kaum etwas umgesetzt. Dazu muss man wissen, dass vieles von dem, was die NSA gemacht hat, mit dem umstrittenen »Patriot Act« gerechtfertigt wurde. Das Gesetz wurde nach den Anschlägen vom 11. September 2001 erlassen und verschaffte dem Geheimdienst weitreichenden rechtlichen Freiraum, um mutmaßliche Terroristen zu finden und zu stoppen. Nur durch den Patriot Act war es der NSA zum Beispiel möglich, die Telefondaten aller US-Bürger zu sammeln. 2015 lief das Gesetz aus, ein Ende der Überwachung folgte daraus trotzdem nicht. Der Patriot Act wurde kurzum durch den »USA Freedom Act« ersetzt, der nur wenig Auswirkungen auf die Praktiken der Behörde hatte. Jetzt speichert offenbar nicht mehr die NSA die Telefondaten der US-Bürger, sondern die Provider. Wenn die NSA Daten einsehen möchte, muss sie einen Antrag stellen und bekommt dann die Daten von den Providern. Eine zweite Einschränkung: Früher durfte die NSA in den USA mit »three hops« Daten sammeln, sie durfte also Daten von Kontakten von Kontakten von Verdächtigen analysieren. Jetzt darf die NSA nur noch »two hops« anwenden, also nur noch auf Daten von Kontakten von Verdächtigen zugreifen. Fazit: Nach Snowden wurden die Befugnisse der NSA zwar eingeschränkt, aber die Änderungen sind marginal. Tatsächlich haben einige Beschlüsse sogar dazu geführt, dass die NSA heute noch weitreichendere Befugnisse hat als früher.

Aber durch Snowdens Enthüllungen hat sich in den USA doch auch etwas verändert: zum einen das Bewusstsein der Bevölkerung, zum anderen die Technik der Kommunikationsunternehmen. Snowden hat den US-Bürgern das Ausmaß der Überwachung vor Augen geführt. Viele überlegen deshalb zweimal, was sie im Internet tun und lassen. Zum anderen haben Unternehmen wie Facebook, Microsoft und Apple seit den Enthüllungen einiges verändert. Sie verschlüsseln beispielsweise Chats und Daten. Zwar wäre es naiv zu glauben, dass diese Maßnahmen die NSA wirklich daran hindern, User im Verdachtsfall zu überwachen, aber das Verfahren ist komplizierter, schwieriger, langsamer und teurer geworden.

Im Ausland haben Snowdens Enthüllungen dafür gesorgt, dass einige Länder ihre Beziehungen zu den USA hinterfragt haben. In Deutschland wurde lange darüber diskutiert, ob man »unter Freunden« spioniert. Viele Regierungen haben die Füße stillgehalten. Wohl wissend, dass ihre eigenen Geheimdienste auch überwachen, wo sie können. Offenbar rechneten sie schon damit, dass im Verlauf des NSA-Skandals herauskommen könnte, dass die NSA mit den Geheimdiensten anderer Länder kooperiert, auch mit dem deutschen Nachrichtendienst BND. In der deutschen Politik änderte sich die Stimmung erst, als herauskam, dass das Handy von Bundeskanzlerin Angela Merkel abgehört wurde. Plötzlich verlangte die Bundesregierung eine Aufklärung über den Gesamtumfang der US-Spionage in Deutschland und stellte den US-Botschafter zur Rede. Am Ende wurde zwar laut gebellt, verändert hat sich aber kaum etwas. So wollte die Bundesregierung zwar ein »No-Spy«-Abkommen mit den USA aushandeln, welches die Überwachung in Deutschland einschränken sollte, daraus wurde aber nichts! Die Ermittlungen wegen der Überwachung von Angela Merkels Handy wurden eingestellt. Ermittlungen wegen der massenhaften Überwachung von Bundesbürgern wurden erst gar nicht eingeleitet. Auch der Vorschlag, Edward Snowden zu einer Anhörung nach Deutschland einzuladen, wurde abgelehnt. Viele Experten sind heute der Meinung, dass die Bundesregierung kein ernsthaftes Interesse daran hatte, die Überwachung durch die NSA zu kritisieren. Erstens, weil man als Partner der

USA selbst von den Erkenntnissen profitiert, zweitens, weil man es sich mit den USA nicht verscherzen möchte, und drittens, weil der BND mit der NSA kooperiert.

Was sagt eigentlich die NSA zu diesen Vorwürfen? Der Geheimdienst betont immer wieder, Informationen nur zu sammeln und zu verwenden, um Sicherheit zu gewährleisten und um Terror und andere Gefahren abzuwehren. Sogenannter Beifang, wie die NSA gesammelte Daten von Unschuldigen und nicht mal Verdächtigen nennt, sei bedauerlich, aber nicht zu vermeiden. Zudem betont die Behörde, dass fast alle Länder dieser Welt Geheimdienste damit beauftragten zu spionieren. Und ja, wahrscheinlich wäre es naiv zu glauben, dass man ein Land wie die USA ohne Geheimdienste vor Angriffen schützen kann. Trotzdem bleibt die Frage: Wie weit darf ein Geheimdienst gehen? Darf er grundlegende Menschenrechte wie die Privatsphäre für die allgemeine Sicherheit verletzen? Wo ist die Grenze?

DONALD TRUMP UND DIE USA

Donald Trump ist der 45. Präsident der Vereinigten Staaten von Amerika. Nur wenige hatten mit seiner Wahl gerechnet, da Trump als Milliardär und Reality-TV-Star keinerlei politische Erfahrung mitbrachte. Er polarisierte im Wahlkampf mit Beleidigungen und extremen Meinungen, die er als Präsident teilweise wieder zurückgenommen hat.

Egal ob man ein Buchkapitel schreibt, eine Anmoderation für eine Fernsehsendung oder den Anfang eines Radiobeitrags: Man versucht, die Aufmerksamkeit des Lesers, Zuschauers oder Zuhörers zu gewinnen. Das gelingt vielleicht mit einem möglichst emotionalen oder spannenden Zitat, einer ungewöhnlichen Information oder indem man dem Thema einen besonders streitbaren Aspekt voranstellt. Diesen Aspekt zu benennen, kann je nach Thema schwierig sein. Bei einem Kapitel über US-Präsident Donald Trump ist es uns aber sehr leichtgefallen. Dieser Mann hat so viele unfassbare Sachen gesagt, wir wussten erst gar nicht, für welche der streitbaren Ansichten wir uns entscheiden sollten. Also haben Sie die Qual der Wahl:

Donald Trump über seine Beliebtheit: »Ich könnte mitten auf der Fifth Avenue jemanden erschießen und würde trotzdem keine Wähler verlieren.«

Donald Trump über Muslime nach den Anschlägen auf das World Trade Center: »Ich habe in Jersey City beobachtet, wie Tausende Muslime jubelten, als das Gebäude zusammenstürzte.«

Donald Trump über mexikanische Einwanderer: »Sie bringen Drogen. Sie bringen Verbrechen. Sie sind Vergewaltiger.«

Donald Trump über Senator John McCain, der in den USA als Kriegsheld gilt und in Kriegsgefangenschaft über fünf Jahre gefoltert wurde: »Er ist kein Kriegsheld. Er ist nur ein Kriegsheld, weil er gefangen genommen wurde. Ich mag Leute, die nicht gefangen genommen werden.«

Donald Trump darüber, dass er sich noch nie entschuldigt hat: »Ich glaube, sich zu entschuldigen, ist eine großartige Sache, aber du musst etwas falsch gemacht haben. Ich werde mich ganz klar entschuldigen, hoffentlich in einer weit entfernten Zukunft, sollte ich jemals etwas falsch machen.«

Donald Trump über Rand Paul, einen Gegner innerhalb seiner Partei: »Ich habe ihn nie wegen seines Aussehens angegriffen. Dabei würde es viel hergeben.«

Donald Trump zum Thema Klimaschutz: »Die globale Erderwärmung ist eine Erfindung aus und für China, um die Konkurrenz aus den USA abzuhängen.«

Wie konnte ein ungehobelter, beleidigender, politisch völlig unerfahrener Milliardär und Reality-TV-Star entgegen aller Voraussagen Präsident des wahrscheinlich mächtigsten Landes der Erde werden? Dieses Kapitel wird Ihnen helfen, das zu verstehen.

Donald John Trump wurde in eine reiche Familie geboren. Den »American Dream« lebte er also nie. Dieser besagt, dass man in den USA, wenn man hart arbeitet, vom Tellerwäscher zum Millionär aufsteigen kann. Trump war aber nie auch nur annähernd ein Tellerwäscher. Er war schon immer Millionär. Seine Eltern besaßen eine gut gehende Baufirma und schickten ihren Sohn im Alter von dreizehn Jahren auf eine Militärakademie in New York, weil er zu aufmüpfig wurde. Mitschüler beschrieben ihn als Führungspersönlichkeit. Trump war Kapitän der Fußball-, Baseball- und Footballmannschaft. Nach seinem Highschool-Abschluss studierte er an der renommierten Wharton School in Philadelphia Wirtschaft. Obwohl er als ein sehr guter Sportler galt, wurde er während des Vietnamkriegs ausgemustert – wegen eines Fersensporns, der später auf wundersame Weise verschwand. Kritiker sagen, Trump habe sich gedrückt. Nach seinem Abschluss stieg er in die elterliche Firma ein. Sein Vater überließ ihm eine Million Dollar Startkapital, das er in Immobilien in New York City investierte. Er kaufte günstiges Land und baute seine ersten Wolkenkratzer. Mit New York hatte er den richtigen Riecher, denn die Stadt boomte. Er verdiente ein Vermögen, angeblich auch mithilfe der Mafia.

Aber entgegen seiner eigenen Darstellung wurde nicht alles, was er anfasste, automatisch zu Gold. So eröffnete er beispielsweise mehrere Spielkasinos und ein Hotel in Atlantic City, einer Stadt, aus der er ein Las Vegas der Ostküste machen wollte. Mehr als 600 Millionen Dollar Schulden mit hohen Zinsen soll Trump 1990 dafür aufgenommen haben. Für das Kasino Taj Mahal geht man von Kosten von insgesamt einer Milliarde Dollar aus. Kein Wunder, denn allein für die Kronleuchter soll Trump 14 Millionen Dollar ausgegeben haben. Trump hätte damals jeden Tag etwa 1,3 Millionen Dollar einnehmen müssen, damit sich das Hotel mit Kasino rentierte. Ein renommierter Finanzanalyst erklärte das in der Zeitung *The Wall Street Journal* als unmöglich. Das wollte Donald Trump nicht auf sich sitzen lassen. Er schickte ein Fax an den Arbeitgeber des Analysten, in dem er dessen Rausschmiss oder aber eine öffentliche Entschuldigung forderte. Geschähe dies nicht, werde er die Firma auf Schadensersatz verklagen. Der Finanzanalyst weigerte sich, auf die Forderungen einzugehen, denn er glaubte weiterhin nicht an den Erfolg von Trumps Ausflug ins Kasinogeschäft. Sein Chef hingegen wollte nicht Tausende Dollar für einen Anwalt ausgeben, also wurde der Analyst gefeuert. Trotzdem sollte er recht behalten. Die Muttergesellschaft meldete viermal Insolvenz an, weil alle Trump-Kasinos pleitegingen, das letzte verbliebene – das Taj Mahal – hat Trump mit hohen Verlusten verkauft. Trump legte das Management nieder und überließ den finanziellen Schlamassel den Gläubigern und

Angestellten. Im Wahlkampf wurden ihm die Insolvenzen in Atlantic City mehrfach vorgeworfen. So bestätigten kleinere Handwerksbetriebe, denen Trump Aufträge gegeben hatte, dass sie wegen der Insolvenzen Hunderttausende Dollar verloren hatten. Aber auch diese Pleite wandelte Trump in eine Erfolgsgeschichte um: Er habe frühzeitig erkannt, dass Atlantic City untergehen werde und habe sich folgerichtig zurückgezogen. Auch andere seiner Deals Anfang der Neunzigerjahre scheiterten und ihm drohte die Insolvenz seiner kompletten Firma, der Trump Organization. Trumps Glück: er war Schuldner bei vielen großen Banken, die in diesem Fall Milliardenverluste eingefahren hätten. Daher schnürten sie ein Rettungspaket für ihn und vereinbarten einen Schuldenschnitt. Trotzdem musste er viele seiner Immobilien und seine Jacht verkaufen. Und auch seine Fluglinie – ja genau, er besaß sogar eine eigene Fluggesellschaft und natürlich benannte er sie nach sich: Trump Airlines – war ein absoluter Misserfolg. Denn die Kunden wollten gute Flugverbindungen und keine vergoldeten Armaturen im Flugzeugklo.

Trumps Name war schon damals regelmäßig in den Zeitungen. Am häufigsten wohl im Jahr 1991, als seine erste Frau Ivana die Scheidung einreichte. Der Grund: Trump hatte das tschechische Ex-Model mit der Schauspielerin Marla Maples betrogen, die er später heiratete. Ivana, mit der Trump drei Kinder hat, wurden nach einem öffentlich ausgetragenen Rosenkrieg angeblich 20 Millionen Dollar Abfindung zugesprochen, darüber hinaus mehrere Immobilien.

Da Trump mittlerweile sehr berühmt war, merkte er, dass er seinen Namen als Marke verkaufen kann. Ab sofort konnte man Trump Vodka oder auch Trump-Steaks für schlappe 200 Dollar erwerben, oder vielleicht doch lieber Trump-Schokolade in Form von Goldbarren. Außerdem verfasste er – angeblich mithilfe eines Ghostwriters – mehrere Bestseller, einen mit dem Titel »Verkrüppeltes Amerika«, und gründete die Trump University, die ihm allerdings einige Klagen einbrachte. Die Universität, die Wissen im Bereich Immobilieninvestments vermitteln sollte, hatte gar keine Zulassung als Universität, obwohl sie sich so nannte. Viele Schüler fühlten sich betrogen, da die Lehrkräfte kaum Erfahrung im Immobiliengeschäft hatten und Kurse angeboten wurden, die Tausende Dollar kosteten, aber nie stattfanden. Am Ende musste Trump tausenden Studenten Entschädigungen zahlen.

Trump posaunte seine Meinung gerne heraus, und so bekam er sogar eine eigene Radiosendung und später eine Fernsehshow. In der Sendung »The Apprentice« (Der Auszubildende) wählte Trump aus sechzehn Kandidaten einen Mitarbeiter für eine seiner Firmen aus. Hier lernte er, Quote zu machen und wie man gut bei einem Millionenpublikum ankommt. In jeder Folge sagte Trump zu einem der Kandidaten: »You're fired«, einen Satz, den Millionen Menschen mit Trump und der Sendung in Verbindung bringen. Nach vierzehn erfolgreichen Staffeln wurde Trump 2015 allerdings selbst gefeuert, nachdem er bekannt gegeben hatte, als Präsidentschaftskandidat anzutreten, und dabei gegen mexikanische Einwanderer gehetzt hatte.

Wie wurde aus dem Unternehmer, dessen Vermögen von der Wirtschaftszeitung *Forbes* auf 3,5 Milliarden Dollar geschätzt wird, ein Politiker? Er war nacheinander Mitglied bei den beiden großen Volksparteien der USA: erst bei den Demokraten und später bei den Republikanern. Mehrfach gab er an, dass er darüber nachdenke, als Gouverneur oder Präsidentschaftskandidat anzutreten. Schon seit den Achtzigerjahren äußerte Trump immer wieder öffentlich seine Meinung zu politischen Themen. Zum Beispiel schloss er sich der sogenannten Birther-Bewegung an, die behauptete, dass der damalige US-Präsident Barack Obama zu Unrecht Präsident sei. Deren Anhänger stellten infrage, dass Obama in den USA geboren wurde. Seine Geburtsurkunde sei gefälscht. Die Birther-Bewegung bekam sehr viel Aufmerksamkeit von den Medien, was laut einer Umfrage des Senders CNN dazu führte, dass ein Viertel der Amerikaner glaubte, Barack Obama sei im Ausland geboren. Obama wusste sich zu rächen. Beim Correspondents´ Dinner, einer Abendveranstaltung für Politikjournalisten in Washington D. C., war Trump als Gast geladen. Traditionell hält der amtierende US-Präsident dort eine launige Rede, in der er andere Politiker, Journalisten und vor allem sich selbst aufs Korn nimmt. Unter den geladenen Gästen sind immer wieder Stars, und so nahm auch Donald Trump am Dinner teil. 2011 schlug Obama in seiner Rede gegen Trump zurück. Fünf Minuten lang zog der Präsident über ihn her. Obama witzelte, nachdem er ja jetzt seine Geburtsurkunde veröffentlicht habe, könne Trump zu den wirklich wichtigen Themen zurückkehren: »War die Mondlandung ein Fake? Und lebt der Rapper 2Pac doch noch?« Er machte außerdem seine Reality-TV-

Sendung lächerlich und präsentierte auf einer Fotomontage, wie das Weiße Haus mit einem Präsidenten Trump aussehen würde. Sie zeigte einen pinken Trump-Leuchtschriftzug auf einem Wolkenkratzer-Anbau, davor halbnackte Frauen in einem Springbrunnen. Die Zuschauer schrien vor Lachen. Trump verzog keine Miene. Anwesende Journalisten sagten, dass er innerlich kochte, und viele glaubten, dass der Wunsch in ihm reifte, es allen zu zeigen und Präsident zu werden.

Seine Präsidentschaftskandidatur für die Republikanische Partei gab Trump am 16. Juni 2015 im Trump Tower in New York bekannt. Sein Wahlspruch, den er bei Veranstaltungen auch häufig auf einer Schirmkappe auf dem Kopf trug, lautete: »Make America great again!« – Macht Amerika wieder groß! Und das sollte so gehen: Bisher regiere in den USA eine politische Elite, der es nicht um das Volk, sondern nur um die eigenen Interessen gehe. Er hingegen wolle sich für den kleinen Mann einsetzen. Er wolle die US-Wirtschaft ankurbeln. Und das alles nach dem Motto: »America first!« – Amerika zuerst, vor allen anderen Ländern. Mexikaner und Chinesen würden dem amerikanischen Volk die Arbeitsplätze wegnehmen, daher müsse eine Mauer zwischen den USA und Mexiko errichtet werden, um Einwanderer abzuhalten. Die brächten sowieso nur Drogen, Kriminalität und Vergewaltigung ins Land.

Und wer sollte diese Mauer bezahlen? Na klar, Mexiko. Sein Lieblingswort im Wahlkampf war das Wort »gewinnen«. Er werde mit den USA wieder bei allem Möglichen gewinnen, zum Beispiel bei einem Handelsabkommen mit China! Früher hätten die USA immer gewonnen, nun nicht mehr, monierte er. Er wolle die Terrorgruppe Islamischer Staat bekämpfen – wie genau, sagte er nicht. Außerdem kündigte er einen Einreisestopp in die USA für alle Muslime an.

Trumps Verhalten unterschied sich von dem besonnenen Vorgehen anderer Politiker, die lange abwogen, versuchten, nichts Falsches zu sagen und niemanden zu beleidigen. Vielen erschien seine Themenwahl zu radikal, die Art und Weise, wie er diese vortrug, zu plump. Er sprach in sehr kurzen einfachen Sätzen, wiederholte immer wieder bestimmte Schlüsselwörter und scheute nicht vor heftigen Beleidigungen zurück.

Das polarisierte! Schnell hatte Trump Fans, die fanden, dass endlich jemand ausspricht, was viele Leute dachten. Seine Worte waren einfach zu verstehen und viele kannten ihn noch als beeindruckenden Geschäftsmann aus seiner Fernsehshow. Und obwohl er stets mit seinem Reichtum und seinen Erfolgen prahlte, nahmen seine Anhänger ihm das nicht übel. Im Gegenteil, viele dachten, wer Milliardär ist und so erfolgreich, der könnte auch die Wirtschaft des Landes ankurbeln. Denn obwohl die USA als wohlhabendes Land gelten, leben dort viele arme Menschen, die entweder arbeitslos sind oder sich nur mit mehreren Jobs über Wasser halten können. Für seine Anhänger verkörperte Trump die Hoffnung auf ein besseres, ein wirtschaftlich stärkeres, mächtigeres, ein sichereres Amerika. Trump sprach immer wieder die Ängste der Menschen vor Terroranschlägen, Gewalt und Drogen an und bot ihnen einfache Lösungen.

Politiker, auch aus der eigenen Partei, Bürger, Journalisten – die meisten konnten nicht glauben, was da passierte. Der mexikanische Präsident Enrique Peña Nieto verglich Trumps Rhetorik gar mit der von Adolf Hitler. Aber viele nahmen ihn nicht wirklich ernst. Erst mal war Trump ja auch nur einer von vielen Kandidaten der Republikanischen Partei. Denn anders als zum Beispiel in Deutschland bestimmen die Parteien nicht einfach einen der ihren für die Wahl, stattdessen treten die Kandidaten der Parteien in einem innerparteilichen Konkurrenzkampf gegeneinander an. Das führt dazu, dass die Kandidaten einander teilweise regelrecht zerfleischen und niedermachen, später aber zum Beispiel als Präsident und Vizepräsident zusammenarbeiten. Trump trieb diesen Konkurrenzkampf auf die Spitze. Er beleidigte seine Konkurrenten und griff dafür tief in die Schmutzkiste. Den Vater seines größten innerparteilichen Gegners Ted Cruz verdächtigte er zum Beispiel, mit dem Attentäter des früheren US-Präsidenten Kennedy zu tun gehabt zu haben. Als Quelle führte er ein Klatschblatt an, das dafür bekannt ist, regelmäßig Geschichten frei zu erfinden. An der Geschichte war natürlich nichts Wahres dran. Mit der Presse stand Trump von Anfang an auf dem Kriegsfuß. Sobald sie ihn kritisierte, bezeichnete er sie als »Fake News«. Statt mit Journalisten zu sprechen, nutzte er die sozialen Medien, um sich mitzuteilen. Vor allem bei Twitter äußerte er sich täglich zu allem und jedem und mehrere Millionen User folgen ihm. Nach und nach setzte Trump sich im innerparteilichen Machtkampf gegen alle seine Widersacher durch. Bei den Demokraten gewann Hillary Clinton die Vorwahlen.

Es folgte einer der härtesten und schmutzigsten Wahlkämpfe in der Geschichte des Landes, von dem irgendwann viele Bürger schrecklich genervt waren. Bei Interviews am Wahltag sagten viele Wähler, sie freuten sich, dass es nun bald vorbei sei. Sie hatten das Gefühl, zwischen Pest und Cholera wählen zu müssen. In vielen politischen Kommentaren war zu hören, dass keiner so recht glauben konnte, dass gerade diese beiden Kandidaten die Besten seien, die aus dem Vorwahlkampf hätten hervorgehen können. Denn nicht nur Donald Trump polarisierte, auch Hillary Clinton rief bei vielen US-Amerikanern eine große Abneigung hervor. Für sie gehörte Clinton zum sogenannten Establishment, einer politischen und gesellschaftlichen Elite, die seit Jahren an der Macht war. Clinton wurden sehr gute, teilweise sogar freundschaftliche Verbindungen zu wichtigen Bankern der US-Börse nachgesagt. Viele Wähler glaubten, dass sie für diese Politik machen wolle statt für den normalen Bürger. Der Schlagabtausch begann. Wir stellen nur einige Meilensteine aus dieser Zeit vor.

Trump attackierte Clinton vor allem dafür, zur politischen Elite zu gehören. Da ihr Mann schon mal Präsident gewesen sei und sie Außenministerin, habe sie ja schon die Chance gehabt, etwas im Land zu verändern, und dies nicht geschafft. Damit traf Trump für viele seiner Anhänger ins Schwarze, vor allem bei denen, die seit Jahren mit der Situation im Land unzufrieden waren. Außerdem brachte Trump immer wieder die E-Mail-Affäre Clintons aufs Tapet. Clinton hatte in ihrer Zeit als Außenministerin ein privates Smartphone und einen privaten Server für ihre Mails benutzt. Diese waren dadurch nicht sicher vor Spähangriffen. Die amerikanische Bundespolizei FBI hatte daraufhin überprüft, ob auch geheime Mails über diesen Server verschickt worden waren, konnte aber kein absichtsvolles Fehlverhalten von Clinton feststellen. Trump sagte während einer Fernsehdebatte zu Hillary Clinton, wenn er Präsident würde, werde er sie für die E-Mail-Affäre ins Gefängnis stecken. Bei Wahlkampfauftritten von Trump skandierte die Menge daraufhin immer wieder: »Lock her up!«, also: »Sperr sie ein!«

Besonders negativ fiel Donald Trump etwa einen Monat vor dem Wahltermin auf. Die *Washington Post* hatte ein Video aus dem Jahr 2005 veröffentlicht, in dem sich Trump mit einem TV-Moderator unterhält, ohne zu wissen, dass seine Worte aufgezeichnet werden. Darin sagt er, dass er Frauen magisch anziehe und dass er sie einfach küsse. Und da er ein Star sei, würden sie alles mit sich machen lassen, er könne ihnen sogar »an die Pussy fassen«. Das war dann selbst für viele Republikaner zu viel des Guten. Einige zogen ihre Unterstützung für Trump zurück, darunter auch der frühere Präsidentschaftskandidat John McCain. Sogar Trumps Vizekandidat Mike Pence äußerte Kritik. Als Ehemann und Vater habe er sich persönlich beleidigt gefühlt. Andere forderten Trump dazu auf, seine Kandidatur aufzugeben. Trump selbst schrieb bei Twitter, dass er sich niemals aus dem Rennen zurückziehen werde. Das Ganze sei nur »Locker-Room-Talk« gewesen, also Gerede unter Männern in der Umkleidekabine. Außerdem habe er von Hillary Clintons Ehemann Bill schon Schlimmeres auf dem Golfplatz gehört. Hillary Clinton appellierte an die Wähler: »Wir dürfen es nicht zulassen, dass dieser Mann Präsident wird.«

Gut eine Woche vor der Wahl sah es so aus, als könnte Clinton die Wahl gewinnen, in den Umfragen lag sie jedenfalls vorne. Doch dann nahm das FBI die Ermittlungen wegen der E-Mail-Affäre wieder auf. Urplötzlich waren neue, noch nicht untersuchte E-Mails aufgetaucht. Zwar wurden auch diese Ermittlungen eingestellt, trotzdem kosteten sie Clinton wahrscheinlich entscheidende Wählerstimmen.

Am 8. November 2016 wurde Donald Trump zum Präsidenten der Vereinigten Staaten von Amerika gewählt. In absoluten Zahlen hatten zwar mehr Menschen für Clinton gestimmt, wegen des komplizierten Wahlsystems in den USA erreichte Trump aber trotzdem die notwendige Anzahl von Wahlmännerstimmen. In seiner ersten Ansprache als Sieger schlug er milde Töne an. Er wolle Präsident aller Amerikaner sein. Das sei sehr wichtig für ihn. Viele hofften nun, Trump würde ruhiger werden, überlegter, präsidialer. Doch er machte weiter wie bisher. Statt wie alle Präsidenten vor ihm Antrittsgespräche mit Journalisten zu führen, um seine politische Agenda vorzustellen, twitterte er fleißig weiter. Auf diese Weise brachte er beispielsweise die Aktie des Flugzeugherstellers Boeing zum Fallen, als er via Twitter forderte, die neue Air Force One abzubestellen.

Als vereidigter Präsident steht Trump mit der Presse weiterhin auf Kriegsfuß. Einem langjährigen CNN-Reporter verbot er eine Frage zu stellen, weil er Fake News verbreite. Nach der Amtseinführung warf Trumps Sprecher der Presse vor, die Zuschauerzahlen falsch wiedergegeben zu haben. Medien hatten berichtet, dass bei der Amtseinführung von Barack Obama mehr Menschen gewesen seien als bei der von Donald Trump. Der Sprecher nannte daraufhin Zahlen, die das Gegenteil belegen sollten. Im Nachhinein stellte sich aber heraus, dass eben diese Zahlen falsch waren. Alle verfügbaren Daten stützten die Version der Presse. Bei einem Vergleich von Luftaufnahmen der Amtseinführung Obamas und der Trumps zeigte sich, dass deutlich weniger Menschen der Amtseinführung des neuen Präsidenten beigewohnt hatten. Auch die Fahrgastzahlen der Washingtoner Metro sprachen dafür. Auf die Lüge angesprochen, bezeichnete Donald Trumps Beraterin Kellyanne Conway die falschen Angaben schlicht als »alternative Fakten«. Wenn Sie jetzt denken, dass es nicht mehr krasser geht, dann haben Sie sich getäuscht.

Als eine seiner ersten Amtshandlungen verordnete Trump einen Einreisestopp für Menschen aus sieben Ländern, in denen die Bevölkerung mehrheitlich dem Islam angehört. Drei Monate lang sollte aus diesen Ländern niemand mehr in die USA einreisen dürfen. Das galt für jeden einzelnen Bürger aus diesen Ländern – vom Asylsuchenden über den bekannten Wissenschaftler bis hin zu Menschen, die einfach Verwandte besuchen wollten. Trump begründete die Verordnung damit, dass aus diesen sieben Staaten Terroristen ins Land einreisten. Allerdings hatte seit dem Jahr 2001 niemand mehr aus diesen Ländern einen Terroranschlag in den USA verübt. Stattdessen standen Länder, aus denen tatsächlich Terroristen eingereist waren, wie zum Beispiel Saudi-Arabien, nicht auf der Liste. In vielen Städten und Flughäfen rund um den Globus kam es zu spontanen Demonstrationen gegen den sogenannten »Muslim-Bann« und es wurden diverse Klagen eingereicht. Um Trumps Vorgehen zu rechtfertigen, erinnerte seine Beraterin Kellyanne Conway in einem TV-Interview an Obamas früheren Einreisestopp für Iraker nach einem Massaker in Kentucky. Doch weder hatte Obama jemals einen Einreisestopp verhängt, noch hatte es jemals ein Massaker in Kentucky gegeben. Und was passierte mit dem »Muslim-Bann«? Der wurde nach einigen Tagen von einem Richter gestoppt, weil er verfassungswidrig war. Trump schimpfte daraufhin bei Twitter über den »sogenannten Richter«, dessen Meinung lächerlich sei. Auch ein weiterer Versuch Trumps, das Einreiseverbot einen Monat später erneut auf den Weg zu bringen, wurde von einem Bundesgericht abgeschmettert.

In einer Rede in Florida zog Donald Trump einen angeblichen Vorfall vom Vortag in Schweden heran, um einen Zusammenhang zwischen Terroranschlägen und Einwanderern zu belegen. Diesen Vorfall hatte es aber nicht gegeben. Während der schwedische Botschafter in Washington eine Erklärung von der US-Regierung forderte, reagierte die Bevölkerung in Schweden mit Humor. Die Zeitung *Aftonbladet* titelte groß: »This happened in Sweden Friday night, Mr. President« und verwies auf eine Sturmwarnung in Nordschweden, eine Verfolgungsjagd mit einem Betrunkenen in Stockholm und Tonprobleme beim Auftritt eines bekannten schwedischen Sängers. Auf Twitter amüsierten sich unzählige Leute unter dem

Hashtag #LastNightInSweden über Trumps Aussage und schrieben, dass sie ihr Ikea-Regal falsch aufgebaut hätten, oder posteten Bilder von Kindern, die schwedische Hackbällchen aufstapelten. Trump erklärte sich daraufhin via Twitter. Er habe auf einen Bericht des Fernsehsenders Fox News Bezug genommen. Was Trump da gesehen hatte, war allerdings nur die Vorschau auf einen Dokumentarfilm gewesen, der sich mit Flüchtlingen und Kriminalität in Schweden befasst. In der Rede in Florida hatte Trump übrigens auf die unehrliche Presse geschimpft und gesagt, dass er die Wahrheit berichten werde.

Welche Versprechen aus dem Wahlkampf hat Trump als Präsident umgesetzt? Was ist zum Beispiel aus der Mauer zwischen Mexiko und den USA geworden? Die soll tatsächlich gebaut werden. Auf die Ausschreibung des Projekts haben sich Hunderte Bauunternehmer beworben. Kosten soll sie laut Schätzungen des US-Heimatschutzministeriums etwa 21 Milliarden Dollar. Trump hatte im Wahlkampf von deutlich weniger gesprochen. Eigentlich konnte es ihm ja auch egal sein, schließlich sollte Mexiko die Mauer bezahlen. Das Land verwehrte sich wenig überraschend dagegen, sodass Trump einen Strafzoll auf importierte mexikanische Produkte ins Gespräch gebracht hat. Damit könnten Produkte wie mexikanischer Tequila oder mexikanisches Bier für die US-Amerikaner um etwa zwanzig Prozent teurer werden. Sollte es dazu kommen, bezahlen also die amerikanischen Bürger die Mauer.

Überhaupt regiert Trump, seit er US-Präsident ist, nach dem Motto: »Was interessiert mich mein Geschwätz von gestern?« Im Wahlkampf hatte er Angela Merkel wegen ihrer Flüchtlingspolitik noch als geisteskrank bezeichnet, nach dem ersten Treffen lobte er dann die »unglaubliche Chemie«, die zwischen ihnen herrsche. Die NATO, die er noch vor Monaten als völlig überflüssig bezeichnet hatte, weil sie zu wenig gegen den Terrorismus unternehme, ist nun doch nicht mehr überflüssig. Bei einem Treffen mit dem NATO-Generalsekretär sagte er, die Organisation sei »ein Bollwerk des internationalen Friedens und der Sicherheit«. Zu Obamas Gesundheitsreform, die er eigentlich direkt nach seinem Amtsantritt abschaffen und durch »etwas viel Besseres« hatte ersetzen wollen, sagte er: »Niemand konnte ahnen, wie kompliziert die Gesundheitsversorgung ist.«

Vielleicht sind diese Kursänderungen ein Zeichen dafür, dass Trump seinen Job als US-Präsident jetzt ernst nimmt, sich beraten lässt und die Ratschläge auch annimmt. Vielleicht ändert er aber auch bald wieder seinen Kurs. Und wieder und wieder und wieder.

DIE UN-KLIMAKONFERENZ

Die UN-Klimakonferenzen finden seit 1995 jährlich statt und fast alle Länder der Welt nehmen daran teil. Die wichtigsten Beschlüsse für den Klimaschutz waren die Klimarahmenkonvention von Rio de Janeiro, das Kyoto-Protokoll und der Klimavertrag von Paris. Trotzdem liegt noch ein langer Weg vor den UN-Mitgliedsstaaten, wenn der Klimawandel aufgehalten werden soll.

Klimaschutz ist eine zähe Angelegenheit. Denn welche Regierung will schon Geld ausgeben, das erst den Menschen in mehreren Jahrzehnten oder gar Jahrhunderten zugutekommt? Dass sich beim Weltklimagipfel 2015 Politiker aus fast allen Ländern der Welt in den Armen lagen und einzelne sogar ein kleines Tränchen verdrückten – damit hatte im Vorfeld niemand gerechnet. Im Gegenteil: Die meisten Journalisten, die schon seit den Neunzigerjahren jährlich zur UN-Klimakonferenz reisten, hegten die Befürchtung, dass die 195 Staaten und die EU sich wieder nur auf den kleinsten gemeinsamen Nenner würden einigen können. Aber wir wollen nicht vorgreifen, lassen wir stattdessen ein junges Mädchen zu Wort kommen:

»Hallo. Mein Name ist Severn Suzuki. Ich spreche für ECO, die Kinder-Umweltorganisation. Wir sind eine Gruppe von Zwölf- und Dreizehnjährigen, die etwas bewirken wollen für die Umwelt. Wir haben all das Geld gesammelt, um die 5000 Meilen hierherzukommen, um euch Erwachsenen zu sagen, dass ihr euch ändern müsst. Ich stehe hier heute ohne Hintergedanken. Ich kämpfe für meine Zukunft. Meine Zukunft zu verlieren, ist nicht wie eine Wahl zu verlieren oder ein paar Punkte an der Börse. Ich spreche hier heute für alle zukünftigen Generationen. (…) Ich habe Angst, in die Sonne zu gehen, wegen der Löcher in der Ozonschicht. Ich habe Angst, die Luft zu atmen, weil ich nicht weiß, welche Chemikalien darin sind. Früher bin ich in meiner Heimat Vancouver mit meinem Vater fischen gegangen, bis wir vor einigen Jahren einen Fisch gefangen haben, voll mit Krebstumoren. Und jetzt hören wir täglich von Pflanzen und Tieren, die aussterben und für immer verschwinden. (…) Musstet ihr euch in meinem Alter über solche Dinge sorgen? Das alles passiert vor unseren Augen und trotzdem tun wir, als hätten wir alle Zeit der Welt und alle Antworten. Ich bin nur ein Kind und ich habe nicht alle Antworten. Aber ich will, dass ihr realisiert, dass ihr die Antworten auch nicht habt. Ihr wisst nicht, wie man die Ozonlöcher stopft. Ihr könnt die Lachse nicht dazu bewegen, einen toten Fluss wiederzubeleben. Ihr wisst nicht, wie man ein ausgestorbenes Tier zurückbringt. Und ihr könnt die Wälder nicht zurückholen, die einst dort wuchsen, wo jetzt nur noch Wüste ist. Wenn ihr nicht wisst, wie man es repariert, dann hört bitte auf, es kaputt zu machen.«

Das war ein Teil einer Rede von Severn Suzuki. Sie war zwölf, als sie als »das Mädchen, das die Welt für sechs Minuten zum Schweigen brachte« bekannt wurde. Die heute weltweit anerkannte Umweltaktivistin durfte im Jahr 1992 bei der UN-Konferenz für Umwelt und Entwicklung in Rio de Janeiro sprechen. Diese gilt aus heutiger Sicht als Geburtsstunde der UN-Klimakonferenzen. Ob es nun an Severn Suzukis eindrücklicher Rede lag oder nicht: Damals verpflichteten sich die UN-Mitgliedsstaaten erstmals dazu, eine »gefährliche, vom Menschen gemachte Störung des Klimasystems« zu verhindern. Sie unterzeichneten die Klimarahmenkonvention. Der Grundstein war gelegt. Die Vertragsstaaten der Konvention treffen sich seit 1995 jährlich zu den UN-Klimakonferenzen. Jedes Jahr wird seitdem aufs Neue um konkrete Maßnahmen zum Klimaschutz gerungen.

Hier ein paar Fakten über die Klimakonferenz: Die Teilnehmerzahlen sind riesig. Tausende Delegierte reisen an. Diskutiert wird nicht nur in einem großen Plenum, sondern überwiegend über mehrere Tage in kleineren Gruppen. Die Konferenz dauert meist zehn bis zwölf Tage. Häufig wird das offizielle Ende aber nicht eingehalten, da noch weiter diskutiert werden muss. Einige Konferenzen endeten allerdings in einem Desaster. Dabei hatte eigentlich alles ganz gut angefangen.

Zwei Jahre dauerte es, bis die Klimarahmenkonvention von Rio in Kraft trat. Ein Jahr später folgte dann die erste offizielle Klimakonferenz der Vertragsstaaten. 1995 trafen sich also alle wieder, diesmal in Berlin. Dort wurde vereinbart, dass reine Absichtserklärungen nicht ausreichten. Ein rechtlich verbindliches Instrument müsse her. Also bildeten einige Delegierte eine Arbeitsgruppe, die diese ausarbeiten sollte. Inhalt sollten feste Ziele zur Reduktion der schädlichen Treibhausgase sein und dieses sollte ein Zeitrahmen festgelegt werden, in dem man sie erreichen sollte. Aber das war nicht so einfach. Eine weitere Konferenz wurde nötig und viele Treffen zwischendurch bis zur dritten Konferenz 1997 im japanischen Kyoto. Es lag die Hoffnung in der Luft, dass es zu einem ersten rechtlich bindenden Protokoll kommen würde. Schon an den Teilnehmerzahlen konnte man sehen, dass es hier zur Sache gehen könnte. Es wurde die bis dahin weltweit größte internationale Konferenz. Insgesamt waren 10 000 Menschen gekommen: 2300 Politiker und andere Abgesandte aus den Mitgliedsstaaten, 3900 Beobachter von Umwelt- und anderen Nichtregierungsorganisationen und 3700 Medienvertreter. Und es wurde verhandelt bis zum Umfallen. An den letzten Tagen der Konferenz fanden die wichtigsten Delegierten kaum Zeit zum schlafen. Nach einem zwanzigstündigen Verhandlungsmarathon, für den das Treffen verlängert werden musste, wurde Folgendes beschlossen:

Für die Jahre 2008 bis 2012 verpflichteten sich die Industriestaaten, ihre Treibhausgasemissionen insgesamt um mindestens fünf Prozent gegenüber den Emissionen aus dem Jahr 1990 zu senken. Die Europäische Union und ihre Mitgliedsstaaten versprachen noch mehr. Sie verpflichteten sich, in diesem Zeitraum die Emissionen um insgesamt acht Prozent zu reduzieren. Die Entwicklungsländer wurden im Protokoll nicht verpflichtet. Sie sollten erst ihre Wirtschaft ankurbeln dürfen und sich nur freiwillig am Klimaschutz beteiligen. Auch China, Indien und Brasilien gehörten zu den Ländern, die nicht verpflichtet wurden, obwohl sie einen Großteil des weltweiten CO_2-Ausstoßes verursachen. Für einen weiteren Dämpfer beim Kyoto-Protokoll sorgten die USA. Sie weigerten sich mitzumachen. Damit war einer der größten Klimasünder der Welt nicht beteiligt, was dem Land viel Kritik einbrachte und die Wirkung des Kyoto-Protokolls schwächte. Trotzdem galt es damals als der Durchbruch, auch wenn man noch nicht genau festlegte, wie die Vertragsstaaten die Ziele erreichen sollten.

Deshalb ging es in den folgenden Konferenzen darum, das Beschlossene zu konkretisieren. Bei der 6. Klimakonferenz im Jahr 2000 in Den Haag bekamen sich die Delegierten aber derart in die Haare, dass die Konferenz unterbrochen werden musste. Die Staaten konnten sich über wesentliche Fragen nicht einig werden. Die Europäische Union fand damals zum Beispiel, dass es zu viele Schlupflöcher gebe, um die Klimaziele zu erreichen. So endete die Konferenz, ohne dass es zu einem Ergebnis gekommen wäre, und das Kyoto-Protokoll drohte, nicht umgesetzt zu werden. Deswegen traf man sich ein halbes Jahr später in Bonn erneut, zum zweiten Teil der 6. Konferenz. Bonn sollte also eine Art Rettungsaktion für das Kyoto-Protokoll werden – auch ohne die USA. Der damalige deutsche Umweltminister Jürgen Trittin schlief nach eigenen Angaben in keiner Nacht länger als vier Stunden, weil ohne Unterlass verhandelt wurde. Kanada, Japan, Australien und Russland suchten noch immer nach Schlupflöchern. Da sie ihre Energie hauptsächlich aus Kohle und Erdöl gewannen, waren die Klimaziele für sie besonders schwer umzusetzen. Um ein Uhr nachts griff der Präsident der Konferenz zu einer Notlösung. Er schlug vor, nur ein einziges besonders strittiges Thema und seinen Kompromissvorschlag zu diskutieren, sonst werde er die Verhandlung für gescheitert erklären. Ein arabischer Delegierter stellte sich quer – auch alle anderen Streitpunkte müssten ausdiskutiert werden. »Oh Jesus«, hörten plötzlich alle in ihren Kopfhörern. Das war dem englischen Dolmetscher herausgerutscht. Das komplette Plenum verfiel in einen riesigen Lachkrampf. Der Kompromissvorschlag des Präsidenten wurde angenommen. Dieser war allerdings dem Klimaschutz nicht besonders zuträglich: Länder, die viele Waldgebiete haben, durften sich diese anrechnen lassen. Wälder werden auch CO_2-Senken genannt, da sie das CO_2 aus der Luft speichern. Sie senken den CO_2-Gehalt der Luft also automatisch. Die Länder, denen diese Wälder nun angerechnet wurden, mussten also weniger für den Klimaschutz tun, einfach nur, weil sie viel Waldfläche hatten.

Der Bonner Kompromiss war eine Art Rettung in letzter Minute. Endlich war klar, wie das Kyoto-Protokoll umgesetzt werden sollte. In Kraft treten konnte es aber noch nicht. Denn im Anschluss begann die sogenannte Ratifizierung. Jeder Staat musste das Protokoll von seinem Parlament absegnen lassen. Erst wenn eine gewisse Anzahl von Staaten das gemacht hatte, sollten die Beschlüsse auch gelten. Das war dann im Jahr 2002 der Fall.

2009 kam es im dänischen Kopenhagen zu dem wohl größten Dämpfer in der Geschichte der Klimakonferenzen. Eigentlich sollte beschlossen werden, was nach Ablauf des Kyoto-Protokolls im Jahr 2012 passieren sollte. Doch statt eines verbindlichen Regelwerkes gab es ein Desaster. Streitpunkt war die Erderwärmung, also das Problem, dass die durchschnittliche Temperatur auf der Erde steigt. Dass dieser Prozess nicht mehr aufzuhalten ist, wusste man schon damals. Das kommende Abkommen sollte festlegen, auf wie viel Grad man den Temperaturanstieg begrenzen wollte. Der kleine Inselstaat Tuvalu zum Beispiel bestand auf höchstens 1,5 Grad. Denn Tuvalu hat ein existenzielles Problem. Steigt die Temperatur auf der Erde immer weiter an, erhöht sich auch der Meeresspiegel immer weiter. Dann drohen kleine Inselstaaten wie Tuvalu unterzugehen. Der Vorschlag, der dann aber vorgelegt wurde, beinhaltete nur das Ziel, die Erderwärmung auf zwei Grad zu begrenzen. Tuvalu und andere Entwicklungsländer weigerten sich daraufhin, dem Papier zuzustimmen. Außerdem sollten aufstrebende Länder wie China und Indien nun die gleichen Klimaziele erreichen wie die Industrieländer, die in den vergangenen Jahrzehnten hauptsächlich für die CO_2-Emissionen verantwortlich waren. Das hielten die aufstrebenden Staaten für ungerecht.

Das Ergebnis der Konferenz, die sogenannte »Übereinkunft von Kopenhagen«, konnte man kaum ernst nehmen. Darin stand nur das Ziel, die Erderwärmung auf zwei Grad Celsius zu beschränken, und dass die Industriestaaten den Entwicklungsländern bis zu 30 Milliarden US-Dollar für den Klimaschutz zur Verfügung stellen sollten. Die Entwicklungsländer kritisierten, dass die Industriestaaten sich so freikaufen wollten, ohne selbst große Anstrengungen für den Klimaschutz zu unternehmen. Das Papier, das dann verabschiedet wurde, war völkerrechtlich nicht bindend und wurde von den Vertragsstaaten lediglich zur Kenntnis genommen, aber nicht formell akzeptiert. Der Klimagipfel von Kopenhagen ging als Flopenhagen und Brokenhagen in die Geschichte der Klimadiplomatie ein.

Die nächste wichtige Konferenz fand 2012 in Doha in Katar statt, in diesem Jahr sollte das Kyoto-Protokoll auslaufen. In den Konferenzen in den Jahren zuvor war ein Kompromiss ausgehandelt worden und die Vertragsstaaten einigten sich auf eine Verlängerung des Kyoto-Protokolls bis 2020. Die Industrieländer sagten zu, ihre CO_2-Emissionen bis 2020 um insgesamt achtzehn Prozent gegenüber 1990 zu reduzieren. Die Europäische Union verpflichtete sich zu einer Verringerung um zwanzig Prozent. In den deutschen Medien wurde dieses Ergebnis als »Mini-Kompromiss« bezeichnet, zu dem es nur gekommen war, weil der Sitzungspräsident bei der Abstimmung alle Punkte so schnell herunterrasselte, dass niemand eine Chance hatte, das Wort zu ergreifen.

Ein Durchbruch gelang erst 2015 in Paris. »Es ist nur ein kleiner Hammer. Aber man kann damit Großes bewirken.« Das sagte Verhandlungsleiter Laurent Fabius, nachdem sein Schlag mit dem kleinen grünen Hammer die Annahme des ersten Klimavertrags besiegelt hatte.

Erstmals war ein Klimaschutzvertrag zustande gekommen, der heute für fast alle Staaten der Welt gilt. Minutenlang gab es Standing Ovations im Verhandlungssaal.

Vorher hatten weltweit Demonstrationen für den Klimaschutz stattgefunden. Von Jakarta in Indonesien bis Berlin und Sydney in Australien – rund um den Globus gingen die Menschen am Wochenende vor dem Gipfel für den Schutz der Erde auf die Straße, mehr als 2300 Protestaktionen und Demos kamen zustande. Aber gerade der Protestmarsch am Verhandlungsort Paris wurde wegen Terrorgefahr abgesagt. Doch die Einwohner ließen sich etwas einfallen: Mehr als 10 000 Menschen platzierten stellvertretend für sich selbst ihre Schuhe in der Innenstadt.

Das Abkommen von Paris markierte einen neuen Ansatz im weltweiten Klimaschutz. Alle Teilnehmerländer, 195 Staaten und die EU, bekennen sich zu der Übereinkunft, die durchschnittliche Erwärmung der Erde deutlich unter zwei Grad zu halten, sie besser auf 1,5 Grad zu begrenzen. Und alle Staaten verpflichten sich, zur Erreichung dieses Ziels beizutragen. Das wollen die Länder mit freiwilligen, nationalen Klimaschutzzielen erreichen. Ob es funktioniert, soll in regelmäßigen Abständen auf den nächsten Klimakonferenzen überprüft werden. Und: Die Industrieländer stellen ab 2020 jährlich 100 Milliarden Dollar für ärmere Staaten bereit, damit auch diese Klimaschutzmaßnahmen ergreifen können.

Journalisten und Umweltaktivisten waren sich nach der Konferenz einig: Das Abkommen von Paris ist ein Meilenstein im Klimaschutz. Mit der Nennung so ambitionierter Ziele hatten die wenigsten gerechnet. Ausschlaggebend für den Erfolg der Konferenz war vermutlich, dass jeder Staat vor der Konferenz aufgeschrieben hatte, was er für den Klimaschutz tun möchte. Im Gegensatz zu den vertraglich festgelegten Klimaschutzvorgaben bestimmen die Länder nun selbst, welche Maßnahmen sie ergreifen, und melden sie dem UN-Klimasekretariat. Dieses prüft die Ziele und ermittelt den Gesamtklimanutzen. Die Idee: Werden die Ziele nicht von oben herab verordnet, sondern als Selbstverpflichtung veröffentlicht, stoßen sie auf weniger Widerstand. In Paris wurde außerdem endlich die veraltete Feindschaft zwischen Industrie- und Entwicklungsländern aufgehoben. Es hatte sich eine sogenannte »Koalition der Ambitionierten« gebildet mit den USA, den europäischen Staaten, den kleinen Inselstaaten und den meisten afrikanischen Staaten. Diese so ungleiche, aber im Ziel vereinte Gruppe hatte der Konferenz eine neue Dynamik gegeben.

Es bleibt die Frage, ob diese Bemühungen für den Schutz des Klimas ausreichen. Umweltorganisationen und Forscher glauben nicht daran. Bliebe es allein bei diesen Maßnahmen, würde sich die Erde laut Berechnungen von Wissenschaftlern und Umweltverbänden um bis zu 3,5 Grad erwärmen statt um maximal zwei Grad. Das Konferenzergebnis und die wissenschaftlichen Fakten stimmen nicht überein. Allerdings sollen die Staaten ihre Klimaschutzziele regelmäßig verbessern. Ab 2018 soll alle fünf Jahre über schärfere Klimaschutzmaßnahmen verhandelt werden. Dieses Vorgehen halten viele Umweltverbände für essenziell.

Und so historisch dieser weltweite Klimavertrag war, so historisch schnell ging auch seine Ratifizierung, die Annahme in den einzelnen Ländern. Im Eiltempo stimmten die nationalen Parlamente dem Klimavertrag zu. Im November 2016 trat das Abkommen offiziell in Kraft. Im Sommer 2017 kündigte der neue US-Präsident Trump allerdings eine Kehrtwende in der amerikanischen Klimapolitik an: das Land werde aus dem Klimavertrag austreten. Ein herber Schlag für den weltweiten Klimaschutz.

WLADIMIR PUTIN UND RUSSLAND

Der russische Präsident Wladimir Putin hat das Land seit 1999 unter seine Kontrolle gebracht und setzt alles daran, seine Macht zu festigen. Kritiker werfen Wladimir Putin massive Menschenrechtsverletzungen, Korruption und die Abschaffung der Demokratie vor. Immer wieder kommt es deshalb zum Streit zwischen Putin und dem Westen.

Wladimir Wladimirowitsch Putin – für die einen ist er eine große Gefahr für die ganze Welt, für andere ist er ein guter und starker Führer. Der ehemalige Bundeskanzler Gerhard Schröder sagte einst über ihn, er sei ein »lupenreiner Demokrat«. Seit 1999 bestimmt Putin in Russland, wo es langgeht, zunächst als Ministerpräsident und später als Präsident. Aber wer ist der scheinbar unberechenbare Mann aus dem Osten? Vielen Menschen im Westen erscheint Putin wie ein allgegenwärtiger Führer, der wie ein Diktator im Alleingang sein Land regiert. Ganz so ist es nicht. Wladimir Putin ist in Russland auch nur Teil eines Systems. Aber er steht an der Spitze dieses Systems und hat gelernt, es perfekt zu kontrollieren und für seine Zwecke zu nutzen. Zweifelsohne ist Putin eine der spannendsten und umstrittensten Persönlichkeiten der Weltpolitik. Es ranken sich unzählige Geschichten um ihn. So heißt es zum Beispiel, dass Putins größte Angst das Altern sei, weil er Schwäche nicht akzeptieren könne. Seine wichtigsten Entscheidungen trifft er angeblich morgens, wenn er alleine seine Bahnen im Pool zieht.

Putin ist außerdem ein ehemaliger Agent des Geheimdienstes und spricht fließend Deutsch, weil er lange Zeit in Deutschland stationiert war. Er kommt gerne zu spät, weil er das als Zeichen seiner Macht sieht, und ließ sogar die Queen eine halbe Stunde warten. Für die besten Manieren ist Putin sowieso nicht bekannt. Zu einem Treffen mit Bundeskanzlerin Angela Merkel brachte er einmal einen großen Hund mit, obwohl er wusste, dass Merkel große Angst vor Hunden hat. Ein Schelm, wer Böses dabei denkt. Es existieren mindestens genauso viele Fragen wie Fakten zu Wladimir Putin. Zum Beispiel die Frage, wie groß sein Vermögen denn nun eigentlich ist. Er selbst redet das gerne klein, aber alles deutet darauf hin, dass Putin mit einem Privatvermögen von bis zu 40 Milliarden Dollar einer der reichsten Männer der Welt sein könnte. Kürzlich kursierten sogar Gerüchte von einem Vermögen von etwa 180 Milliarden Dollar. Und spätestens seit Putins

Einflussnahme auf den Ukrainekrieg fragen sich viele, was seine Pläne sind. In diesem Kapitel wollen wir zunächst den Menschen Putin skizzieren. Anschließend wenden wir uns seiner politischen Rolle im In- und Ausland zu, sodass Sie, wenn Sie das nächste Mal die Nachrichten einschalten und der Name Wladimir Putin fällt, ein bisschen besser wissen, wen Sie vor sich haben und was hinter seinen Taten steht.

Will man Putin verstehen, lohnt sich ein Blick auf seinen Werdegang. Viele der Eigenschaften, die heute sein Verhalten als Politiker bestimmen, kristallisierten sich bereits in seiner Jugendzeit heraus.

Im Oktober 1952 wurde Wladimir Putin in Leningrad (heute Sankt Petersburg) in der damaligen Sowjetunion geboren. Über seine Kindheit wissen wir nicht viel. Die meisten Informationen über diese Zeit stammen aus Putins eigener Autobiografie und sind deshalb umstritten. Putin wuchs in einer einfachen Arbeiterfamilie auf und lebte mit seinen Eltern in einer gerade mal zwanzig Quadratmeter großen Wohnung. Als Kind und Jugendlicher war Putin eher klein und schwächlich, von Zeit zu Zeit musste er deshalb von den stärkeren Jungs im Hinterhof Prügel einstecken. Um sich zu verteidigen, erlernte Putin Judo und andere Kampfsportarten. Er erlangte sogar den schwarzen Judogürtel und trainiert auch heute noch regelmäßig. Putin inszeniert sich gern als Kämpfer, der sich schon als Kind mutig verteidigt hat. Angeblich soll er sich als Jugendlicher viele Filme angesehen haben, in denen es um Spione geht. Putin selbst erzählt immer wieder von dem Film *Schild und Schwert* aus dem Jahr 1968. Diese Filme weckten in ihm den Wunsch, selbst Geheimagent zu werden und sein Land zu verteidigen – sagt er. Ein Wunsch, der sich wenig später erfüllen sollte.

Nach Beendigung der Schule absolvierte er ein Jurastudium. Im Anschluss daran warb ihn der sowjetische Geheimdienst KGB an, wo er als Geheimagent in der Auslandsspionage-Abteilung arbeitete. Ein James-Bond-Verschnitt war Putin damals allerdings nicht. Zu seinen Aufgaben zählte es, Spione anzuwerben und Informationen über bestimmte Zielpersonen zu sammeln. Er saß also eher im Büro und hielt sich im Hintergrund. Als Präsident agiert Wladimir Putin heute noch wie damals beim Geheimdienst. Pläne entwickelt er gerne im Geheimen und bespricht wichtige Entscheidungen nur mit wenigen Vertrauten. Mit der Wahrheit nimmt Putin es bis heute nicht immer so genau. So wird dem Präsidenten zum Beispiel vorgeworfen, er habe russische Soldaten in den Ukrainekrieg entsendet. Putin streitet das bis heute ab und behauptet, die russischen Soldaten hätten dort freiwillig in ihrem Urlaub gekämpft. Der Präsident biegt sich die Wahrheit zurecht, wie es ihm passt. Die Öffentlichkeit muss schließlich nicht alles und schon gar nicht immer die Wahrheit erfahren – diese Devise lernte Putin wohl beim Geheimdienst und hat sie bis heute beibehalten.

Im Jahr 1985 wurde der junge KGB-Agent Putin in die DDR versetzt, um dort zu spionieren. Putin lebte gemeinsam mit seiner Frau und seinen beiden Töchtern in Dresden. In dieser Zeit lernte er nahezu perfekt Deutsch. Ein früherer Freund der Familie Putin behauptet, dass Putins Töchter zu Hause ausschließlich Deutsch miteinander gesprochen hätten. Und bevor Sie sich wundern, dass Sie in diesem Kapitel nichts mehr über die Töchter des russischen Präsidenten lesen werden: Was genau die beiden heute machen, wo und unter welchen Namen sie leben – das ist ein gut gehütetes Geheimnis und Putin tut alles, damit das auch so bleibt. Aber zurück zum eigentlichen Thema: Später, als Putin Präsident von Russland wurde, profitierte er immer wieder von seinen Deutschkenntnissen. So hielt er zum Beispiel eine Rede vor dem Bundestag komplett in deutscher Sprache und schickte mitten in einem ARD-Interview den Übersetzer weg, um das Gespräch auf Deutsch weiterzuführen. Als Geheimagent fühlte sich Wladimir Putin sehr wohl in Deutschland. Angeblich trank er gerne und ging ausgiebig feiern. Doch dann kam 1990 mit dem Fall der Mauer das Ende der DDR, und damit endete auch Putins Aufenthalt in Deutschland. Noch im gleichen Jahr kehrte er zurück in die Sowjetunion.

Kurz nach seiner Rückkehr zerfiel das große, mächtige Reich der Sowjetunion, zu dem damals neben Russland auch Weißrussland, die Ukraine, Kasachstan, Usbekistan und viele weitere Länder zählten. Doch immer mehr Länder spalteten sich ab und 1991 war es mit der Sowjetunion offiziell vorbei. Das Land, für das Putin als Geheimagent gearbeitet hatte und das er so sehr liebte, gab es plötzlich nicht mehr. Für Wladimir Putin muss das ein einschneidendes Erlebnis gewesen sein. Als Präsident sagte er später, dass das Ende der Sowjetunion die »größte geopolitische Katastrophe des Jahrhunderts« gewesen sei. Doch so schlimm das Auseinanderbrechen der Sowjetunion für Putin damals auch war – es markiert auch der Beginn seiner politischen Karriere. Ohne die Sowjetunion brauchte es den sowjetischen Geheimdienst nicht mehr, und so wurde Putin Berater des Bürgermeisters von Sankt Petersburg, der zweitgrößten Stadt Russlands. Er kümmerte sich damals zum Beispiel um die Verteilung von Lebensmitteln. Außerdem setzte er sich dafür ein, dass Polizisten härter gegen Kriminelle vorgehen durften. Er machte sich einen Namen und stieg 1994 zum Vizebürgermeister von Sankt Petersburg auf. Nur zwei Jahre später schaffte er es in die erste Riege russischer Politiker und ging nach Moskau. Er arbeitete für den damaligen russischen Präsidenten Boris Jelzin und wurde Chef des mächtigen Geheimdienstes FSB. Er gewann Jelzins Vertrauen. Als dieser 1999 händeringend einen neuen Ministerpräsidenten suchte, schlug Putins große Stunde. Boris Jelzin ernannte ihn zum neuen Ministerpräsidenten. Damit war Putin plötzlich die Nummer zwei in Russland.

Doch 1999 glaubte noch niemand so richtig an seine Fähigkeiten. Er hatte kaum politische Erfahrung und war in Russland völlig unbekannt. Die meisten vermuteten damals, dass Putin sich nicht lange als Ministerpräsident würde halten können – keine guten Voraussetzungen, um eine Nation zu führen. Doch schon sehr bald änderte sich das. Was nun folgte, ist das wohl dunkelste und mysteriöseste Kapitel in der Karriere Wladimir Putins. Kurz nach seiner Ernennung zum Ministerpräsidenten kam es in mehreren Wohnhäusern in Russland zu Explosionen. Hunderte Menschen wurden bei diesen Anschlägen getötet. Putin als neuer Ministerpräsident war gefragt. Er versicherte den Russen in einer Ansprache, dass er für die Sicherheit im Land sorgen werde. Putin fand schnell einen Schuldigen und machte tschetschenische Terroristen für die Anschläge verantwortlich. Daraufhin schickte er die russische Armee nach Tschetschenien und führte dort den Kampf gegen die Terroristen an. Beim russischen Volk machte sich Putin mit dieser Aktion innerhalb von kürzester Zeit beliebt. Er galt als Held, der die Terroristen besiegt und die Russen vor dem Bösen beschützt hatte. Kurz darauf trat Boris Jelzin als Präsident zurück und Wladimir Putin wusste die neu gewonnene Sympathie für sich zu nutzen. Am 26. März 2000 wählten ihn die Russen zum neuen Präsidenten. Sofort begann Putin damit, seine Macht auszubauen. Er änderte das Staatssystem und einige Gesetze zu seinen Gunsten. Innerhalb von wenigen Monaten wurde ein eben noch Unbekannter zunächst Ministerpräsident, verteidigte dann auf wundersame Art und Weise das russische Volk, erntete dessen Sympathie und wurde zum neuen Präsidenten gewählt. Eine unglaubliche Geschichte. Da ist es keine Überraschung, dass massive Zweifel an dem wundersamen Aufstieg des Wladimir Putin bestehen. Nie hat eine unabhängige Institution die Anschläge in Moskau genauer untersucht, obwohl nach wie vor viele Ungereimtheiten bestehen. Viele Menschen vermuten dahinter sogar eine Verschwörung. Hatte Putin die Anschläge womöglich gemeinsam mit dem Geheimdienst durchgeführt, um perfekte Bedingungen für den eigenen politischen Aufstieg zu schaffen? In der Tat gibt es massive Zweifel, dass die Anschläge von Terroristen durchgeführt wurden. Außerdem deutet einiges darauf hin, dass die Anschläge inszeniert waren. In Russland ist das bis heute ein Tabuthema. Wer darüber spricht, riskiert, im Gefängnis zu landen oder bei einem Unfall ums Leben zu kommen. Mehrere Journalisten und Autoren, die zu dem Thema recherchierten, verschwanden oder starben auf mysteriöse Art und Weise. Unter russischen Journalisten ist die mögliche Inszenierung der Moskauer Anschläge durch Putin deshalb zu einem »No-go«-Thema geworden. Es ist fraglich, ob wir jemals die Wahrheit über die Ereignisse erfahren werden.

Seit dem Jahr 2000 ist Wladimir Putin in Russland an der Macht. Bis 2008 war er Präsident. Weil das Gesetz es so vorschreibt, musste er von 2008 bis 2012 eine Pause einlegen. In dieser Zeit übernahm er den Posten des Ministerpräsidenten und sein langjähriger Freund Dmitri Medwedew wurde Präsident. Auch in dieser Zeit behielt Putin die Kontrolle über das Land. Seit 2012 ist er wieder Präsident von Russland. Den Präsident-Ministerpräsident-Präsident-Trick bezeichnen die Russen übrigens scherzhaft als »Putin-Rochade«.

In welche Richtung hat Wladimir Putin Russland in all den Jahren gelenkt? Darauf werfen wir jetzt einen Blick.

Als Putin 2000 Präsident wurde, war Russland ein Land, in dem Korruption an der Tagesordnung war. Mächtige Geschäftsleute, sogenannte Oligarchen, kontrollierten mit ihrem Geld fast alles. Von Putin erwarteten viele Politiker des Establishments, dass er dieses korrupte System weiterführen würde. Und das tat er auch. Als erste Amtshandlung gewährte er Boris Jelzin per Dekret völlige Straffreiheit für seine Handlungen während der Amtszeit sowie für künftiges Handeln. Darüber hinaus räumte er der

Familie Jelzin weitreichende Privilegien ein. Kurz zuvor war ans Licht gekommen, dass Jelzin wohl in einen Korruptions- und Geldwäscheskandal verwickelt war. Doch Wladimir Putin schien keine Lust zu haben, nur ein Teil dieses korrupten Systems zu sein – er wollte an die Spitze dieses Systems. Also baute er das System um und brach die Macht der Oligarchen. Stattdessen errichtete er in Russland das System der sogenannten »gelenkten Demokratie«. Zentraler Gedanke dieses Systems ist eine strikte Befehlskette von oben nach unten. Die Russen nennen es vertikale Macht. Putin entscheidet und die Leute unter ihm haben seine Ideen umzusetzen, während der Schein der Demokratie gewahrt bleibt. Wladimir Putin übernahm nach und nach die Kontrolle über alles im Land und kann die Demokratie heute nach seinen Wünschen lenken.

Wie ging das vor sich? Nun, Wladimir Putin schränkte zum Beispiel die Pressefreiheit in Russland massiv ein. In Russland gibt es kaum Journalisten, die kritisch über den Präsidenten berichten können, ohne Angst haben zu müssen. Alle großen Fernsehsender, Radiostationen und Zeitungen in Russland stehen unter der Kontrolle von Wladimir Putins Regierung. Sie bemühen sich vor allem darum, den Präsidenten positiv darzustellen. Kritische Journalisten landen in Russland oft im Gefängnis, in Arbeitslagern, sie sterben oder verschwinden. Anstelle kritischer Berichte sehen die Russen im Fernsehen, wie sich Putin als Staatsheld inszeniert. Er reitet mit nacktem Oberkörper auf einem Pferd durch die Landschaft, findet als Taucher Schätze im Meer, spielt Eishockey mit der Nationalmannschaft oder lässt Bilder von sich malen, auf denen er mit Pfeil und Bogen einen US-amerikanischen Kampfjet vom Himmel schießt. Auch politische Gegner versucht Wladimir Putin mit aller Macht ruhigzustellen. Auch sie verschwinden in Russland oft im Gefängnis oder ihnen geschieht Schlimmeres. Davon abgesehen ist es für sie schwer, überhaupt öffentliche Wahrnehmung zu bekommen, weil alle Medien von Putin kontrolliert werden.

Die Menschenrechtsorganisation Amnesty International berichtet, dass das Demonstrationsrecht in Russland extrem eingeschränkt ist. Die meisten Demonstrationen werden radikal niedergeschlagen und Demonstranten müssen mit einer Verhaftung rechnen. Putin setzt alles daran, um Kritik und Destabilisierung im Land zu verhindern. Durch diese Kontrolle sichert er sich die Unterstützung der Massen. Tatsächlich liebt ihn das russische Volk und in Präsidentschaftswahlen erzielt er hervorragende Ergebnisse. Genau das ist die Idee der »gelenkten Demokratie«: Es gibt zwar Demokratie, aber Putin lenkt alles und behält so stets die Kontrolle. Er wahrt nach außen den Schein einer freien Demokratie, während er im Inneren kritische Stimmen so stark unterdrückt, dass es praktisch keine Alternative zu ihm gibt. Putin lenkt die Dinge so, dass am Ende ohnehin immer nur er selbst wiedergewählt wird. An ihm und seiner Partei »Einiges Russland« kommt im Land keiner vorbei und er tut alles, um diese Macht zu behalten.

Politikexperten und Menschenrechtsorganisationen warnen deshalb, dass Russland längst keine Demokratie mehr sei. Stattdessen sprechen sie von einem System, das lediglich »halbdemokratisch« oder anders formuliert »halbautoritär« sei. Scharfe Kritiker bezeichnen das System schlicht als »Putinismus«. Das britische Nachrichtenmagazin *The Economist* publizierte ein Demokratie-Rating, in dem Russland auf Platz 102 von insgesamt 167 Ländern landete. In anderen Ratings erreicht Russland sogar noch schlechtere Platzierungen. In den Begründungen heißt es meist, dass Russland die Freiheit von Kritikern, Medien und den Bürgern massiv einschränke. Auch Minderheiten wie Homosexuelle oder Flüchtlinge würden in Russland massiv diskriminiert und Gewalt gegen diese Gruppen häufig toleriert.

Nicht nur politisch, sondern auch wirtschaftlich veränderte Putin in Russland so einiges. Tatsächlich bescherte er dem Land einen jahrelangen Wirtschaftsaufschwung. Dazu setzte er alles auf die Öl- und Gasindustrie. Putin brachte beide Wirtschaftszweige unter staatliche Kontrolle – er kaufte und verstaatlichte viele Firmen, die Öl und Gas fördern, transportieren und verarbeiten. So gehören dem russischen Staat heute zum Beispiel große Anteile an der Firma Gazprom. Mit dem Verkauf von Öl und Gas machte Wladimir Putin Russland zu einem reicheren Land. Mit dem steigenden Ölpreis wuchs die Wirtschaft immer schneller, Arbeitsplätze entstanden, die Löhne stiegen und vielen Menschen geht es besser als früher. Beim russischen Volk machte Putin sich damit lange Zeit beliebt. Übrigens geht es den allermeisten Russen im internationalen Vergleich trotzdem ziemlich schlecht, davon aber wissen nur wenige Menschen, denn wegen der nicht vorhandenen freien und kritischen Berichterstattung erfahren die meisten Russen nichts davon. Und weil es ihnen zumindest ein bisschen besser geht als früher, sind sie zufrieden. Doch ein großer Teil des Geldes, das Putin mit Öl und Gas verdient, wandert wohl in seine eigene und in die Taschen seiner Freunde. Es gibt massive Korruptionsvorwürfe gegen Wladimir Putin. Kritiker unterstellen ihm, dass er seine Macht in Russland ausnutze, um sich und seine Freunde zu bereichern. So behauptete eine Kritikerin in der *New York Times*, dass von den 50 Milliarden US-Dollar, die in die Ausrichtung der Olympischen Winterspiele 2014 investiert wurden, etwa die Hälfte in die Taschen von Putin und seinen Freunden geflossen sei. Offizielle Angaben über Putins Vermögen gibt es kaum. 2007 gab er selbst einmal an, dass er zwei alte Autos, eine kleine Wohnung, ein kleines Stück Land und etwa 150 000 US-Dollar besitze. Daran glaubt wohl niemand so richtig. Stattdessen häufen sich Hinweise, dass Putin über die Jahre als Präsident zum Milliardär geworden ist. Einige Experten schätzen sein Privatvermögen auf bis zu 40 Milliarden US-Dollar, andere sogar auf bis zu 180 Milliarden US-Dollar. Damit wäre Wladimir Putin einer der reichsten Männer der Welt.

So weit zur Innenpolitik. Wir halten fest, dass Putin sich an die Spitze eines korrupten politischen Systems katapultiert hat, das er im Alleingang kontrolliert. Sein Hauptziel scheint es zu sein, diese Macht zu halten und weiter auszubauen. Langfristige innenpolitische Ziele oder Träume für die Zukunft sind dagegen nicht zu erkennen.

Und wie steht es mit der Außenpolitik? Aus westlicher Sicht ist Wladimir Putin ein Kriegstreiber und eine Gefahr für den Frieden auf der Welt. Das ist wohl ein Überbleibsel aus dem Kalten Krieg, in dem sich die Westmächte unter Führung der USA und die Sowjetunion lange feindlich gegenüberstanden. Der Kalte Krieg ist zwar vorüber, aber noch heute sind die NATO, das Militärbündnis der Westmächte, wozu auch die USA und die EU gehören, und Russland keine guten Freunde. Die NATO traut Russland nicht und Russland traut der NATO nicht. Der Ost-West-Konflikt ist allgegenwärtig und in den Nachrichten immer wieder Thema. Dabei setzte sich Wladimir Putin zu Beginn seiner Präsidentschaft für eine Freundschaft mit dem Westen ein und überraschte damit im Ausland. Anders als erwartet näherte er sich der EU und der NATO zunächst an. Nach den Anschlägen vom 11. September 2001 bot er den USA sogar Unterstützung im Kampf gegen die Taliban an. Viele Russen konnten das kaum fassen. Putin unterhielt auch enge Beziehungen zum ehemaligen deutschen Bundeskanzler Gerhard Schröder, der Putin sogar als »lupenreinen Demokraten« bezeichnete und Putin hielt damals eine Rede vor dem Deutschen Bundestag komplett auf Deutsch. Bis 2014 war Russland dazu Teil der G8-Staaten und sprach die wichtigsten Entscheidungen mit den Regierungschefs der größten westlichen Industrienationen ab. Zunächst schlug Putin also einen prowestlichen Kurs ein. Aber warum? Es ist fraglich, ob Wladimir Putin damals wirklich aus politischer Motivation heraus handelte. Viele vermuten, dass hinter seinem Kurs eher wirtschaftliche Interessen standen, schließlich brauchte er irgendjemanden, der ihm das russische Öl und Gas abkaufte, um die Wirtschaft anzukurbeln. Lange hat das mit dem Freundschaftskurs auf jeden Fall nicht gehalten.

Denn mit der Zeit verschlechterte sich das Verhältnis zwischen Russland und den westlichen Mächten wieder. Immer häufiger kam es zu Streit. Für Russland stellt die Osterweiterung der NATO eine Bedrohung dar. Ursprünglich war Deutschland in Mitteleuropa das östlichste NATO-Land. Zwischen der NATO und Russland lagen also einige Länder, die militärisch weder Russland noch der NATO eindeutig zuzuordnen waren, sie bildeten eine Art Pufferzone. Doch über die Jahre vergrößerte sich die NATO immer weiter in Richtung Osten. Mit der Zeit kamen die Länder Polen, Tschechien und Ungarn dazu. Wenig später traten dann auch Bulgarien, Estland, Lettland, Litauen, Rumänien, Slowakei und Slowenien bei. Das sind zum Teil Staaten, die früher zur Sowjetunion gehörten. Dass diese nun zum westlichen Militärbündnis NATO zählen, ist für Wladimir Putin und für Russland eine Provokation. Durch die Erweiterung der NATO im Osten rückt der Staatenbund geografisch immer näher an die russische Grenze und der Präsident sieht Russland dadurch militärisch in Gefahr. Welche Großmacht freut sich schon über Militärbasen, Panzer und Raketenabwehrsysteme direkt vor der eigenen Haustür? Immer wieder warnte Wladimir Putin den Westen vor einer weiteren NATO-Osterweiterung – vergeblich. 2009 traten Albanien und Kroatien bei. Als dann auch noch der Beitritt der Ukraine zur Debatte stand, ein direkter Nachbar Russlands, platzte Wladimir Putin der Kragen. Das lehnte er radikal ab! Er fühlte sich militärisch bedroht. Doch nicht nur das. Viele Experten meinen, dass Putin nicht nur aufgrund der militärischen Bedrohung so reagierte, sondern dass er auch eine westlich orientierte Ukraine fürchtet. Es bestehen noch immer enge persönliche Verbindungen zwischen der Ukraine und Russland. Wenn die Ukraine plötzlich westlich und europäisch würde, könnten die Menschen in Russland auf lange Sicht ähnliche Lebensstandards einfordern. Für Putin und seine »gelenkte Demokratie« könnte das zu einer echten Bedrohung werden. Putin lehnt einen NATO- oder EU-Anschluss der Ukraine also kategorisch ab.

Der Konflikt führte schließlich zum Krieg in der Ukraine, worüber Sie im nächsten Kapitel mehr erfahren. Die proeuropäische Bewegung wurde immer stärker und übernahm nach einer Revolution die Kontrolle über das Land. Putin ging das zu weit! Er übernahm in einer militärischen Invasion, einer sogenannten Annexion, völkerrechtswidrig die Krim – einen russisch geprägten Teil der Ukraine. Darüber hinaus wirft die NATO Russland vor, den Krieg in der Ostukraine anzuheizen. Putin wolle die Ukraine militärisch destabilisieren, um zu verhindern, dass sich das Land Richtung NATO und EU entwickelt. Die westlichen Staaten kritisieren Russlands Einmischung in der Ukraine scharf und warfen Russland im Jahr 2014 aus der Gruppe der G8 – seitdem gibt es nur noch die G7.

Daneben streiten Russland und die NATO seit Jahren über Syrien. Russland unterstützt den syrischen Präsidenten Baschar al-Assad, während die NATO ihn kategorisch ablehnt. Weil man sich in diesem Streit nicht einigen kann, kommt es seit Jahren in Syrien zu keiner diplomatischen Lösung. Erinnern Sie sich? Mehr zu den Interessen der NATO und Russlands in Syrien können Sie im Kapitel »Krieg in Syrien« nachlesen. Der Westen hat mittlerweile massive Wirtschaftssanktionen gegen Russland verhängt, um das Land wirtschaftlich zu schwächen. Wladimir Putin wehrt sich dagegen, indem er seinerseits versucht, den Westen zu provozieren und die Demokratie dort zu destabilisieren. So gibt es viele Hinweise darauf, dass russische Hacker versucht haben, die Präsidentschaftswahlen in den USA zu manipulieren. Außerdem unterstützt Wladimir Putin rechtspopulistische und EU-kritische Parteien wie den Front National in Frankreich, um die Demokratien im Westen zu destabilisieren. Er hofft womöglich, dass so Politiker und Parteien an die Macht kommen könnten, die pro-russisch eingestellt sind. Deeskalation sieht anders aus.

Man kann es wohl so zusammenfassen: Wladimir Putin und Russland auf der einen und der Westen mit der NATO auf der anderen Seite sind nie so richtig gute Freunde geworden. Zwar arbeitete man immer mal wieder zusammen, wenn es beiden Seiten nützte, aber Vertrauen brachte man einander nie entgegen. Denn verstünde und vertraute man einander wirklich, hätte die NATO vielleicht aus Respekt vor Russland auf so manche Erweiterung Richtung Osten verzichtet. Oder aber Russland hätte mit der NATO-Osterweiterung nicht so ein großes Problem gehabt. Doch ohne Vertrauen funktioniert es nicht. Die tiefen Gräben, die der Zweite Weltkrieg, der Kalte Krieg und der Eiserne Vorhang schufen, konnten nie ganz überwunden werden. Und so isolierte sich Russland in den vergangenen Jahren vom Westen. So mancher Russe fürchtet bereits, dass das Land zu einer Art Nordkorea werden könnte. Ganz so weit wird es vielleicht nicht kommen, aber eine innige Freundschaft ist auch nicht in Sicht. Der Russland-

Korrespondent der Zeitung *Die Zeit* schrieb einmal sehr treffend: »Mit dem Westen hat Russland also vorerst abgeschlossen.«

Ein Kriegstreiber oder eine völlig unkalkulierbare Gefahr für den Weltfrieden ist Wladimir Putin deshalb trotzdem nicht. Von einer Eskalation oder gar einem dritten Weltkrieg hätte auch er nichts. Sein größtes Interesse ist Russland und das System, das er sich dort über Jahre hinweg aufgebaut hat, aufrecht zu erhalten und vor Einfluss von außen zu schützen. Deshalb hat er in den vergangenen Jahren wohl immer öfter die Reißleine gezogen und im Ukrainekonflikt eine klare Warnung ausgesprochen: »Bis hierher und nicht weiter!«

Wir schließen dieses Kapitel mit zwei meinungsstarken Beiträgen zum Thema Wladimir Putin und Russland. Ein Putin-Unterstützer erklärt seine Haltung in einem YouTube-Video wie folgt: »Warum ich Putin unterstütze? Die Antwort darauf ist einfach! Er macht unser Land stark. Er macht uns zu einer neuen Supermacht! Er hat unsere Wirtschaft angekurbelt. Ich möchte, dass Russland wieder eine eigenständige Weltmacht ist. Russland wird nie einfach nur die Marionette von irgendjemandem sein.« Ein Freund von uns, ein russischer Journalist, sieht die Sache anders. Als wir ihm dieses Kapitel schickten, schrieb er uns: »Ich werde wütend, wenn ich an Russland denke! Es war einmal mein Land, aber wir haben dieses Land an eine Gang von Dieben und Deppen verloren. Und jetzt wird es untergehen!«

DER UKRAINEKRIEG

In der Ukraine gibt es seit Jahren einen Krieg, der sich im Kern um die Frage dreht, ob sich das Land eher Europa oder Russland annähert. Dabei kämpfen im Osten des Landes prorussische Kämpfer gegen das ukrainische Militär. Einige Staaten vermuten, dass Russland die Kämpfe anheizt, um seinen Einfluss in der Ukraine nicht zu verlieren.

Seit mehr als drei Jahren herrscht im Osten der Ukraine Krieg. Die Explosion der Gewalt auf dem Maidan-Platz in Kiew, die Annexion der Krim, der Abschuss von Malaysia-Airlines-Flug MH17 sowie die Kämpfe in Donezk und Luhansk – all das waren traurige Nachrichtenhöhepunkte des Ukrainekriegs. Worum es dabei im Kern geht und wie die Ereignisse zusammenhängen, davon handelt das folgende Kapitel. Im Kern geht es im Ukrainekonflikt um eine ganz einfache Frage: Nähert sich die Ukraine eher Europa oder Russland an?

2013 plante die ukrainische Regierung, ein Assoziierungsabkommen mit der Europäischen Union zu unterzeichnen. In diesem Abkommen wollte man sich darauf festlegen, dass sich das Land der EU weiter annähert. Konkret hätte das zum Beispiel die Öffnung von Binnenmärkten zur Folge gehabt, außerdem die Angleichung von Gesetzen und Richtlinien. In dem Assoziierungsabkommen war ausdrücklich nicht als Ziel vereinbart, dass die Ukraine der EU irgendwann beitreten würde. Das ist ungewöhnlich, denn normalerweise ist ein EU-Beitritt Sinn und Zweck der Angelegenheit. Ein Assoziierungsabkommen, das keinen EU-Beitritt zum Ziel hat, ist ein wenig, als stelle man bei einer Verlobung die Frage: »Willst du für immer mit mir zusammen sein, mich aber nicht heiraten?«

Ein EU-Beitritt der Ukraine war zum Zeitpunkt der damaligen Verhandlungen politisch äußerst heikel. Die Ukraine grenzt direkt an Russland und ist für Russland eine Art Puffer zwischen dem eigenen Land und der NATO. Russland fürchtete, dass sich die Ukraine durch das Assoziierungsabkommen immer weiter an die EU und damit auch an den Westen annähern würde – womöglich könnte die Ukraine sogar eines Tages Mitglied der NATO werden, also des westlichen Militärbündnisses. Schon lange sieht Russland die NATO-Erweiterung Richtung Osten als Gefahr für die eigene Sicherheit. Dass möglicherweise EU- oder NATO-Truppen im Nachbarland Ukraine und damit direkt vor der eigenen Grenze stationiert werden könnten, war für Russland eine Provokation.

Doch nicht nur Russland hat etwas gegen eine Annäherung der Ukraine an die EU. Auch im Land selbst, vor allem im Osten und im Süden, sind viele Menschen eher prorussisch und antieuropäisch eingestellt. Schon lange ist die Ukraine ein gespaltenes Land in der Frage, ob man eher zu Europa oder zu Russland gehören möchte. Die junge Bevölkerung in Kiew wünscht sich einen schnellen EU-Beitritt, während viele Menschen im Osten und im Süden der Ukraine genau das nicht wollen – eine brisante Situation.

Die ukrainische Regierung plante also eigentlich 2013, besagtes Assoziierungsabkommen mit der EU zu unterzeichnen. Doch es sollte alles anders kommen. Russland setzte die ukrainische Regierung unter Druck, das Abkommen nicht zu unterschreiben, und drohte ihr mit Importsperren und Handelssanktionen. Russlands Plan ging auf. Überraschend verkündete die ukrainische Regierung im Spätherbst 2013, dass sie das EU-Assoziierungsabkommen doch nicht unterschreiben werde. Viele Menschen in der Ukraine machte das wütend, vor allem die Studenten. In der Nacht vom 21. November 2013 versammelten sich deshalb etwa zweihundert junge Menschen auf dem Maidan-Platz in der ukrainischen Hauptstadt Kiew, um gegen die Entscheidung der Regierung und für eine Annäherung an Europa zu demonstrieren. Sie wollten erreichen, dass Präsident Wiktor Janukowytsch seine Entscheidung noch mal änderte. Als die Proteste auf dem Platz andauerten, versuchte die Polizei, die Demonstranten mit Gewalt zu vertreiben. Doch die gaben nicht auf. Jetzt forderten sie nicht mehr nur eine Fortsetzung des EU-Assoziierungsabkommens, sondern auch den Rücktritt von Präsident Janukowytsch und ein Ende der Gewalt gegen die Demonstranten. Monatelang besetzen sie den Maidan-Platz und errichteten eine Zeltstadt. Den Platz wollten sie erst dann wieder verlassen, wenn ihre Forderungen erfüllt würden. Die Bilder des besetzten Maidan gingen um die ganze Welt und viele Journalisten bezeichneten den Platz und das, was dort passierte, von nun an als »Euromaidan«. Verliefen die Proteste anfangs noch friedlich, kam es im Verlauf immer häufiger zu Gewalt, nicht nur vonseiten der Polizei, sondern auch von den Demonstranten. Doch jedes Mal, wenn die Polizei versuchte, die Demonstranten mit Gewalt zu vertreiben, gingen am nächsten Tag noch mehr Menschen auf die Straße. Im Januar und Februar 2014 eskalierte die Situation auf dem Maidan-Platz. Um den 20. Februar kämpften Polizei und Demonstranten brutal miteinander. Beide Seiten setzten Waffengewalt ein und mindestens siebzig Menschen wurden getötet. Später fand man heraus, dass die Polizei mit Molotowcocktails, Splittergranaten und Scharfschützen gegen die zum größten Teil unbewaffneten Demonstranten vorgegangen war. Die Situation in Kiew drohte völlig außer Kontrolle zu geraten.

Um die Krise zu beenden, unterzeichneten Präsident Janukowytsch und einige Anführer der Demonstranten am 21. Februar 2014 eine Art Friedensvertrag. Die Außenminister von Deutschland, Polen und Frankreich reisten extra nach Kiew, um die Einigung zu bezeugen. Ziel der Vereinbarung waren Neuwahlen zum Ende des Jahres und eine Beschränkung der Macht des Präsidenten. Doch als der Vertrag am Abend des 21. Februar der Menge auf dem

Maidan-Platz vorgestellt wurde, wallten die Proteste erneut auf. Den Menschen reichte das nicht! Sie betrachteten die Vereinbarungen als einen Verrat und forderten den sofortigen Rücktritt des Präsidenten. Unter großem Jubel forderte ein Redner Janukowytsch auf, das Land zu verlassen. Der Druck auf den Präsidenten nahm zu. Am 22. Februar beschützten plötzlich nur noch wenige Polizisten die Regierungsgebäude in Kiew. Die Demonstranten stürmten das Gebäude, in dem Janukowytsch sich aufhalten sollte, und entdeckten, dass niemand mehr da war. Der Präsident war nach Russland geflohen und das Parlament setzte ihn umgehend ab. Wladimir Putin zeigte sich wenig begeistert von den Entwicklungen in der Ukraine. Die russische Regierung spricht noch heute von einem verfassungswidrigen Umsturz und bezeichnet die Absetzung von Janukowytsch als illegal. Die Demonstranten auf dem Maidan-Platz hingegen sahen sich endlich am Ziel!

Doch dieses Ereignis war keineswegs das Ende des Ukrainekonflikts, es markierte erst den Anfang. Auf die Absetzung von Janukowytsch folgten zwei Reaktionen: Zum einen kam es zu prorussischen Gegendemonstrationen im Osten der Ukraine, zum anderen annektierte Russland die Krim.

Die Krim ist eine Halbinsel im Süden der Ukraine. Die Besonderheit: Fast drei Viertel der örtlichen Bevölkerung sind russischstämmig und deshalb auch eher prorussisch eingestellt. Die Krim ist hin- und hergerissen zwischen dem Fakt, dass viele Menschen dort einerseits zwar russischstämmig sind, die Region andererseits aber zur Ukraine gehört. Genau deshalb war die Krim bis zum Februar 2014 auch eine autonome und unabhängige Region innerhalb der Ukraine. Sie gehörte offiziell zwar zur Ukraine, genoss aber politische Freiheiten und Unabhängigkeit. Doch als im Februar 2014 die Proteste auf dem Euromaidan Erfolg hatten, Präsident Janukowytsch abgesetzt wurde und viele eine Annäherung der Ukraine an Europa erwarteten, kam es auf der Krim zu Demonstrationen. Denn Autonomie hin oder her: Offiziell und auf dem Papier gehörte die Krim zur Ukraine und hätte eine mögliche EU-Annäherung des Landes mitmachen müssen. Der prorussische Teil der Bevölkerung machte sich zunehmend Sorgen wegen der Ereignisse in Kiew. Viele Menschen auf der Krim wollten auf keinen Fall, dass sich die Ukraine – und damit auch ihre Halbinsel – der EU annähert.

Nach eigenen Angaben erklärte Wladimir Putin seinem Militär am 23. Februar 2014, also nur einen Tag nach der Absetzung von Janukowytsch, dass man Vorbereitungen treffe, um die Krim nach Russland zurückzuholen, und so den Bewohnern dort die Möglichkeit geben wolle, selbst über ihr Schicksal zu entscheiden. Am 26. Februar kam es auf der Krim zu gewaltsamen Auseinandersetzungen zwischen prorussischen und proukrainischen Demonstranten. Russland schickte in diesen Tagen schwer bewaffnete Soldaten auf die Halbinsel, um die Situation unter Kontrolle zu bringen. Die Ukraine spricht in diesem Zusammenhang von einer militärischen Invasion. Die Situation war angespannt. Unter Ausschluss der Öffentlichkeit verabschiedete das Parlament der Autonomen Republik Krim am 11. März 2014 eine Unabhängigkeitserklärung. In der Erklärung heißt es, dass die Krim sich vom Rest der Ukraine abspalten und sich dafür der Russischen Föderation anschließen wolle. Die Erklärung ist hochgradig umstritten, weil die Krim zu der Zeit bereits unter der Kontrolle des russischen Militärs stand. Sind freie politische Entscheidungen wirklich möglich, wenn direkt vor der Parlamentstür bewaffnete russische Soldaten stehen? Am 16. März kam es dann zu einem Referendum über den Status der Krim, in dem sich die Einwohner mit großer Mehrheit für einen Russlandbeitritt der Halbinsel aussprachen. Nur zwei Tage später, am 18. März, unterzeichnete Wladimir Putin den Beitrittsvertrag.

Aus Sicht der Ukraine und des Großteils der internationalen Staatengemeinschaft waren alle Schritte, die zur Unabhängigkeit und zum späteren Anschluss der Krim an Russland führten, völkerrechtswidrig und damit nichtig. Bis heute akzeptiert die Ukraine die Abspaltung der Krim nicht. Aus ukrainischer Sicht gehört die Krim also noch immer zur Ukraine. So sehen das auch die USA, Deutschland, Großbritannien, Frankreich und die gesamte Europäische Union. Sie halten das Referendum für nicht rechtsgültig und kritisieren, dass es grundsätzlich im Widerspruch zur ukrainischen Verfassung stehe, dass eine unabhängige Wahlbeobachtung nicht möglich gewesen sei und dass zwischen Ankündigung und Abhalten des Referendums nicht mal zehn Tage Zeit zur Meinungsbildung gelegen hätten. Außerdem existieren Berichte von Wahlbetrug, und das Referendum fand in einem nicht befriedeten Gebiet statt. In und vor vielen Wahllokalen standen schwer bewaffnete russische Soldaten. Experten sind der Meinung, dass proeuropäische beziehungsweise russlandkritische Wähler dadurch eingeschüchtert wurden. Der deutsche Rechtswissenschaftler Georg Nolte sagte dazu: »Man kann die russische Militäraktion nicht von der Volksabstimmung trennen. Einen Abspaltungsversuch, der durch die Bajonette einer fremden Gewalt veranlasst und ermöglicht wird, darf man nicht anerkennen.« Doch die Kritik an dem Referendum reicht weiter. Viele Staaten sind der Meinung, dass Russland die Abspaltung der Krim von langer Hand geplant und gefördert hat. Deshalb bezeichnet die internationale Staatengemeinschaft den Vorgang auch nicht als Abspaltung, sondern als eine gewaltsame und illegale Annexion. In einigen Staaten spricht man sogar von einer militärischen Invasion Russlands. Rechtsexperten streiten darüber, ob die Abspaltung der Krim mit dem Völkerrecht zu vereinbaren ist.

Aus russischer Sicht ist die Krim heute Teil von Russland. Unabhängig von der völkerrechtlichen Frage steht die Halbinsel heute de facto unter der Kontrolle Russlands. Um einen offenen Krieg mit Russland zu verhindern, möglicherweise sogar einen dritten Weltkrieg, nimmt die internationale Staatengemeinschaft den Zustand zähneknirschend hin. Wie sehr die Krimkrise das Verhältnis zwischen Russland und der restlichen Staatengemeinschaft verschlechtert hat, kann man wohl am ehesten daran erkennen, dass Russland am 25. März 2014 wegen der Annexion der Krim aus der Gruppe der G8-Staaten ausgeschlossen wurde. Seitdem ist die G8 nur noch eine G7. Russland bestreitet bis heute, dass es auf der Krim eine russische Militärinvasion oder Annexion gegeben habe. Es habe sich vielmehr um eine völkerrechtlich legale und demokratische Abspaltung gehandelt. Kurze Notiz am Rande: Es gibt Berichte und Fotos von Medaillen, die das russische Militär Soldaten für eine besonders erfolgreiche Militäraktion verliehen haben soll. Auf den angeblichen Fotos von den Medaillen kann man Folgendes lesen: »Als Belohnung für die Rückholung der Krim – 20.02.2014–18.03.2014«.

Doch nicht nur auf der Krim kam es nach der Absetzung von Präsident Janukowytsch zu Unruhen.

Das Gleiche geschah in einigen Regionen im Osten der Ukraine. Während sich die regierungskritischen und europafreundlichen Demonstranten in Kiew mit der Absetzung von Janukowytsch am Ziel sahen, nahmen die europakritischen und prorussischen Menschen im Osten des Landes die Ereignisse ganz anders wahr. Während auf dem Maidan die Europaflaggen wehten, gingen die Menschen im Osten der Ukraine mit Russlandflaggen auf die Straße. Ein Teil der Demonstranten forderte, dass sich der Osten der Ukraine vom Rest des Landes abspalten und sich Russland anschließen solle – genauso wie es auch auf der Krim passierte. Der andere Teil forderte dagegen, der Osten der Ukraine solle lediglich unabhängiger vom Rest der Ukraine werden. Für die ukrainische Regierung war beides keine Option. Sie fürchtete ein Zerfallen der Ukraine und dass sich noch mehr Regionen an Russland anschließen würden. Daraufhin bewaffneten sich einige prorussische Gruppen in der Ostukraine und stürmten Verwaltungsgebäude und Polizeistationen, um ihre Forderungen mit Gewalt durchzusetzen. In den Nachrichten werden diese Gruppen meistens als prorussische Separatisten bezeichnet. Im Mai versuchten diese Bewaffneten, den Flughafen von Donezk einzunehmen. Die ukrainische Armee verhinderte das. Fünfzig Menschen wurden bei den Kämpfen getötet. Auf diese Weise geriet die Situation im Osten der Ukraine immer weiter außer Kontrolle. Auch 2017 kam es zu Kämpfen und immer mehr Menschen flüchteten aus der Region.

So rutschte der Osten der Ukraine nach und nach in einen Krieg. Bis heute kämpfen vor allem in und um Donezk und Luhansk schwer bewaffnete Milizen und Söldner für eine Abspaltung. Dem ukrainischen Militär will es nicht gelingen, die Regionen wieder unter Kontrolle zu bringen. Viele Soldaten und Zivilisten sind in den Kämpfen getötet worden. Ein normales Leben ist dort schon lange nicht mehr möglich, denn die Infrastruktur ist zusammengebrochen. Hilfsorganisationen gehen davon aus, dass mehr als eine Million Menschen aus dem Osten der Ukraine flüchten mussten. Ein Ende des Konflikts ist nicht absehbar.

Besonders schwierig ist es, die Rolle Russlands in diesem Krieg zu ergründen. Dem Land wird vorgeworfen, die Unruhen im Osten der Ukraine provoziert zu haben. Der ukrainische Präsident Poroschenko sprach sogar von einer drohenden russischen Invasion. Großbritanniens Regierung ist der Meinung, dass Russland die »bedeutendste destabilisierende Kraft in der Ukraine« ist. Diplomatischer drückte es Barack Obama aus, als er sagte, er sei »besorgt« wegen einer »angeblichen« Einmischung Russlands in der Ukraine. Die Organisation für Sicherheit und Zusammenarbeit in Europa, kurz OSZE, bestätigte 2015, dass sich russische Soldaten im Osten der Ukraine an den Kämpfen beteiligten. Die Liste der Vorwürfe gegenüber Russland ist lang, die Beweise bleiben dünn. Russland unterstütze die prorussischen Milizen in der Ostukraine mit Waffen und Panzern, heißt es, es entsende Soldaten in die Region. Viele Beobachter gehen noch weiter und behaupten, Russland steuere die Kämpfe. Manchmal ist die Rede von mehreren Zehntausend russischen Soldaten in der Ostukraine. Als Beweis für die Einmischung Russlands wird angeführt, dass die prorussischen Separatisten in der Ostukraine über schwere Waffen verfügten. Und tatsächlich kämpfen die Separatisten mit Panzern und Flugabwehrraketensystemen und können auf Tonnen von Munition zurückgreifen. Einfache Frage: Wo kommt das alles eigentlich her? Und wieso gibt es immer sofort Nachschub, sobald in den Kämpfen etwas kaputtgeht? Ohne russische Unterstützung sei das eigentlich unmöglich.

Es wird viel spekuliert über die Beweggründe Russlands. Ziel der Destabilisierung sei es, eine Annäherung der Ukraine an die EU und die NATO zu verhindern, lautet eine Theorie. Eine andere, dass es die russische Vormachtstellung schwäche, wenn in einem Nachbarland eine Protestbewegung wie der Euromaidan Erfolg habe. Putin befürchte, dass Menschen in Russland die Ukraine als Vorbild begreifen und sich dort eine ähnliche Protestbewegung formieren könnte. Das wäre eine Katastrophe für ihn, weil sie sein System der »gelenkten Demokratie« und damit letztlich seine Macht ernsthaft gefährden könnten. Laut einer weiteren Theorie handelt es sich bei der Ukrainepolitik Russlands um eine reine Machtdemonstration.

Doch auch geopolitische Gründe könnten eine Rolle spielen. So ist auf der Krim seit vielen Jahren die russische Schwarzmeerflotte stationiert. Verlöre Russland die Kontrolle über die Region, würde das die militärische Macht des Landes einschränken. Russland selbst weist alle Vorwürfe zurück. Es gebe keine »direkte« Unterstützung der Milizen und keine regulären russischen Soldaten in der Ukraine. Allerdings hätten einige russische Soldaten »in ihrer Freizeit« in der Ukraine gekämpft und seien dort gestorben – das könne man ihnen ja nun mal nicht verbieten.

Wie sehr die Situation in der Ostukraine außer Kontrolle geraten war, wurde der Welt im Juli 2014 besonders dramatisch vor Augen geführt. Der Flug MH17 der Fluggesellschaft Malaysia Airlines wurde über der Ostukraine abgeschossen. Alle 298 Insassen, darunter auch viele Kinder, verloren dabei ihr Leben. In einem Bericht über die Ereignisse kam ein Expertenteam später zu dem Ergebnis, dass russische Soldaten für den Absturz verantwortlich sind. Zumindest wurde Flug MH17 von einer Buk, einer Boden-Luft-Rakete sowjetischer Bauart, abgeschossen. Wer wann warum und wie genau die Rakete abgefeuert hat, ist bis heute allerdings umstritten. Vieles spricht dafür, dass sie von einer russischen Brigade auf ukrainischem Gebiet in Stellung gebracht wurde, um russische Panzerverbände gegen mögliche Luftangriffe zu schützen. Für die Rakete wäre Flug MH17 dann ein Militärflugzeug gewesen. Wladimir Putin und der Kreml weisen diese Vorwürfe zurück. Das Expertenteam, das den Absturz untersuchte, kritisiert in dem Abschlussbericht aber auch die

Ukraine dafür, dass sie den Luftraum über der umkämpften Region damals nicht gesperrt hat.

Zweimal unternahm die internationale Staatengemeinschaft den Versuch, die Kämpfe im Osten der Ukraine zu stoppen. Am 5. September 2014 wurde das Protokoll von Minsk vereinbart. Ziel war ein Waffenstillstand, ein Einfrieren der Fronten und der Abzug von schweren Waffen. Doch nur kurze Zeit nach Unterzeichnung des Abkommens wurden schon wieder die ersten Zivilisten in der Region getötet. In den ersten drei Monaten nach dem Minsker Abkommen starben etwa eintausend Menschen bei den Kämpfen. Die Bemühungen zeigten also kaum Wirkung. Im Februar 2015 erfolgte mit Minsk 2 ein neuer Versuch, eine Waffenruhe im Osten der Ukraine auszurufen. Ausgehandelt wurde das Abkommen von Frankreich, Deutschland, der Ukraine und Russland. Doch bereits drei Tage nach Unterzeichnung der Vereinbarung stürmten russlandtreue Kämpfer die Stadt Debalzewe im Osten der Ukraine und brachen die Waffenruhe.

So bleibt am Ende dieses Kapitels ein Eindruck von Hoffnungslosigkeit zurück. Die Ukraine schafft es nicht, die umkämpften Regionen zurückzuerobern und zu befrieden, womöglich, weil Russland genau das zu verhindern weiß. Andere Länder werden sich wahrscheinlich nicht in den Konflikt einmischen, um einem Krieg mit Russland aus dem Weg zu gehen. Mit dem Ausschluss aus der Gruppe der G8 wurde diplomatisch schon die roteste der roten Karten gezogen. Schließen wollen wir das Kapitel mit zwei treffenden Headlines zum Ukrainekrieg. Der *Tagesspiegel* titelte im Februar 2017: »Krieg in der Ukraine:

Europa schaut ratlos zu«. Und heute.de schrieb: »Ostukraine: Der vergessene Krieg!« Eine Lösung ist nicht in Sicht.

BOKO HARAM

Boko Haram ist eine extrem brutale islamistische Terrorgruppe im Nordosten von Nigeria. Die Gruppe kämpfte ursprünglich gegen die Ausbeutung und Unterdrückung der Muslime im Land. Durch Terroranschläge und den blutigen Kampf zwischen Militär und Boko Haram sind Zehntausende Zivilisten in Nigeria getötet worden.

Wo auf der Welt gibt es islamistischen Terror? Die meisten Menschen werden diese Frage wohl mit den Ländern Irak, Syrien oder Afghanistan beantworten. Viele wissen gar nicht, dass eine der brutalsten und gefährlichsten islamistischen Terrororganisationen der Welt in Afrika, im Nordosten von Nigeria, ihr Unwesen treibt. Seit 2010 verbreitet die Gruppe Boko Haram dort Angst und Schrecken. Boko Haram hat Zehntausende Menschen getötet und mehr als zwei Millionen Menschen aus dem Nordosten von Nigeria vertrieben. Spätestens seit die Gruppe 276 Schülerinnen entführte, sie als Sklavinnen verkaufen wollte und das Ganze auch noch in Videos im Internet stolz präsentierte, ist Boko Haram auf der ganzen Welt bekannt. In sozialen Netzwerken wie Facebook und Instagram verbreitete sich nach der brutalen Tat der Hashtag #BringBackOurGirls. Die Terroristen antworteten darauf mit einer Videobotschaft: »Die Mädchen, von denen ihr die ganze Zeit sprecht. Wir werden sie nicht freilassen!« Im Jahr 2015 schwor Boko Haram dem sogenannten Islamischen Staat die Treue und versteht sich seither als IS im Westen von Afrika. Bis dahin war es ein weiter Weg, denn die Anfänge von Boko Haram gehen zurück in das Jahr 2002. Damals forderte die Gruppe zunächst friedlich einfach nur mehr Gerechtigkeit für Muslime.

Die Stadt Maiduguri im Nordosten von Nigeria ist so etwas wie der Geburtsort von Boko Haram. 2002 verbreitete dort der junge Ustaz Mohammed Yusuf seine radikalen Ansichten. Er wetterte gegen Politiker, Polizisten und das politische System Nigerias. »Die Politiker in unserem Land nutzen euch nur aus!«, rief er seinen Zuhörern entgegen. »Diese Ungläubigen sind alle Lügner!« Er sprach vielen Menschen aus der Seele und hatte mit seiner Kritik nicht Unrecht. Etwa fünfzig Prozent der Menschen in Nigeria lebten damals unterhalb der Armutsgrenze. Es ging ihnen schlecht und in der Tat waren viele Politiker korrupt und bereicherten sich auf Kosten der Bevölkerung. Viele Menschen verzweifelten an den Lebensbedingungen und der sozialen Ungerechtigkeit im Land. Besonders schlecht ging es dem muslimischen Teil der Bevölkerung im Norden des Landes. Sie fühlten sich benachteiligt und gaben den Christen im Land die Schuld an ihrer Misere. Die leben vor allem im Süden von Nigeria, wo viele vom Erdöl profitieren, eine gute Bildung genießen und ein angenehmes Leben führen. Und das alles, während die Muslime im Norden des Landes um ihr Überleben kämpfen. Das erklärt wohl, warum Mohammed Yusuf mit seinen Predigten gegen Politik, Polizei und Christen schnell viele Anhänger fand.

Schon nach kurzer Zeit verknüpfte Yusuf seine Kritik mit religiösen Forderungen. Er wollte die politische Demokratie in Nigeria abschaffen und forderte stattdessen die Einführung der Scharia, der extrem strengen religiösen Regeln, die vor allem aus dem Koran abgeleitet werden. Yusuf wollte einen strengen islamischen Staat, in dem die Scharia für Gerechtigkeit sorgt. Seinen Anhängern predigte er, dass dieser islamische Staat die Ausbeutung durch reiche Christen endlich beenden werde. Außerdem wollte Yusuf westlich ausgerichtete Bildung und Kultur verbieten. Deshalb gab er seiner Gruppe den Namen »Boko Haram«, was in etwa »Westliche Zivilisation ist streng verboten!« bedeutet. Er sagte, dass er seinen islamischen Staat friedlich errichten wolle, betonte aber auch: »Wenn man uns darin hindert, unsere Religion und unseren Staat auszuleben, wie wir es wollen, müssen wir zu den Waffen greifen!« Die Ideen von Boko Haram sprachen viele junge Muslime an. Viele von ihnen verfügten über keine gute Schulbildung und waren auch deshalb anfällig für die Propaganda. Zunächst versuchte Mohammed Yusuf tatsächlich, seine Forderungen weitgehend friedlich durchzusetzen. Er gründete Waisenhäuser, eine eigene Moschee in Maiduguri und kümmerte sich um Straßenkinder. In der Bevölkerung wurde Yusuf immer bekannter und beliebter.

Eines Tages kam der einflussreiche Politiker Ali Modu Sheriff auf Mohammed Yusuf zu und bot ihm einen ungewöhnlichen Deal an, der laut Erzählungen wohl in etwa so aussah: Yusuf sollte in seinen Predigten nicht mehr so schlecht über Sheriff sprechen, damit dieser bei der nächsten Wahl mehr Stimmen bekäme. Im Gegenzug versprach Sheriff, dass er im Falle eines Wahlsieges die Scharia in der Region einführen werde. Yusuf ging auf den Deal ein und Sheriff wurde tatsächlich gewählt. Doch dann kam alles anders. An die Macht gekommen musste Ali Modu Sheriff herausfinden, dass es seit der Demokratisierung von Nigeria im Jahr 1999 rechtlich gar nicht mehr möglich war, die Scharia einzuführen. Er konnte seinen Teil der Abmachung nicht einhalten. Yusuf war stinksauer! In seiner Moschee beleidigte er Sheriff indirekt als Feind des Islam. »Man kann Politikern nicht vertrauen! Sie halten ihre Versprechen nicht!«, sagte er. »Sie sind alle gottlos!« Die Regierung von Nigeria wollte Yusufs aggressive Reden nicht länger hinnehmen. Sie betrachtete ihn und seine Popularität zunehmend als Gefahr für den gesellschaftlichen Frieden im Land. So entschied sie 2008, Mohammed Yusuf festnehmen zu lassen. Doch nach nur zwei Monaten ließen sie ihn wieder gehen. Nach seiner Entlassung wurde Yusuf von einer riesigen Menschenmenge empfangen und gefeiert. Seine Bekanntheit war so groß wie nie zuvor und spätestens jetzt war Yusuf eine politisch extrem heikle Figur in Nigeria. Gleichzeit war die Hoffnung auf eine friedliche Einigung endgültig verloren. Yusuf ins Gefängnis zu stecken, um ihn nur kurz danach wieder freilassen zu müssen, brachte der nigerianischen Regierung exakt das Gegenteil von dem, was sie eigentlich erreichen wollte. Die Aktion machte ihn nur noch stärker!

Bis Mitte 2009 ging Boko Haram weitgehend gewaltfrei vor. Doch dann führte eine Reihe von Auseinandersetzungen zur Eskalation. Yusufs Anhänger fühlten sich nach dessen Festnahme bedroht und durch immer strengere Polizeikontrollen eingeschränkt und benachteiligt. Einige von ihnen griffen deshalb eine Polizeistation an. Die Polizei konnte den Angriff abwehren und sperrte ein paar der Männer ein. Doch dann stürmten andere Kämpfer von Boko Haram die Station und befreiten ihre Freunde. Auf der Flucht verwüsteten sie aus Rache eine komplette Stadt und töteten in ihrer Wut viele Zivilisten. Doch anstatt die Situation zu beruhigen und zu deeskalieren, schickte die Regierung die Armee in die Region. Es kam zu Auseinandersetzungen zwischen Anhängern von Boko Haram und der Armee. Innerhalb von nur wenigen Tagen starben mehr als 800 Menschen, darunter viele Zivilisten. Die Armee richtete ein regelrechtes Massaker an. Im Internet gibt es viele Videos, die zeigen, wie Soldaten Zivilisten unterstellen, Kämpfer von Boko Haram zu sein. Sie zwingen die vermeintlichen Kämpfer dazu, sich auf den Boden zu legen, und erschießen sie – ohne Gerichtsprozess oder Anhörung. Die Armee nahm auch den Anführer von Boko Haram, Mohammed Yusuf, fest. Doch anstatt ihn vor ein Gericht zu stellen, erschoss sie auch ihn kurzerhand.

Unmittelbar vor seiner Erschießung zwangen sie ihn, sich komplett auszuziehen, filmten die Aktion mit einem Smartphone, und veröffentlichten die Aufnahmen in sozialen Netzwerken. Seine Leiche stellten sie danach öffentlich zur Schau. Das brutale Vorgehen der Armee bestätigte die Anhänger von Boko Haram darin, dass nur Gewalt die Lösung sein konnte. Außerdem sorgte der Tod von vielen Zivilisten dafür, dass sich aus Enttäuschung und Wut gegenüber der Regierung noch mehr Menschen Boko Haram anschlossen – ein Teufelskreis. Nach der Ermordung von Yusuf wurde Abubakar Shekau zu seinem Nachfolger ernannt. Und der galt, anders als Yusuf, als äußerst gewaltbereit. Kaum im Amt schwor er der nigerianischen Regierung Rache – der Beginn des Terrors.

Seit 2010 führt Boko Haram einen blutigen Kampf gegen Regierung, Polizei und Christen in Nigeria. Die Liste der Terroranschläge seit 2010 ist selbst kleingedruckt noch elf Seiten lang. Die Brutalität und Skrupellosigkeit dessen, was man dort liest, ist kaum zu fassen.

Besonders berüchtigt ist Boko Haram wegen sogenannter »Drive by Shootings«. Das funktioniert so: Die Terroristen nähern sich zu zweit auf einem Motorrad. Der Vordere fährt und der Hintere erschießt im Vorbeifahren die Zielperson. Auf diese Weise hat Boko Haram schon einige Politiker getötet. Die Terroristen zündeten außerdem immer wieder Bomben in christlichen Kirchen, sprengten das Gebäude der Vereinten Nationen in der nigerianischen Hauptstadt Abuja mit einer Autobombe in die Luft, erschossen die Mitarbeiterinnen eines Impfteams gegen Kinderlähmung und überfielen nachts Studentenwohnheime und erschossen schlafende Studenten. Im Internet prahlt die Sekte mit diesen brutalen Taten. Es gibt Videos, in denen Boko-Haram-Kämpfer Gefangene enthaupten, erschießen oder stundenlang auspeitschen. Wie viele Menschenleben die Terroristen auf dem Gewissen haben, ist nicht klar. Schätzungen gehen von mehreren Zehntausend aus.

Anders als Terrororganisationen wie Al-Qaida oder der sogenannte Islamische Staat verübt Boko Haram nur Terroranschläge innerhalb von Nigeria. Zu Anschlägen im Ausland kommt es nicht und deshalb blieb Boko Haram international lange Zeit eher unbekannt. Für weltweit großes Aufsehen sorgte die Terrororganisation im April 2014. Die Terroristen fuhren mit mehreren Lkws vor einer Mädchenschule vor, erschossen das Sicherheitspersonal und entführten mehr als 200 minderjährige Schülerinnen. Sie verschleppten die Mädchen an einen unbekannten Ort im Dschungel und veröffentlichten ein Bekennervideo im Internet. »Wir werden diese Mädchen verkaufen, so Gott es will! Sie sind unsere Sklavinnen!« Die Terroristen zwangen die Mädchen, zum Islam zu konvertieren, sich zu verschleiern und es gibt Berichte von brutalen Vergewaltigungen. Auf der ganzen Welt berichteten Nachrichtensendungen von der Entführung. In sozialen Netzwerken solidarisierten sich die Menschen mit den entführten Schülerinnen. Unter dem Hashtag #BringBackOurGirls protestierten Menschen auf der ganzen Welt dafür, dass die Mädchen freigelassen werden. Doch Boko Haram denkt gar nicht daran, die Mädchen freizulassen. Bis heute ist nicht klar, wo die meisten von ihnen sind und wie es ihnen geht. Nur einige wenige Mädchen sind den Terroristen entkommen.

Im Jahr 2014 erklärte Boko Haram, dass die von der Organisation kontrollierten Gebiete von nun an ein islamischer Staat seien, in dem das Recht der Scharia gelte. Zu Hochzeiten umfasste dieses Gebiet ungefähr zwei bis drei Prozent der Fläche von Nigeria. Anders als der IS will Boko Haram aber keinen weltweiten Dschihad, sondern beschränkt sich weiterhin auf Aktivitäten in Nigeria. Ein Jahr später, im Jahr 2015, schloss sich Boko Haram dann offiziell dem IS an. Seitdem benutzt die Terrororganisation die IS-Flagge und versteht sich als Ableger des Islamischen Staates in Nigeria.

Viele Experten sind der Meinung, dass Regierung und Polizei in Nigeria mitverantwortlich sind, dass die Gewalt im Land dermaßen eskalieren konnte. Seit 2010 fachten sie die Brutalität durch Gegengewalt immer wieder an. Boko Haram beging immer häufiger immer brutalere Terroranschläge. Doch Polizei und Militär gelang es nur selten, die Mitglieder der Terrororganisation ausfindig zu machen und zu bestrafen. Stattdessen verhafteten oder töteten die Sicherheitskräfte unschuldige Zivilisten, die sie fälschlicherweise für Terroristen hielten. Dadurch wurde in der Bevölkerung der Hass und das Misstrauen gegenüber dem Staat immer größer und das trieb nur noch mehr Menschen zu Boko Haram. Immer wieder haben andere Länder und internationale Hilfsorganisationen die Regierung von Nigeria dazu aufgefordert, aus der Gewaltspirale auszusteigen. Amnesty International mahnte, dass in Nigeria Zehntausende unschuldige Menschen willkürlich verhaftet wurden. Auch die Haftbedingungen kritisiert die Organisation. Viele Gefangene würden gefoltert und mehr als 7000 Menschen sollen bereits an den schrecklichen Haftbedingungen gestorben sein. Auch im Gefängnis haben sich deshalb viele Zivilisten radikalisiert und sich Boko Haram angeschlossen.

Wie finanziert sich Boko Haram eigentlich, und woher hat die Gruppe ihre Waffen? Sehen wir den Tatsachen ins Auge: In Nigeria ist es nicht besonders schwierig, an Waffen zu kommen. Viele Menschen in dem Land haben in ihrem Haus Waffen, um sich im Fall der Fälle zu verteidigen. Man kann also davon ausgehen, dass bereits vor Ausbruch der Gewalt viele Mitglieder von Boko Haram im Besitz von Waffen waren. Im Verlauf der Kämpfe hat die Gruppe viele Waffen und Fahrzeuge vom Militär erbeutet. Außerdem gibt es Hinweise darauf, dass sie von bestimmten Politikern und Eliten im Land finanziell unterstützt wird. Auffällig ist zum Beispiel, dass Boko Haram nur Politiker bestimmter Parteien tötet, während Politiker anderer Parteien vollständig verschont bleiben. Viele vermuten deshalb, dass einige Regierungsmitglieder Schutzgeld an Boko Haram zahlen und die Organisation auch darüber hinaus unterstützen. Und noch etwas: Auch das Militär in Nigeria ist korrupt. So kam es immer wieder vor, dass Soldaten oder Offiziere Waffen an die Terroristen verkauften. Auch aus dem Ausland erhält Boko Haram Unterstützung. So hat die Terrorgruppe zum Beispiel Geld von Al-Qaida und dem sogenannten Islamischen Staat bekommen. Wir wollen auch nicht unerwähnt lassen, dass die internationale Staatengemeinschaft eine Mitschuld an der Situation trägt, denn die Eliten im Land, die Boko Haram unterstützen, erwirtschaften ihr Geld mit dem Verkauf von Öl an den

Westen. Durch die Androhung eines Embargos, also einem Stopp der Ölkäufe, hätten westliche Länder also durchaus Einfluss auf die nigerianische Regierung und das Militär nehmen und ein Ende der Gewalt fordern können. Darüber hinaus darf man nicht vergessen, dass die Wurzeln von Wut und Enttäuschung im Land zurückreichen bis in die Kolonialzeit.

Die Zukunft von Boko Haram ist ungewiss. In den vergangenen Monaten ist es dem nigerianischen Militär immerhin gelungen, die Terrorgruppe zu schwächen und aus vielen Gebieten zu vertreiben. Die Gewalt hat das aber trotzdem noch nicht beendet. Im Gegenteil: Im Angesicht der drohenden Niederlage kämpft Boko Haram nur noch stärker gegen die Regierung an. Neuerdings setzen die Terroristen Frauen unter Drogen, die sich dann als Selbstmordattentäterinnen in die Luft sprengen. Ein Ende der Gewaltspirale in Nigeria ist also nicht in Sicht.

DIE SITUATION IM SÜDSUDAN

Kurz nachdem der Südsudan 2011 seine Unabhängigkeit erklärte, brach in dem Land ein Bürgerkrieg aus, in dessen Verlauf Zehntausende Menschen starben. Seit Jahren ist der Südsudan auf Hilfe aus dem Ausland angewiesen. Die Bevölkerung leidet unter extremer Armut und Hunger, mehrere Millionen sind bereits aus dem Land geflohen.

Am 9. Juli 2011 herrschte im Südsudan Feierstimmung! Das Land erklärte an diesem Tag seine Unabhängigkeit und in der Hauptstadt Juba gingen Zehntausende Menschen auf die Straße, um zu feiern. Die Welt wurde um einen Staat reicher. Der Südsudan ist auch heute noch der jüngste Staat der Welt. Damals waren die Hoffnungen groß: Jahrelang hatte im Sudan Krieg geherrscht – jetzt sollte durch die Abspaltung und Unabhängigkeit des Südens alles besser werden. Auch im Ausland setzte man große Hoffnungen in den jungen Staat. Bundeskanzlerin Angela Merkel sicherte dem Land damals ihre Unterstützung zu. Doch die Feierstimmung hielt nicht lange an. Heute ist im Südsudan wohl niemandem mehr nach Feiern zumute. Das neue Land legte einen echten Fehlstart hin und versank schnell in einem Bürgerkrieg und einer daraus resultierenden Hungersnot. Immer wieder leidet das Land außerdem unter Dürreperioden.

Berichten die Nachrichten über den Südsudan, zeigen sie abwechselnd Flüchtlinge, hungernde Menschen, bewaffnete Krieger und Leichen. Mehr als zwei Millionen Menschen sind mittlerweile geflohen und Zehntausende wurden getötet. Hilfsorganisationen warnen immer wieder davor, dass Hunderttausenden Menschen im Südsudan der Hungertod drohe. Ein großer Teil der Bevölkerung überlebt nur dank Hilfen aus dem Ausland. Wie konnte es so weit kommen? Und wie soll es weitergehen mit dem so jungen und schon so gebeutelten Staat?

Schauen wir uns den Südsudan zunächst etwas genauer an: Im Norden des Südsudan gibt es viele Savannen und trockene Wälder. Im Süden dagegen wuchert tropischer Regenwald. Von April bis Oktober herrscht im ganzen Land Regenzeit, in der das Klima eher tropisch und feucht ist. In den übrigen Monaten herrscht die Trockenzeit, in der die Temperaturen weit über dreißig Grad steigen und es kaum noch regnet. Diese klimatischen Bedingungen, vor allem die Trockenzeiten und die Hitze, erschweren die Landwirtschaft.

Etwa zehn Millionen Menschen bevölkern den Südsudan, die meisten von ihnen sind Christen. Die verschiedenen Volksgruppen und Stämme sprechen etliche unterschiedliche Sprachen. Um sich in diesem Wirrwarr verständigen zu können, einigte man sich auf Englisch als offizielle Amtssprache, obwohl die meisten Menschen im Südsudan mehr schlecht als recht Englisch sprechen. Generell fehlt es im Land an Bildung – mehr als die Hälfte der Menschen kann weder lesen noch schreiben.

Bis 2011 gehörte das Land dem Sudan an. Doch immer wieder brachen Bürgerkriege zwischen dem Norden und dem Süden aus. Man konnte sich nicht einigen, wer in dem Land das Sagen haben sollte. An ein friedliches Miteinander war nicht mehr zu denken. Schließlich stimmte die Bevölkerung des Südsudan im Januar 2011 über eine Unabhängigkeit vom Norden ab. Die Menschen stimmten mit überwältigenden 98,8 Prozent dafür. Damit stand fest: Der Südsudan würde sich vom Rest des Landes abspalten und in Zukunft ein eigenständiger Staat sein. Am 9. Juli 2011 erklärte der Südsudan seine Unabhängigkeit und wurde von fast allen Ländern der Welt als neuer Staat anerkannt. Erster gewählter Präsident ist Salva Kiir Mayardit. Den erkennen Sie in den Nachrichten an seinen beiden Markenzeichen: Er trägt stets einen großen schwarzen Hut und einen Bud-Spencer-Bart. Im neuen und unabhängigen Staat sollte endlich alles besser werden. Doch aus Hoffnung wurde schnell Enttäuschung.

Im Südsudan haben sich über viele Jahre aus ethnischen, historischen und religiösen Gründen sehr viele unterschiedliche Gruppen entwickelt, die einander nicht vertrauen oder sogar bekämpfen. Insgesamt gibt es etwa siebzig ethnische Gruppen im Land. Die können sich teilweise nicht mal miteinander verständigen, weil sie keine gemeinsame Sprache sprechen. Das birgt ein riesiges Konfliktpotenzial, denn sobald sich eine oder mehrere Gruppen benachteiligt fühlen, kommt es schnell zu Kämpfen und Aufständen. Und genau das geschah 2013.Vizepräsident Riek Machar, der der Volksgruppe der Nuer angehört, warf Präsident Kiir und seiner Volksgruppe, den Dinka, vor, dass er die Nuer unterdrücken und benachteiligen würde. Außerdem hatte die Regierung viel Geld in den Aufbau der Infrastruktur investiert, doch viele Menschen im Land waren mit den Ergebnissen unzufrieden. Von dem Geld hätten Straßen, Krankenhäuser und Schulen gebaut werden sollen, doch kaum etwas davon klappte. Die Stimmung im Land kippte.

Vizepräsident Machar warf dem Präsidenten und der Regierung Versagen vor. Er behauptete, dass die Regierung nicht in der Lage sei, für die Grundbedürfnisse der Bevölkerung zu sorgen. Kiir setze das Geld nicht vernünftig ein, veruntreue es stattdessen. Der Streit eskalierte, und schließlich hatte Präsident Salva Kiir Mayardit die Nase voll. 2013 schmiss er Riek Machar aus der Regierung und ließ vier Minister verhaften. Er warf ihnen vor, ihn stürzen zu wollen. Aber Machar ließ nicht locker und die beiden stritten sich immer heftiger. Nur zwei Jahre nach der Unabhängigkeit erklärten sie einander den Krieg. Und mit ihnen erklärten sich auch ihre Volksgruppen gegenseitig den Krieg. Kiir versammelte Kämpfer der Volksgruppe der Dinka hinter sich und Machar Kämpfer der Volksgruppe Nuer. Im Dezember 2013 begannen die beiden Gruppen, sich mit äußerster Brutalität zu bekämpfen. Zehntausende Menschen starben im Laufe des Bürgerkriegs. Immer wieder gab es Friedensgespräche und immer wieder schlossen beide Gruppen Waffenstillstandsabkommen, doch jedes Mal wurden sie nach ein paar Tagen von einer Seite gebrochen und die Kämpfe flammten erneut auf.

Drei Jahre herrschte der Bürgerkrieg im Südsudan und verbittert versuchten beide Gruppen, die Macht in dem Land an sich zu reißen. Der Krieg war äußerst brutal. Es gab Berichte von Massenhinrichtungen, von Kindersoldaten und von Kriegsgefangenen, die zu Tode gefoltert wurden. Tausende Kämpfer und auch Tausende Zivilisten wurden bei den Kämpfen getötet. Immer mehr Menschen flüchteten, entweder in Flüchtlingslager innerhalb des Landes oder in Nachbarstaaten. Die Vereinten Nationen versuchten, den Millionen Flüchtlingen zu helfen und sie mit Lebensmitteln zu versorgen. Die ganze Welt beobachtete den Bürgerkrieg im Südsudan und immer mehr Länder forderten ein Ende der Kämpfe. Die USA drohten dem Südsudan mit wirtschaftlichen Sanktionen, sollten die Parteien nicht endlich eine Waffenruhe aushandeln. Im April 2016 einigten sich diese tatsächlich auf ein Ende der Kämpfe. Der Druck aus dem Ausland hatte seine Wirkung offenbar nicht verfehlt. Die Kämpfer, die vorher Riek Machar unterstützt hatten, sollten sich nun der südsudanesischen Armee anschließen. Riek Machar hatte sich kurz nach dem Ende des Bürgerkriegs ins Exil abgesetzt. Doch auch wenn der Bürgerkrieg seit April 2016 offiziell beendet ist, kommt es immer wieder zu Anschlägen und gewaltsamen Auseinandersetzungen im Land. Viele Flüchtlinge trauen sich deshalb noch immer nicht zurück in ihre Heimat.

Doch Gewalt ist nicht das einzige Problem im Südsudan. Die Menschen im Land leiden unter großer Armut, viele drohen zu verhungern. Schuld daran ist der Bürgerkrieg, denn viele Bauern sind während der Auseinandersetzungen geflohen, andere wurden getötet. Aus Feldern wurden Kriegsschauplätze. Während des Bürgerkriegs lagen die landwirtschaftlichen Flächen im Südsudan brach. Es wird noch Jahre dauern, bis die Lebensmittelproduktion wieder ausreichend sein wird. Erschwert wird die Lage durch die im Bürgerkrieg schwer beschädigte Infrastruktur: Bewässerungsanlagen, Straßen und Fabriken – vieles wurde zerstört. Auch fehlt es dem Land an Geld, um den Wiederaufbau voranzutreiben, denn während des Bürgerkriegs wurde fast nichts mehr produziert und verkauft. Das Geld des Staates floss in Waffenkäufe oder landete auf den privaten Konten einflussreicher und korrupter Politiker.

Verschärft wurde die Krise in dem Land noch durch eine extreme Trockenheit und Dürre. Der Südsudan ist deshalb auf die Hilfe anderer Länder angewiesen. Ohne die Flüchtlingscamps, die Wasseraufbereitungsanlagen und Lebensmittelpakete, die von den Vereinten Nationen bezahlt werden, würden noch viel mehr Menschen verhungern. Auf eigenen Beinen stehen? Davon ist der Südsudan noch weit entfernt.

Dabei könnte es das Land eigentlich zu Wohlstand bringen, denn es verfügt über gigantische Ölvorkommen. Doch der Südsudan kann das Öl nicht so einfach verkaufen, denn es muss durch eine Pipeline zu einem Hafen im Norden des Sudan transportiert werden, von wo aus es auf den internationalen Markt gelangt. Doch der Sudan verlangt extrem hohe Gebühren für die Nutzung der Pipeline. Zeitweise forderte das Land dreißig Dollar pro Barrel Öl für den Transport – der Südsudan wollte maximal einen Dollar zahlen, dabei sind im internationalen Vergleich nur etwa sechzig bis achtzig Cent üblich. Immer wieder stockt deshalb der Verkauf des Öls. Manchmal läuft es, manchmal nicht – es ist ein ewiges Hin und Her. Aber selbst wenn es dann mal funktioniert, ist Korruption ein großes Problem. Viele Politiker bereichern sich an den Staatseinnahmen, von denen ein großer Teil in ihren Taschen landet. Einige Hilfsorganisationen und Experten sind deshalb mittlerweile richtig sauer. Sie werfen der Regierung im Südsudan Versagen auf ganzer Linie vor.

Wie steht es also um die Zukunft des Landes? Um es kurz zu machen: Nicht gut! Die Regierung im Südsudan müsste den Konflikten zwischen den verschiedenen Volksgruppen im Land endlich ein Ende setzen. Dafür müsste es aber erst zu einem Umdenken kommen. Anstatt immer nur an die eigene Volksgruppe zu denken und das Maximum an Macht und Geld herauszuholen, müssten alle Hand in Hand zusammenarbeiten.

Die Regierung müsste Schluss machen mit Korruption und Machtmissbrauch, denn das löst bei den anderen Gruppen im Land Neid und Hass aus. Statt in die eigene Tasche müsste die südsudanesische Regierung das Geld wirklich in die Entwicklung des Landes stecken. Straßen, Schulen, Krankenhäuser, Strom- und Wasserversorgung müssten gebaut werden. Nur unter diesen Voraussetzungen könnte das Land irgendwann auf eigenen Beinen stehen. Geschieht dies nicht, wird der Südsudan wohl noch lange auf die Hilfe anderer Länder angewiesen sein. Es ist also ziemlich sicher, dass Sie auch in den kommenden Jahren regelmäßig etwas vom Südsudan in den Nachrichten hören. Ob es Meldungen von einer erfolgreichen Entwicklung oder weiterhin Nachrichten von Hunger, Krieg und Korruption sein werden, das bleibt abzuwarten. Im Moment sieht es allerdings danach aus, als würden auch in Zukunft eher schlechte Nachrichten aus dem Südsudan kommen.

HUTHI-REBELLEN IM JEMEN

Seit vielen Jahren tobt im Jemen ein Dreifrontenkrieg zwischen der Regierung, den Huthi-Rebellen und der Terrorgruppe Al-Qaida, in dessen Verlauf Zehntausende Menschen getötet wurden. Im Jahr 2014 gelang es den Huthi-Rebellen, die Regierung zu vertreiben und die Macht in dem Land an sich zu reißen. Unter dem brutalen Bürgerkrieg leidet vor allem die Bevölkerung, die kaum noch genug zu essen hat.

Wenn Sie an Syrien denken, was kommt Ihnen als Erstes in den Sinn? Wahrscheinlich werden die meisten Menschen spontan mit Krieg und dem sogenannten Islamischen Staat antworten. Wenn Sie an Afghanistan denken, woran müssen Sie dann denken? Viele werden wohl mit Al-Qaida und den Taliban antworten. Und jetzt Jemen:

Woran denken Sie? An die Huthi-Rebellen und Al-Qaida? Vermutlich eher nicht. Dabei wäre das die richtige Antwort. Seit Jahren herrscht im Jemen Krieg zwischen der Regierung, den Huthis und Al-Qaida. Der Jemen ist ein sogenannter gescheiterter Staat. Die Regierung hat die Kontrolle über das Land verloren, es gibt jeden Tag Kämpfe, die meisten Menschen sind arbeitslos und etwa fünfzig Prozent der Bevölkerung leiden unter Hunger und Armut. Warum Ihnen das wahrscheinlich nicht sofort in den Sinn kommt? Weil der Krieg im Jemen in den westlichen Nachrichten lange nicht so präsent ist wie zum Beispiel der Krieg in Syrien oder auch der Krieg in Afghanistan. Warum? Das versuchen wir ganz am Ende des Kapitels zu beantworten. Vorher wollen wir Licht ins Dunkel bringen: Was machen Al-Qaida und die Huthi-Rebellen im Jemen? Warum ist die jemenitische Regierung ins Ausland geflohen? Und wer sind überhaupt diese Huthis? Übrigens, falls sie später jemandem von diesem Kapitel erzählen möchten: Die Huthis werden mit einem englischen »th« und nicht mit hartem »t« ausgesprochen.

Eine kleine Warnung zu Beginn. Um die Huthi-Rebellen und ihren Vormarsch im Jemen zu verstehen, muss man zunächst einige Begriffe und die Vorgeschichte des Landes kennen. Klären wir zunächst die wichtigsten Begriffe. Die Huthi-Rebellen sind eine politische und militärische Gruppe, die ihre Wurzeln im Gebirge im Norden des Jemen hat. Benannt ist sie nach den al-Huthis, ihrer Gründungsfamilie. Die al-Huthis gehören zur Gruppe der schiitischen Zaiditen. Das ist eine extrem seltene Minderheit unter den Muslimen, die es nur noch im Jemen gibt. Dort macht sie etwa ein Drittel der Bevölkerung aus. Die Huthi-Rebellen haben sich also aus der Gruppe der Zaiditen entwickelt. Wie genau sich die Zaiditen religiös von anderen muslimischen Gruppen unterscheiden, ist an dieser Stelle nicht so wichtig. Denn im Jemenkonflikt geht es im Kern nicht um Religion, sondern um Macht, und diese hatten im Jemen lange Zeit die Zaiditen inne. Mehr als tausend Jahre, bis 1962, kontrollierten sie den Norden des Landes. Falls Sie sich jetzt fragen: »Wieso denn nur den Norden des Jemen?«, dann ist die Antwort, dass der Jemen lange Zeit in Nord und Süd geteilt war. Erst am 22. Mai 1990 wurden beide Teile vereinigt und so zu dem Jemen, den wir heute kennen. Und genau damit hatten die Zaiditen und die Familie al-Huthi ein Problem.

Mit der Wiedervereinigung und der Etablierung einer neuen Regierung für den gesamten Jemen kippte die Stimmung im Norden. Die dort ansässigen Zaiditen hatten in den Neunzigerjahren immer mehr das Gefühl, dass ihre Interessen nicht mehr ernst genommen, sie an den Rand gedrängt und benachteiligt würden. Noch vor ein paar Jahren hatten sie den gesamten Norden kontrolliert und jetzt politisch kaum noch etwas zu melden. Die Al-Huthi-Familie wollte sich das nicht länger gefallen lassen und verbündete sich mit anderen Stämmen im Norden zu einer Art Miliz. Das war die Geburtsstunde der Huthi-Rebellen. Über Jahre lehnten sich die Huthis gegen die Regierung auf und versuchten, ihre Interessen auf politischem Weg, aber auch mit Gewalt durchzusetzen. Das erste Mal eskalierte der Konflikt im Jahr 2004. Mittlerweile hatten die Huthi-Rebellen einige Gebiete im Norden unter ihre Kontrolle gebracht und die Regierung im Jemen wollte sich das nicht gefallen lassen. Es kam zu Auseinandersetzungen zwischen den Huthis und der jemenitischen Armee. Der damalige Präsident des Jemen, Ali Abdullah Saleh, bezeichnete sie als Terroristen. Bis ins Jahr 2010 dauerte dieser Konflikt an. Die Huthis nahmen immer mehr Gebiete im Norden ein und kämpften sich langsam weiter Richtung Süden vor. Immer wieder versuchte die Regierung des Jemen, die Huthis mithilfe des Militärs aufzuhalten. In einigen Regionen herrschten deshalb bürgerkriegsähnliche Zustände. Tausende Menschen starben in den Kämpfen und Hunderttausende flüchteten vor der Gewalt.

Ab 2011 verzeichneten die Huthi-Rebellen großen Zulauf. Es war die Zeit des sogenannten arabischen Frühlings. In vielen Ländern der Region kam es damals zu Demonstrationen gegen die strengen Regierungen. Auch im Jemen gingen regelmäßig Menschen auf die Straße, um gegen den Präsidenten Saleh zu protestieren. Die Regierung wackelte und das Land wurde instabil. Die Huthis witterten ihre große Chance und schlossen sich der Bewegung an. Viele Demonstranten traten den Huthi-Rebellen im Laufe der Proteste bei. Die Menschen bemerkten, dass sie die Regierung stürzen könnten. Der Jemen versank immer tiefer in Chaos, Kämpfen und Armut und die Regierung konnte das Land kaum noch kontrollieren. Gleichzeitig suchten immer mehr Menschen Schutz bei den Huthis. Schließlich gab Präsident Saleh auf und trat zurück. Neuer Präsident wurde ein Mann namens Abed Rabbo Mansur Hadi. Doch auch der bekam die Situation im Land nicht mehr in den

Griff. Im September 2014 nahmen die Huthi-Rebellen innerhalb von nur vier Tagen Sanaa ein, die Hauptstadt des Jemen. Präsident Hadi und viele Mitglieder seiner Regierung mussten flüchten. Seitdem kontrollieren die Huthi-Rebellen de facto das Land. Die eigentliche, offiziell anerkannte und gewählte Regierung unter Präsident Hadi versteckt sich im Nachbarland Saudi-Arabien.

Die Huthis sind der Meinung, dass sie dem Land mit der Vertreibung der Regierung einen Dienst erwiesen haben. Die Regierung des Jemen sei korrupt und brutal gewesen. Gegner der Huthis sehen das anders. Sie werfen den Rebellen vor, dass sie lediglich für das Wiedererstarken der Zaiditen kämpften und dass sie genau wie die Zaiditen früher das komplette Land kontrollieren und nach ihren strengen Regeln führen wollten. Am Anfang der Rebellion wollten sich die Huthis vielleicht tatsächlich nur Gehör und politisches Mitspracherecht verschaffen, doch mittlerweile geht es ihnen nach Einschätzung vieler Experten nur noch um die Macht über den Jemen. Was die Huthis sonst noch bewegt, können wir ihrem Slogan entnehmen, den man mittlerweile überall in Sanaa lesen kann. Er lautet: »Gott ist groß! Tod den Amerikanern! Tod Israel! Gott verfluche die Juden! Sieg dem Islam!«

Halten wir fest: Die Huthi-Rebellen entstammen der Gruppe der Zaiditen im Norden des Landes und haben sich in den vergangenen Jahren die Kontrolle über das Land erkämpft. Es gibt also einen erbitterten Kampf zwischen den Huthi-Rebellen und der Regierung im Jemen. Denn auch wenn sich die Regierung derzeit im Exil befindet, versucht sie von dort aus, mit militärischen Mitteln die Macht im Land zurückzuerlangen.

Doch das ist noch nicht alles. Erinnern Sie sich an das Kapitel über den Konflikt zwischen Sunniten und Schiiten? Dieser spielt auch im Jemen eine große Rolle. Die Zaiditen und damit auch die Huthi-Rebellen sind schiitisch und vieles deutet darauf hin, dass die Huthis Geld und Waffen aus dem ebenfalls schiitischen Iran erhalten. Die gestürzte und geflohene Regierung des Jemen dagegen wird vom sunnitischen Nachbarstaat Saudi-Arabien unterstützt. Saudi-Arabien und weitere verbündete Länder springen dem jemenitischen Militär immer wieder im Kampf gegen die Huthi-Rebellen bei. Der Krieg im Jemen ist also nicht nur ein Krieg zwischen den Huthis und der gestürzten jemenitischen Regierung, sondern auch ein Stellvertreterkrieg zwischen dem Iran und Saudi-Arabien. Der Iran würde es laut vieler Experten wohl begrüßen, wenn die Huthi-Rebellen und damit die Schiiten im Land die Kontrolle hätten. Saudi-Arabien dagegen möchte, dass die Regierung die Macht zurückbekommen und das Land sunnitisch bleibt. Beide Länder beabsichtigen, durch die Unterstützung der jeweiligen Kriegspartei die eigene Macht in der Region auszuweiten. Das erklärt im Übrigen auch, warum die Regierung des Jemen nach Saudi-Arabien und nicht in irgendein anderes Land geflohen ist. Die Huthi-Rebellen selbst streiten übrigens ab, dass sie Hilfe aus dem Iran bekommen.

Also: Im Jemen kämpft die sunnitische und mittlerweile geflohene Regierung mit Unterstützung aus Saudi-Arabien gegen die schiitischen Huthi-Rebellen, die wohl Unterstützung aus Iran bekommen. Deshalb versinkt das Land seit Jahren in einem brutalen Bürgerkrieg, in Armut, Chaos und Hunger. Doch damit nicht genug. Wie wir eingangs schon erwähnten, spielt sich der Krieg im Jemen zwischen drei Fronten ab. Und diese dritte Partei ist die islamistische Terrorgruppe Al-Qaida. Ja, richtig, auch Al-Qaida kämpft seit vielen Jahren im Jemen und kontrolliert dort ganze Gebiete. Offiziell heißt sie dort »Al-Qaida auf der arabischen Halbinsel«, was oft mit AQAP abgekürzt wird. Die Gruppe ist eine Art Ableger des weltweiten Terrornetzwerkes, welches sich mit einigen regionalen Gruppen im Jemen zusammengetan hat. Seit den Nullerjahren ist die AQAP vor allem im Süden des Jemen aktiv und hatte dort zeitweise ganze Regionen unter ihrer Kontrolle. Die AQAP versucht, sich von Süden Richtung Norden vorzukämpfen, was die jemenitische Armee seit 2009 zu verhindern sucht. Immer wieder kommt es zu Kämpfen mit vielen Toten. Dazu verüben die Al-Qaida-Terroristen immer wieder Terroranschläge. Bisher ist es nicht gelungen, die Al-Qaida im Jemen gänzlich zu besiegen, es bleibt ein stetiges Hin und Her.

Wer aufmerksam gelesen hat, hat es vielleicht schon bemerkt: Die Huthi-Rebellen kämpfen sich also von Norden Richtung Süden vor und die Al-Qaida von Süden Richtung Norden. Seit einiger Zeit prallen die beiden Gruppen in immer mehr Städten aufeinander und seither gibt es im Jemen nicht mehr nur Kämpfe zwischen den Huthis und der Regierung sowie der Al-Qaida und der Regierung, sondern auch zwischen den Huthis und Al-Qaida. Die Gruppen unterstellen einander Gottlosigkeit. Ein blutiges Beispiel für diese Auseinandersetzung ist ein von der Al-Qaida verübter Bombenanschlag in der Hauptstadt, kurz nachdem die Huthis Sanaa eingenommen hatten, bei dem mehr als sechzig Menschen starben, darunter viele Zivilisten.

Es gibt im Jemen also gerade einen Dreifrontenkrieg zwischen Huthi-Rebellen, der Regierung und Al-Qaida. Im Moment kontrollieren die Huthis die meisten Gebiete einschließlich der Hauptstadt Sanaa. Das kann sich aber schon morgen wieder ändern.

Der Bürgerkrieg im Jemen hat gravierende Folgen für die Bevölkerung. Ohne eine funktionierende Regierung kümmert sich niemand um die Grundbedürfnisse der Menschen. So gibt es keine funktionierende Infrastruktur mehr, ein großer Teil der Wasser- und Stromversorgung wurde zerstört und es fehlt an Lebensmitteln und medizinischer Versorgung. Alle zehn Minuten stirbt im Jemen ein Kind an Hunger oder Krankheit. Für die Bevölkerung ist diese Situation kaum noch zu ertragen. Ständig brechen Schießereien los oder es fallen Bomben. Arbeiten gehen, sich frei bewegen, einen Arzt besuchen, im Land reisen – all diese Dinge sind nicht mehr möglich, ohne dass man sein Leben riskiert.

Und damit sind wir wieder bei unserer Anfangsfrage angelangt: Wenn die Situation im Jemen so verheerend ist, warum bekommen wir so wenig davon mit? Ganz ehrlich? Vermutlich wohl einfach, weil der Krieg in Syrien lange Zeit alles überschattet hat und die Geschehnisse im Jemen dadurch ein wenig in Vergessenheit geraten waren. Ein wenig liegt es wohl auch an den Ländern, die in den Konflikt verwickelt sind. Während im Jemen eine Art Stellvertreterkrieg zwischen Saudi-Arabien und dem Iran herrscht, ist der Syrienkrieg ein Stellvertreterkrieg zwischen den USA und Russland. Wir hier in Deutschland haben uns wegen unseres politischen und kulturellen Hintergrundes wohl einfach lange Zeit eher für den Konflikt zwischen den USA und Russland interessiert – weil die Länder uns näher sind. Doch so langsam ändert sich das alles. Der Krieg im Jemen rückt immer mehr in den Fokus der Öffentlichkeit – auch in Deutschland!

Und die westlichen Länder diskutieren darüber, wie man das Leid der Menschen beenden kann. Ein kleiner Hoffnungsschimmer: Im April 2017 hat sich die internationale Staatengemeinschaft darauf geeinigt, der jemenitischen Bevölkerung mit einer Milliarde Dollar zu helfen. Das wird das Leid zwar nicht beenden, doch es ist immerhin ein kleiner Hoffnungsschimmer. In Zukunft werden Sie in den Nachrichten noch häufiger vom Jemen hören, denn eine Lösung des Bürgerkriegs ist noch nicht in Sicht.

DANK

Wir haben dieses Buch zwar als Zweierteam geschrieben, hatten dabei aber ein ganzes Team um uns, dem wir danken wollen. Entsprechend der Texte in diesem Buch fassen wir unseren Dank in jeweils drei Sätzen zusammen:

Unsere Familien: Ihr seid einfach die Besten. Ihr steht immer hinter uns und seid unsere größten Unterstützer. Danke für alles, ohne euch wären wir heute nicht wer wir sind!

Unsere Lektorin Anja Hänsel: Bei unserem ersten Treffen in Mainz waren wir uns sofort sympathisch und das wurde auch durch unzählige hin- und hergeschickte E-Mails nicht anders. Danke, dass du unsere Begeisterung für das Buch sofort geteilt hast. Deine und Antje Röttgers' Anmerkungen haben das Buch sprachlich sehr verbessert und es dabei nicht zu stark verändert.

Unser Agent Ulf-Gunnar Switalski: Mit unserer spontanen Idee, ein Buch zu schreiben, haben wir dich einfach überfallen. Du hast uns sofort ernst genommen, die richtigen Leute angerufen und dieses Projekt mit uns gemeinsam vorangetrieben. Ohne dich würde es dieses Buch nicht geben!

Unsere Schlussredakteurin Romy Geiger: Wie hatten ja gehofft, du hättest nichts zu beanstanden am Text. Aber wir haben dich dazugeholt, weil wir wussten, dass du jeden Fehler finden würdest. Danke für deine konstruktive Kritik und deine immer angenehme Art.

Unsere Redaktionen: Wir danken unseren Arbeitgebern, dem ZDF und dem Hessischen Rundfunk, dafür, dass wir bei ihnen alles lernen durften, was wir als Journalisten brauchen. Vor allem der Redaktion von *logo!*, die uns als Moderatoren live ins Fernsehen gelassen hat und für die wir spannende Reporterreisen machen dürfen. Eine Redaktion voller lieber Menschen, in der man lernt, komplizierte Themen einfach zu erklären.

Außerdem danken wir Volker Angres für das Teilen seines großen Wissens zum Thema Klimaschutz und Grigory Kuznetsov für nächtelange Skypegespräche zum Thema Russland und die Ukraine.

»Die wichtigsten Erkenntnisse zusammengefasst.«

Spiegel Online

*Cover- und Preisänderungen vorbehalten

Denkanstöße 2018

Ein Lesebuch aus Philosophie, Kultur und Wissenschaft

Piper Taschenbuch, 224 Seiten
€ 9,00 [D], € 9,30 [A]*
ISBN 978-3-492-31231-8

Wie beeinflussten die Jesuiten die europäische Moderne? Erkennen wir die größten Bedrohungen für unsere offene Gesellschaft? Und warum lässt uns die Vergangenheit auch 70 Jahre nach Ende des Zweiten Weltkriegs nicht ruhen? Denkanstöße 2018 präsentiert neue Erkenntnisse aus Politik, Geschichte, Philosophie und Naturwissenschaften von namhaften Autoren wie Markus Friedrich, Matthias Thöns, Alexandra Senfft oder Michael Schmidt-Salomon. Ein Jahrbuch zum Mitdenken, Mitreden und Weiterdenken.

PIPER

Leseproben, E-Books und mehr unter www.piper.de